国家社会科学基金一般项目
社会资本变迁、成员异质与农村合作金融发展路径研究
（批准号：18BJY154）

农村合作金融
发展路径研究

——以社会资本变迁、成员异质性为视角

付 琼 著

Research on
the Development Path of
Rural Cooperative Finance

From the perspective
of social capital change and
member heterogeneity

社会科学文献出版社
SOCIAL SCIENCES ACADEMIC PRESS (CHINA)

摘　要

　　党的十九大报告首次提出乡村振兴战略，要在国家现代化进程中实现乡村振兴，需要财政、金融、社会资本等多渠道的大量资金投入，实现资金的有效配置仍然是解决我国"三农"问题的核心。大量国际经验表明，发展合作金融对于缓解农村金融抑制问题具有重要意义。为了有效解决农村地区持续存在的金融抑制问题，我国一直在探索建立商业性金融、合作金融和政策性金融相互结合的包容性金融体系，但农村合作金融始终是短板，表现为制度安排存在缺陷、发展定位和路径尚不清晰，这与建立包容性农村金融体系的目标相去甚远，也是我国农村金融抑制始终不能有效缓解的重要症结。在新时代全面推进乡村振兴战略要求下，重新定位我国农村合作金融的现实功能和发展路径，推动合作金融发展，是我国农村金融体系完善的必要措施。

　　合作金融组织有别于其他类型的金融组织，它是一种内生性的自组织，嵌于特定的文化与社会背景之中，背后有着深刻的社会资本逻辑。社会资本是研究农村合作金融的重要视角，在社会资本信任机制、互惠机制及声誉机制的作用下，农村合作金融组织相对于其他类型农村金融机构具有特定优势。社会资本理论自20世纪80年代提出以来，越来越成为社会学、经济学、管理学等诸多学科的重要研究视角。在经济学领域，社会资本理论突破了古典经济学分析土地、劳动和资本的要素分析范式，关注社会网络、社会信任等社会文化因素对人们经济行为的影响和对经济发展的推动作用。长期以来，我国农村发展相对滞后，传统的熟人社会特征仍然比较突出，社会资本成为研究农村问题的关键变量之一。

社会资本是农村合作金融组织生成和运行的基础。设立合作金融组织的前提是成员间具有清晰的共同纽带联结。成员间只有经过长期互动，相互了解，建立足够的信任，才能在金融合作中进行有效的筛选和监督，从而维持合作金融组织的正常运行。对于农户而言，社会资本具有类抵押品的功能，社会网络内部信息充分对称能有效降低交易成本和风险，对农户参与合作金融产生影响。合作金融组织的运行机理主要体现为以下三点：一是信任机制，资金互助行为主要依赖群体成员的相互信任和个人品行、声誉等软信息；二是互惠机制，合作社是成员自愿联合、共同拥有的组织，其彼此合作、风险共担、利益共享的关系，使得成员间更易呈现互惠性动机；三是声誉机制，组织治理主要依赖道德等社会规范而非制度规范，失信惩戒来自群体压力而较少诉诸法律制度规范。当前我国农村社会资本正处于快速变迁中，随着工业化、信息化、城镇化和农业现代化的推进，人地关系发生改变、农村人口流动加剧，传统乡村社会正在向现代社会转型，社会变迁导致成员流动性增强、信任模式改变、成员异质性突出、社会网络不稳定等，社会资本难以充分发挥作用，带来一系列组织运行和治理困境，这是当前新型农村合作金融探索开展不顺利的根源所在。

社会资本变迁使合作金融组织成员异质性日益突出，导致合作金融组织所有权、控制权、管理权和收益分配权的变化，进而导致合作金融异化。农村合作金融组织异化严重阻碍了合作金融发展进程，造成农民入社积极性不高，金融风险加大；成员异质性导致合作金融组织存在大量"内部人控制"现象，普通社员被顾客化，股份被存款化，社员民主管理、民主决策的机制丧失，监督效率下降。完全信息下的动态博弈分析表明，在组织运营阶段，普通成员留下是占优策略；而对于核心成员而言，在确定普通成员不会离开的前提下，完全控制互助社并获得剩余索取权是占优策略，因此博弈的均衡结果是核心成员控制互助社全部的剩余索取权，在缺少外部监督的情况下，异化难以避免。实践表明，农村合作金融异化主要是由于现有制度安排仍未能对其内部利益冲突和外部影响作出有针对性的应对，实现异质性成员激励相容是保持合作金融属性的根本前提。当前农户的经济地位、收入水平、社会关系、受教育程度等资源禀赋状况存在较大的差异，成员异质性成为我国农村合作金融组织的现实基础和必然趋势，必须有效解决成员异质性导致的合作金融异化，通过强化合作基础、增强合作意识、提高民主参与度、加强外部监管等促进合作金融的可持续发展。

探索中国特色的农村合作金融发展路径，首先，要进一步明确乡村全面振兴战略下农村合作金融发展的新方向，农村合作金融应进一步突出其扶贫扶弱、普惠公益的特质，强化合作金融产品和服务创新，除了传统功能，农村合作金融也可在促进共同富裕、促进小农户与大市场的有效衔接、促进村集体经济发展等方向上实现新突破，助力乡村全面振兴。其次，农村合作金融应顺应乡村全面振兴过程中社会资本重构的新环境，依托乡村治理水平的不断提升，扩展农村社会网络，构建组织型社会资本，将原本分散的农民"组织起来"，通过制度化、组织化的合作获取更多外部信息和支持，提升农民在乡村治理结构中的地位和影响力，从而有效防止合作金融异化。为此，应从强化农村合作金融顶层设计、加大政策扶持力度、积极引导合作金融组织自我发展、促进金融联结以及完善和改进外部监管等方面综合施策，推动建立中国特色的农村合作金融体系。

关键词：农村合作金融　社会资本　成员异质性

目　录

绪　论

合作金融是按照国际通行的合作制原则在一定范围内建立起来的相互协作、互助互利、民主管理的资金融通关系，是经济弱势群体通过联合、自组织形成的有别于商业性、政策性金融的一种特殊组织形式。从世界范围来看，合作金融具有强大的生命力，特别是在农村地区，金融供给不足和金融抑制往往同时存在，合作金融是满足农业农村融资需求的重要途径之一。

一　研究背景及研究意义

（一）研究背景

党的十九大报告首次提出乡村振兴战略。要在国家现代化进程中实现乡村振兴，需要财政、金融、社会资本等多渠道资金的大量投入，实现资金的有效配置仍然是解决我国"三农"问题的核心。毋庸置疑，金融抑制问题在发展中国家普遍存在，尤其在农村地区，金融抑制导致农村金融市场供求平衡无法有效实现，严重的市场分割和信息不对称被认为是农村金融市场的基本特征。合作金融组织作为自愿性、互助共济性、民主管理性和非营利性金融组织，可以有效克服市场失灵、市场缺位和信息不对称造成的金融抑制，以较低的成本获得信息、监督借款人行为、保证借款人履约，具有比商业性金融机构更明显的制度优势，具有商业性金融机构无法获得的低成本和高还款率。大量国际经验表明，发展合作金融对于缓解农村金融抑制问题具有重要意义。长期以来，我国农村金融改革的目标是建立商业性金融、合作金融和政策性金融相互结合的包容性农村金融体系。为此，我国进行了一系列探索，从新中国成立初期在全国范围内建立农村信用合作社（以下简称"农村信用社"），到 1978 年开展农村信用社改革，合作金融始终受到重点关注。2006 年底，以放宽农村金融市场准入限制为标志的农村金融改革开启，农村资金互助组织作为一种适应市场化发展方向的内生性合作金融组织而受到广泛关注，我国开启了新一轮合作金融的尝试。经过十多年的实践，农村合作金融组织虽然在弥补农村金融供给不足方面起到了一定的作用，但由于合作金融制度安排存在缺陷，发展定位和路径尚不清晰，与建立包容性农村金融体系的目标相去甚远，这已经成为我国农村金融抑制始终不能有效缓解的重要症结。在新时代全面推进乡村振兴战略要求下，重新定位我国农村合作金融的现实功能和发展路径，推动合作金融发展，是完善我国农村金融体系不可回避的现实问题。

从本质上看，合作金融组织有别于其他类型的金融组织，它是一种内生性的自组织，根植于特定的文化与社会背景，乡土文化、习俗等非正式制度对合作金融组织的发展与治理产生重要影响，单纯运用制度经济学或产权理论等研究工具，并不能完全解释合作金融组织治理与组织特征问题。合作金融组织的背后有着深刻的社会资本逻辑。社会资本对于农民资金互助组织的成功运行、合作金融功能的顺利实现具有重要影响。已有研究从不同角度解释了农民资金互助组织的特征、生成及运行机理，但较少系统性地运用社会资本理论框架分析此类组织的问题及困境。另外，随着城镇化的推进，我国传统农村社会正在发生变革，社会资本变迁将对合作金融组织的未来发展产生了重要影响。因此，有必要从社会资本的角度出发，对农村合作金融组织的运行和内部治理进行微观分析，从根源上探寻农村合作金融组织的发展困境及前景，从而形成对农村合作金融发展路径的全面系统判断，促进农村金融体系不断完善，为实现乡村全面振兴和农业农村现代化提供支撑。

（二）研究意义

本书全面梳理我国合作金融的发展历程，探究合作金融在我国的发展规律，重点分析当前乡村振兴和城镇化快速推进的过程中，农村社会资本变迁、成员异质性对合作金融的影响，并通过对典型合作金融案例的深入剖析，总结我国合作金融未来的发展路径并提出相关的对策建议。

从理论意义上看，本书在社会资本理论框架内，建立合作金融组织的社会资本逻辑，引入关系强度、人际和制度信任、资源禀赋、成员异质性等重要概念，对合作金融组织内部治理进行微观分析；运用实证分析方法，探究社会资本对农户信贷获得和合作金融的影响，突破既有研究偏重问题导向的局限，从微观角度揭示合作金融组织运行的内在逻辑。

从实践价值上看，本书强调在农村由传统乡土社会向现代市民社会演进的过程中，社会资本变迁对合作金融的影响，力图解决农村合作金融的异化与可持续发展问题，为解决农村金融抑制问题提供思路框架。在政策方面，本书将着重提出我国农村合作金融保持可持续发展路径以及完善农村金融体系的对策建议。在应用方面，本书将为农村商业性金融机构与合作金融机构建立联结机制，从而为两类机构策略性利用对方比较优势提供可行的指引。

二 研究现状

（一）国外文献综述

合作金融诞生于德国，经过 160 多年的发展，形成了诸如欧洲雷发巽、美国信用合作、日韩综合农协等相对成熟的合作金融模式（Moody 和 Gilbert，1971）。国际学术界普遍高度认可合作金融的价值，无论是在合作金融出现的早期还是近期，国际学术界均认为其与商业性金融存在本质区别，是低收入群体获得金融服务的主要方式（Martin，2005）。合作金融在许多国家的金融体系中发挥着重要作用，它是存款的避风港，也是家庭和中小企业的主要信贷来源，大多数情况下以非营利为导向，注重成员利益最大化（McKillop et al.，2020）。就合作金融内涵而言，国外早期进行了系统研究，英国学者 Barou（1932）在《合作金融论》（*Cooperative Banking*）中指出：合作金融组织是由工人、小生产者等联合而成的团体，由成员共享利益、民主管理、共同经营；合作金融组织资金优先满足成员的融资需求。Strickland（1933）认为，合作金融组织是一种"人和"组织，它基于人的联合而非财产的联结，主要目的是向社员提供融资，有效实现成员间的合作与互助。20 世纪 80 年代以来，西方主要国家合作金融组织已经发展得较为成熟，为了解释合作金融组织的特异性，一些研究从企业产权制度角度分析了合作金融组织的运行。Williams Meckling（1976）认为企业是由各种形式的契约连接在一起的，合作金融组织本质上也是企业，应当使决策者和经营者的功能适当分离。Cook（1995）的研究表明，合作社只能在一定区域范围内保证产权清晰，社员的合作受到边界限制，如果超出合理边界，将会导致交易成本和信用风险提高等问题。Albæk（1998），合作社利益分配比股份公司更加合理，因而在农村地区的发展潜力巨大。

近年来，国外关于合作金融的研究从各国实践出发，探索合作金融组织的形成、微观运行机理、功能绩效等。在农村合作金融组织的形成和发展方面，Sindhu 等（2016）指出，各种新型的农村合作金融组织不断出现，在降低农业风险、增加农民收入方面发挥了作用，带动了农村整体经济发展。Abate 等（2016）也指出，中央政府应鼓励民间金融和社会资本流入农村金融市场，同时允许不同类型的农村金融组织共存，并可以在不同的所有权下合法经营。Singh 等（2019）指出，美国农业合作社对经济政策的不确定性高度敏感，规模与盈利能力呈负相关关系，增长与业绩呈正相关关系；资本强度和农业合作社业绩之间的假设负关系似乎得到了数据的支持。Pokharel 等（2020）运用系统方程法，实证检验规模和多元化对 2005~2014 年农业合作社财务业绩的影响情况，结果表明多元化对财务业绩的均值（方差）有负面（积极）影响，规模对财务业绩的均值（方差）有积极（负面）影响。

在农村合作金融的影响因素方面，Purdon（2015）指出渔民的社会认同和对合作金融服务质量的感知是影响其参与农村合作金融组织的重要因素。Alicia 和 Sandra（2018）更广泛地分析了农村合作社融资决策背后的决定因素，通过回归模型指出农村合作社进行融资的规模和它们的市场地位之间有直接的联系。Huyghebaert 和 Van de Gucht（2007）提出，农村合作社的组织特征和实质性特征也会对农村合作金融决策产生影响。Kibrom 等（2019）通过实证分析研究农村金融合作社的最佳规模和组成因素，指出最佳规模和组成因素会因其提供的金融服务领域不同而产生差异，强调群体的异质性可以在成员之间创造经济机会，拥有强大社会凝聚力的成员可以更好地获得金融服务。Yu 等（2019）的研究剖析了农户参与中国新型农村合作金融组织意愿的影响因素。结果表明，农户家庭经营规模和劳动力数量对农户参与合作金融组织的意愿有负向影响；随着中国农村借贷活动频率的提高，合作金融的优势逐渐被许多高收入农户和小企业主认可。在国家层面，农村金融市场改革最好着眼于让市场在农村金融资源配置中发挥关键的作用，允许多种形式的农村合作金融组织并存。

在农村合作金融的作用效果方面，Oluyombo（2013）评估了合作金融组织的储蓄和贷款服务对成员的经济状况、生活水平以及在没有银行或其他正规金融机构的农村地区满足参与者的金融需求方面发挥的作用。他指出，农村地区的金融需求是通过以较低的利率发放贷款来满足的，而无须将固定资产和金融资产作为抵押，即合作贷款服务满足了农村地区的需求，提升了农村贷款水平。Chandramohan（2013）通过研究合作信贷机构对印度农村地区的贡献和影响，指出农村合作金融机构份额由 52% 增至 62%，是印度金融体系的重要组成部分，在提高农村地区生活水平方面发挥了重要作用。Khafagy（2019）认为由于信息不对称，一个完全追求利润最大化的金融部门会加剧收入和财富的不平等，它为高收入主体提供了优先获得信贷的机会；而一个多元化的包容性金融部门（包括合作社等），则会缩小收入不平等差距。仅靠金融无法实现收入分配的完全趋同，仍然需要再分配政策。因此，合作金融机构的目标函数应定义一种理想的定价行为，使成员收入的增长速度高于经济的平均增长速度。Allen 等（2023）使用由微观、中观和宏观层面组成的多层次概念框架进行案例研究和定性数据分析，认为合作社既具有商业目标，又具有社会目标。

在农村合作金融的具体应用方面，Kong 等（2021）将农村合作金融与云计算相结合，重点研究移动边缘计算在新型农村合作金融组织风险控制中的实际应用，通过建模分析指出，移动边缘计算可以完善互助资金的贷款资金管理机制，有利于规范管理和风险控制，引导农村合作金融组织可持续发展。Xu 等（2020）指出，边缘计算平台上的高效无缝集成使他们能够在各自的业务模式中发挥互补作用，能够更好地应用于金融等多个行业。

（二）国内文献综述

新中国成立初期，我国按照合作金融原则设计建立了农村信用社，但之后农村信用社的产权发生了变化，失去了原有的合作金融功能，成为完全意义上的"官办"金融组织。改革开放以来，我国农村金融改革始于合作制，对合作金融的研究贯穿我国农村中小金融机构改革和发展的整个历程。其间既有服务定位之争，又有合作与股份之辩，还有管理体制设计之疑，更有功能及发展方向之惑。我国农村合作金融的发展大致可以概括为两条线索，一条是农村合作金融主体——农村信用社的改革，另一条是政府推动建立的其他合作金融机构如农村合作基金会及新型农村合作金融组织的发展，它们共同构成了我国农村合作金融发展及相关研究的基本脉络。目前既有研究尚未形成共识，在全面推进乡村振兴背景下，我国农村合作金融的发展路径仍在不断的探索之中。

1. 我国农村合作金融发展历程

研究表明，农村合作金融作为内生性的金融组织，具有信息与成本优势，对于经济相对弱势群体具有重要意义（何广文和张少宁，2021）。在我国，合会作为一种民间互助形式，源于古代的民间互助习俗，后逐渐演变为以储蓄、互助和财产增值为目的的金融组织，唐宋时期合会已经基本成形。现代意义的合作金融发展起源于五四运动之后西方合作思潮在中国的广泛传播（岳志，2016），近代中国最早的农村信用社是1923年在华洋义赈会协助下成立的河北省香河县第一信用合作社。1927年南京国民政府上台后，农村信用社迅速增加，最多时达5万多家（马忠富，2001），1949年新中国成立前夕全国仅存合作社800多家（易棉阳和姚会元，2008）。20世纪20~40年代，中国农村合作金融的信用基础呈现由农民个人信用向农村信用社信用演进的路径（王昉和韩丽娟，2017），国民政府自上而下的主导给农村合作金融制度打上了明显的政府烙印，其发展过程纷乱复杂，最后以失败告终（龚关，2016）。在这期间，中国共产党在解放区农民群众中也广泛地发动了信用合作，这种新民主主义政权领导的，在战争、土改、灾荒等特殊条件下产生并发展的合作金融组织，具有真正的群众性，对于发展生产、保障供给等发挥了重要作用（岳志，2016）。新中国成立后，农村合作金融发展道路始终在探索，从1950年组建的农村信用社到当前各类新型农村合作金融组织，合作金融是我国农村金融体系的重要组成部分，也是我国加快构建普惠型现代农村金融体系的重要内容（杜晓山，2014）。农村合作金融大体经历了5个阶段，即试点推广农村信用社的传统合作金融阶段、管理体制反复调整的"官办"合作金融阶段、1978年后合作金融属性复归阶段、以农村信用社产权改革为标志的合作金融异化阶段和2003年以来多种形式共同发展的新型农村合作金融阶段（蒋永穆和王丽程，2019）。

中国共产党成立一百多年以来，农村合作金融在历经坎坷中砥砺前行，其独特的社会价值和制度优势使其在不同时期对中国农业农村的发展都发挥了积极的作用，但制度变迁和立法缺失使农村合作金融产生异化（朱乾宇等，2022）。我国农村合作金融制度异化具有明显的行政化、强烈的形式主义和渐进性的特征，合作金融制度变迁与农村经济制度变迁的路径相悖（毋俊芝和安建平，2008）。白钦先和胡巍（2014）认为中国的合作性金融发展仍不充分，缺乏连续性与制度的保障，因此提出"往建放生，新建新生"的合作性金融改革发展的顶层设计、改革路径与具体对策。崔长彬等（2022）通过总结历史经验，认为我国传统意义上的农村合作金融已不复存在，当前应引导推动那些依托农民合作社或供销合作社等合作经济组织内部真实场景的新型农村合作金融发展。我国实现农业现代化和农业强国的目标离不开农村合作金融的支撑，推进合作金融、商业性金融、政策性金融和数字金融在农村的协同发展仍是解决农村金融难题的核心路径，应进一步完善"三位一体"综合合作，加强合作金融与数字乡村建设的深度融合（朱乾宇等，2022）。

2003年国务院印发《深化农村信用社改革试点方案》以来，多数研究认为农村信用社已经失去合作金融属性，应探索真正由农民来办、体现合作制原则的新型农村合作金融形式（陆磊和丁俊峰，2006；吴晓灵，2015），学术界对此进行了大量探讨。新型农村合作金融组织主要有三大类：一是经原银监会批准成立的农村资金互助社；二是村级扶贫资金互助社；三是农民自发地在专业合作社内部进行资金互助或信用合作的组织（孙飞霞，2015）。周孟亮（2016）对比分析"吉林百信模式"和"山东模式"，认为应允许多元化模式存在，各地在考虑实际情况的基础上选择最能体现合作金融内在机制、最有利于实现普惠金融目标的合作金融模式。由于大量农村合作金融组织存在能人领办的特点，可在遵守合作制基本原则的基础上，借鉴有限合伙制的组织形式，通过创新有限合作制来构建新型农村合作金融组织（罗斌，2016）。陈经纬（2017）通过对温州资金互助组织的案例分析，指出坚持合作金融基本原则，以产业为基础进行专业和资金的双重互助是我国新型农村合作金融的根本出路。农民合作社开展信用合作的典型模式包括以赊销为特征的商业信用合作、以资金互助或担保互助为核心的货币信用合作和依托产业链或银政资金的混合式信用合作三种模式，这种内生于合作社内部、内生于产业发展和生产过程中的合作金融形式，是在正规金融之外对农村"弱势群体"资金融通机制的创新，具有较强的生命力（何广文，2017；黄迈等，2019）。一些地区开展的村级扶贫资金互助模式，也被证实有效增加了贫困地区的金融供给，克服了农户信贷中的信息不对称问题，降低了违约风险和交易成本，提高了农户信贷可得性和收入水平（杨龙和张伟宾，2015；陈清华等，2017）。党的十九大提出乡村振兴战略，为探索农村合作金融新路径提供了契机，以村集体为主要依托的村社内置合作金融模式受到人们关注，该模式在扶助小农、实现要素村级联动和鼓励农民创业建设小城镇上有显著优势（朱泓宇等，2018）。村社内置合作金融将小农重新组织到村社体系中，有助于实现农村资产金融化、货币化、证券化和市场化，促进乡村振兴和共同富裕（李昌平和杨嘉翔，2019）。随着原有供销社系统改革的推进，发展"三位一体"综合合作成为讨论较多的模式之一，这一模式集农户信贷、生产、供销等服务于一体，有助于强化农村社区的再组织，对于促进乡村全面振兴具有重要意义（徐祥临，2018）。未来数字技术的赋能和"三位一体"综合合作的制度创新将成为农村合作金融发展的两大趋势，中国农村合作金融发展的路径选择需要完善立法，加强"三位一体"综合合作的数字化转型，促进合作金融与商业性金融、政策性金融共同组成有效的农村金融服务体系（朱乾宇等，2022）。另外，大力发展乡村内生性合作金融组织可以有效缓解农村金融服务包容性缺失的问题，是新时代健全农村金融服务体系的重要举措之一（张林等，2024）。

尽管农村合作金融的模式众多，但自诞生以来就面临诸多问题，如合作社的治理机制使社员控制权和信贷及收益分配权不能合理匹配，导致出现了某种程度的功能异化（陈东平和周振 2012）；出现明显的营利性与"内部人控制"现象（金瓯，2014）。随着农村社会变迁，组织成员的异质性日益突出，无法有效管控风险，部分资金互助组织甚至出现"跑路"现象，在一定程度上脱离了有关政策最初的合作制构想，其可持续性受到质疑（王杨，2020）。农村合作金融在政策与监管层面均陷入困境，新型合作金融组织的试点热度逐渐下降，前途未卜。2014~2017 年的中央"一号文件"更加强调金融稳定，防控风险，从 2018 年开始中央"一号文件"不再提合作金融，其未来的发展路径仍需进一步探索。

2. 农村信用社改革与发展

农村信用社改革与发展问题是国内学术界在合作金融领域关注的焦点，贯穿了我国农村金融体系建立与完善的全过程。1980 年，我国明确了合作金融组织的改革方向。1984 年，中央提出把农村信用社真正办成群众性合作金融组织，恢复和加强农村信用社的合作金融属性。1996 年，农村信用社与中国农业银行脱离行政隶属关系，按照合作制原则逐步改造为农民自愿入股、社员民主管理、为社员提供互助融资的合作金融组织，并在随后的两年进一步在产权结构上向合作金融方向回归。2003 年，国务院正式颁发《深化农村信用社改革试点方案》，确立了以法人为单位改革农村信用社产权制度，完善法人治理结构，并根据不同情况选择适宜的产权形式。2010 年，中国银监会明确规定不再审批新的农村合作银行，符合条件的农村信用社可按照商业化原则直接组建农村商业银行，正式确立了按股份制原则推进农村信用社改革的方向，标志着农村信用社改革在政策层面上完成了从股份合作制到股份制的决定性变迁。

尽管农村信用社改革的初始目标是恢复其合作金融的本质，但是大量研究表明农村信用社的发展逐渐与其初始目标相背离，出现合作金融功能的异化。谢平（2001）认为我国从来就没有真正存在过正规的合作金融，已有的制度安排使得农村信用社完全脱离了合作制原则，失去了合作金融功能，农村信用社改革只能重新进行定位。王家传和张乐柱（2003）也指出，我国的农村信用社不是真正意义上的合作金融，其目标不再是优先满足成员的融资需求，从长期看股份制商业银行应是农村信用社改革的方向。20世纪80年代以来，政府主导的农村信用社改革实际效果与初始目标越来越背离，农村信用社基本上成为准国有商业银行，无合作内涵可言。农村信用社在治理结构上存在内部人控制和外部干预、信贷资金的非农化等问题，商业化经营特征十分明显。我国农村信用社自创设之日起，隶属关系多次调整，合作金融功能不断偏离异化，逐渐蜕变为商业性金融机构，无法再恢复为合作金融组织（王彬，2008；陈雪飞，2005）。

我国农村信用社合作金融功能的异化主要表现为产权的异化，并随之产生了一系列在经营策略、管理方法、服务功能等方面对合作金融的背离。理论上农村信用社由农民自愿入股建立，产权应归属于社员，但实践中农村信用社并不是出于内生性金融需求而自发成立的金融机构，其"官办"性质使得即使农民以出资人的身份成为产权主体，在行政管控主导下，产权主体的权利也不能完全得到体现。农民既没有管理监督权，也没有收益分配权，所谓"三会"（社员大会、理事会及监事会）就形同虚设（褚保金和陈涤非，2002；李世杰和郭庆海，2010）。另外，历史因素造成的农村信用社组织形式和机构性质的频繁更迭也加剧了产权关系的复杂性。产权异化直接带来治理结构上的两大问题：一是内部人控制，即农村信用社自身的经营目标定位于自身的盈利，而非社员的融资便利；二是农村信用社的"官办"性质导致了外部干预（李春景，2008）。农村信用社在经营策略上为了追求盈利目标，放弃成本和风险较高的农村市场，转向利润更大的城市市场；在服务功能上面向"三农"的扶弱互助功能降低，信贷更多流向边际收益更高的城市或非农产业，农村金融资源外流（陈俭，2016）。因此对照合作金融的自愿、互助、合作、民主管理等基本原则，我国农村信用社已经脱离合作金融的范畴（易棉阳和陈俭，2011）。在政策层面，国家对农村信用社的改革也不再强调合作内涵，2010 年银监会印发《关于加快推进农村合作金融机构股权改造的指导意见》，确立了股份制改革的总体方向，新一轮产权改革正式启动（马九杰等，2020）。此后各省（区、市）把农村信用社股份制改革作为一项重要任务，特别是步入新发展阶段，农村信用社改革明显提速（周立，2020）。2021 年 10 月，国务院批准在浙江省开展深化农村信用社改革试点，以省联社改革为重点的新一轮农村信用社改革正式启动。从省联社模式确立到农村商业银行改制，再到省联社改革，农村信用社改革逐步沿着从形式的农村合作金融到完全脱离农村合作金融组织的轨道演进（曹军新等，2018）。在乡村振兴战略下，农村信用社面临着政策性支农任务与内在营利性间的矛盾、治理现状与现代公司治理机制间的矛盾、经营管理现状与农村金融市场发展间的矛盾，应从化解以上矛盾出发探索新的路径（吴刘杰和张金清，2018）。新一轮农村信用社改革的主要任务是强化金融服务功能，突出农村普惠金融的高质量供给，支持乡村振兴战略全面推进（刘达和温涛，2022）。农村信用社改革既要为县级法人提供完善的服务并创造优良的竞争环境，又要尊重地方法人的独立性与灵活性，充分激发地方金融创新活力，在尊重地方禀赋差异和历史发展路径差异的基础上，采取差异化改革策略（王曙光和刘杨婧卓，2024）。

从近年来农村信用社的改革实践来看，以产权为核心的股份制改革已经初步显现效果，治理结构、管理水平、盈利能力、风险管控能力等都有了明显改善。农村信用社改革也不再强调恢复合作金融功能，而是侧重于坚持服务"三农"的目标定位、完善服务功能、强化全面风险管理的改革现实指向。研究表明，作为农村金融市场主力军的农村信用社发展对县域经济增长具有重要影响，农村信用社适度规模发展能够显著促进县域经济增长（张珩等，2021）。以农村信用社为代表的农村金融机构的市场化改革有效扩大了自主经营权，改善了金融支农效果，因此未来仍应坚持市场化改革方向（马九杰等，2020）。农村信用社商业化改革对城乡绝对收入差距产生正"U"形影响，对县域内城乡收入差距的影响也发挥了积极作用（吴本健等，2022）。农村信用社改革对农民增收有显著、稳健的促进作用，能够通过提高县域信贷供给水平、提高信贷配置效率、提升县域创业活跃度等促进农民增收（孙希芳和王晨晨，2023）。

3. 新型农村合作金融组织的探索

2003 年，国务院印发《深化农村信用社改革试点方案》，明确了农村信用社股份制、商业化的改革方向，我国农村合作金融发展必须探索新的道路。2003 年 3 月，我国第一家资金互助社在吉林省四平市闫家村诞生，以此为发端，农民自主创办的各类合作金融组织逐渐发展起来。2006 年，中央实施旨在发展多元化农村金融制度的"新政"，开启了我国农村合作金融的新一轮尝试，对此，学术界进行了大量研究。

（1）新型农村合作金融组织的生成机理

我国新型农村合作金融组织自诞生起，就强调由农民自主组织的内生性特点，本质上仍属于民间金融范畴，其生成机理主要取决于资金供求失衡程度、金融交易成本以及社会生活惯例等（王少国和马陆，2014）。这种自发的合作金融组织与正式的金融制度安排不同，它的生成受到传统农村社会网络对组织成员的连接作用和农村社区内社会规范约束的影响，社会资本是农村合作金融的生存基础（商文莉和郑少锋，2015）。影响农户金融合作意愿的因素包括农户的个体、家庭和经济特征，对合作的认知水平、态度与经验等。我国广大农村地区农户分散且处于弱势，通过自愿的联合实现互助是一种必然选择（侯英和陈希敏，2014）。农民专业合作社内生性资金互助模式在农村地区金融资源总量不足、农村金融供给乏力及结构失衡等问题日益突出的情况下悄然兴起，其具有自发性、内生性、合作性和互助性的特征（王俊凤等，2017）。罗兴和马九杰（2019）从组织起源的角度解释了我国农村合作金融组织的形成，认为金融企业家对金融组织的产生至关重要，金融企业家的类型决定了早期金融组织的属性，要破解合作金融组织供给困境，必须从组织的起源发力。

（2）新型农村合作金融组织的功能绩效

虽然我国新型农村合作金融的实践只有十几年，但有相当一部分研究证实其在我国农村金融市场中发挥了积极作用，对于缓解农户贷款难的问题具有正向效果，是正规商业性金融的有益补充。何广文（2012）指出，基于我国农村社会的发展现实，合作金融机构在农村金融市场上具有更明显的制度优势，合作金融机构基于社员间的亲缘、地缘、业缘等关系对借款人进行监督，可以克服借贷双方的信息不对称问题，减少道德风险导致的正规金融机构信贷排斥，降低商业性金融机构对借款人的抵押担保要求，提高农户的信贷可得性。洪正（2011）揭示合作金融机构利用社员之间的相互监督，可显著地改善借款人的融资条件。而且，专业合作附加信用合作时，借款人融资改善效果将进一步增强。相比于商业性金融机构，作为合作金融典型代表的农民资金互助社除了能减少信息不对称和降低交易成本，其所具备的"共跻监督"机制还降低了借款农户违约的概率，在一定程度上缓解了农户受到的来自商业性金融机构的信贷排斥（董晓林等，2016）。农村资金互助组织在农村具有明显的比较优势，能为社员提供方便快捷的金融服务，与正规金融组织相比，农村资金互助组织扶贫效果更好（张林和冉光和，2016）。新型农村合作金融组织是在农村金融制度供给不足的条件下，由农民自下而上发起的一种诱致性制度创新，对于解决农民资金不足、改善农民福利产生了一定的制度绩效（冯婷等，2015）。

（3）新型农村合作金融组织的治理机制

新型农村合作金融组织在我国的发展并不顺利，各地探索受到不同层面的制约，实践中一些合作金融组织在较短时间内就出现了异化和风险，对此一些研究从内部治理角度进行了深入剖析。朱乾宇等（2015）对成立初期的农村资金互助社发起人控制现象进行了分析，认为发起人投入的组织成本和专有性资源在农村资金互助社的发起成立和运行中发挥了重要作用，但发起人也具有显著异质于普通社员的地位，在没有外部干预的情况下，发起人倾向于占有合作组织的剩余索取权和剩余控制权而导致组织异化。我国农村资金互助组织发展中普遍存在资本累积现象，但这一点并不必然导致互助社的"使命漂移"，关键取决于互助社民主治理的有效性（陈东平和钱卓林，2015）。农村资金互助社异化会导致合作金融功能丧失，其深层原因仍然是内部人控制，核心社员实际控制了农村资金互助社的发起与运行，导致组织内部成员无法实现激励相容（陈立辉和刘西川，2016）。陈东平等（2017）也证实，当外部监管不足时，核心社员倾向于通过减少留存盈余、增加社员盈余分配的方式实现"隧道行为"，或通过增加工资进行"隧道"挖掘。合作金融组织剩余控制权安排是内部治理的关键问题，民主决策模式会导致风险与收益不匹配，发起人控制模式则会造成风险的集聚，因此构建风险与收益匹配的剩余控制权分配模式对于合作金融组织可持续发展具有积极作用（刘西川和钟觅琦，2018）。近年来，合作社内部信用合作模式有了一定发展，但由于内部治理机制缺陷和外部监管缺位，实践中出现较大风险，监管部门刚性治理取代了投资者和领办主体的内部治理管控风险的能动性，导致利益分配不合理，社员参与积极性不高（田杰等，2019）；农民合作社产权制度和治理结构不合理，导致合作社与普通农户之间难以建立起紧密的利益联结机制，合作意愿降低（赵晓峰和邢成举，2016）。要想取得可持续发展，需要对传统合作原则加以取舍，在"人本"的基础上实现人本与资本的平衡、民主参与与专业管理的结合，推动小农融入现代农业发展（何广文和张少宁，2021）。中国农村合作金融长期以来面临剩余控制权配置困境，而当前部分农村合作金融组织领投型剩余控制权模式通过动态配置剩余控制权，实现能力、权利、风险与收益的更优配置，值得探索（刘西川和杨梦瑶，2024）。

4. 社会资本对农村合作金融的影响

长期以来，社会资本对农村合作金融的影响受到学术界的广泛关注。社会资本通常是指行为主体与社会的各种关联以及以这种关联为基础获得各种稀缺资源的能力。尽管改革开放以来，快速城镇化使得我国农村社会发生了显著变迁，但我国农村并未真正脱离传统关系型社会特征，社会资本在农村金融市场发挥着更为重要的作用。农村地区基于血缘、亲缘、地缘的联系更为紧密，在信息不对称的情况下，借贷双方需要依赖社会资本来传递真实信息、监督合约执行、充当抵押替代等（李庆海等，2017），社会资本可以取代正式的信贷标准作为甄别筛选客户的依据，社会资本的声誉机制还可以促进信贷合约的履行，正式社会资本能够提高农户的还贷意愿和还贷能力，非正式社会资本能够提高农户的还贷能力，从而显著降低农户信贷违约概率，因此它对于正规和非正规金融渠道交易均具有重要影响。社会资本还能影响家庭融资渠道选择，高社会资本的家庭更倾向于选择银行等正规金融渠道进行融资。家庭社会网络维系具有重要的信号功能，能够缓解农户信贷约束，提高农户的借贷能力（严太华和刘志明，2015）。社会网络除了能够增加对农户的信贷供给，还会激发农户的信贷需求进而促进农村消费市场的发展（张晋华等，2017）。包含政府关系资本、银行关系资本和村级关系资本在内的社会资本能够显著缓解新型农业经营主体的需求型融资约束（庄腾跃等，2024）。

社会资本对于合作金融组织的形成和运行具有重要的影响。社会资本可通过降低借贷双方的信息不对称、引导成员行为、进行相互监督约束等路径对合作金融组织的运行起到促进作用。社会资本对合作金融的影响效用体现在增强资源获取能力、降低交易成本和优化资源配置等方面（童馨乐等，2015）。另外，社会资本有助于金融机构识别贷款对象的信用状况，对客户进行筛选，是正规金融机构风险控制的有效替代手段，因此应鼓励那些缺乏社会资本的普通农户加入合作金融组织以扩充其社会资本（李庆海等，2016）。彭澎和吴蓓蓓（2019）也证实在"圈层差序"格局下，家族亲友等强关系社会资本依然在我国农村金融市场中发挥重要作用，如果缺少这些社会资本，农户可以通过加入合作社等组织拓展社会资本，提高信贷可得性。对于农民资金互助组织发展的困境，董晓林等（2018）认为社员利益最大化是农民资金互助组织的经营目标，农民资金互助组织在经营中出现的诸多问题，其根本原因在于经营目标的偏离，而这种偏离从本质上看，是由社会资本的局限性造成的。农村社会资本变迁是农民资金互助组织产生异质性成员结构的根源，异质性成员结构必然导致组织的控制权向核心社员集中以及监督机制的无效（陈东平和任芃兴，2013）。近年来多地出现农民资金互助组织非法集资、违约等重大风险，这些信用风险是互助边界过大导致的，边界扩大使得地缘、业缘、血缘等社会资本以及社会规范的约束力下降，进而导致关系型贷款信用风险上升（陈东平等，2017）。

（三）国内外研究现状述评

通过梳理国内外研究现状发现，国外文献多以针对不同国家和地区的农村合作金融微观研究为主，但对农村合作金融发展路径的研究较少涉及。国内文献长期以来对农村合作金融的关注度比较高，针对不同时期合作金融的发展状况进行了大量研究，特别是 2003 年新型农村合作金融试点以来，众多文献从宏观的法律制度、准入监管政策，微观的组织生成、组织治理、业务模式、运营绩效等方面对我国农村合作金融进行了深入细致的研究，但仍然没有形成合作金融发展路径的共识，可见我国农村合作金融发展路径仍在探索之中。

文献研究显示，社会资本被普遍认为是研究农村合作金融的重要视角，农村合作金融组织背后有着深刻的社会资本逻辑。已有文献从社会资本角度解释了农村合作金融组织的特征、生成及运行机理，但较少系统性地运用社会资本理论框架，分析此类组织面临的问题及困境。另外，随着城镇化的推进，我国传统农村社会正在发生变革，社会资本变迁将对农村合作金融组织的发展产生重要影响。已有文献较少从社会资本的逻辑出发，对农村合作金融组织的运行和内部治理进行微观分析，从根源上探寻此类组织的发展困境及前景。已有文献较少将社会资本变迁和成员异质性置于同一分析框架下展开微观研究，并且将这一微观机理与农村合作金融宏观发展路径选择联系起来的研究比较缺乏，本书试图在这些方面有所贡献。

（四）基于 CiteSpace 的文献分析

为了全面地梳理改革开放以来我国合作金融的研究进展与取得的成效，本书运用文献研究的主流方法——文献计量分析法进行分析，并运用文献可视化分析软件 CiteSpace 来翔实地展现改革开放以来我国合作金融的研究轨迹、当前研究热点与未来研究趋势。①

---

① 目前国内文献计量法的常用工具有 CiteSpace、BibExcel、Pajek 等，而 CiteSpace 因其简便易学、良好的可视化效果，成为国内外文献计量研究的重要工具，故而本书也使用 CiteSpace 软件进行相关分析。

1. 数据来源

数据全部收集于中国学术期刊网络出版总库 CNKI，检索条件为篇名中含"合作金融"。合作金融相关论文首次发表是在 1981 年，所以检索时间为 1981~2022 年，期刊来源为全部期刊，不含会议综述、报纸、成果等非研究型文献，共获得有效文献 1092 篇。

2. 文献的发布时间统计

从文献的发布数量变化可以直观地看出某一研究领域在某一时间段的研究热度以及研究进程。合作金融领域论文发表变化趋势如图 0-1 所示。早在 1981 年，《世界经济》杂志刊登了吉林大学日本研究所徐枫的《战后日本的农业合作金融事业》一文，该文详细介绍了"二战"后日本的农村合作金融事业发展情况、农村合作金融的作用，以及给我国合作金融发展带来了哪些启示等内容，是我国国内合作金融相关研究的开端。但是从整体来看，有关合作金融的文献发文量波动较大，最多年份发文量为 120 篇，最少年份发文量为 0 篇，1981~1990 年发文量呈小幅波动上升状态，1991~1995 年呈曲折上升状态；1996~2011 年，发文量波动较大，最高达 120 篇，最低为 19 篇；2012~2022 年关于合作金融的发文量呈下降趋势，说明近年来对合作金融的关注度仍有待提高，还需要引起更多学者的重视。

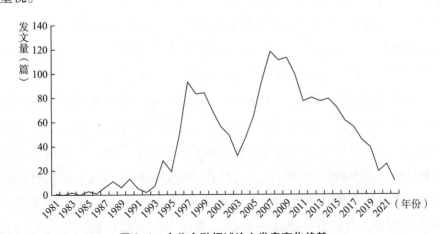

图 0-1　合作金融领域论文发表变化趋势

注：检索时间为 2022 年 4 月 13 日。

　　将 1092 篇文献导入 CiteSpace 中，调整阈值、节点大小之后得到作者合作网络知识图谱（见图 0-2）。图谱中共 910 个节点，262 条线条（包含图中未显示的节点与线条），节点密度为 0.0006。其中，节点的大小代表该作者的发文量，各节点之间的连线代表作者之间的合作，连线的粗细代表作者之间合作关系的强弱，节点密度代表节点的分散程度。

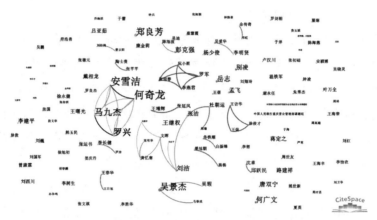

图 0-2　合作金融领域作者合作网络知识图谱

　　从合作金融领域高产出作者情况（见表 0-1）来看，发文最多的是吴景杰，其发表文献 27 篇，最早的一篇文章在 1997 年发表。其被引量最高的文章《试论建立和完善农村合作金融管理体制》在 2002 年发表，被引量为 10 次，文中提出建立和完善农村合作金融管理体制是我国金融体制改革的重要组成部分。发文量排名第 2 的是郑良芳，发表文献 25 篇，最早的一篇文章在 1994 年发表，其被引量最高的文章《社会主义初级阶段决定必须发展合作金融——对我国信用社体制改革争论的看法与建议》在 2002 年发表，被引量为 74 次，此篇文章提出在社会主义初级阶段的市场竞争中存在着弱势群体和普遍的高利贷现象，这就决定了必须发展合作金融、合作经济，以防止社会居民两极分化，稳定社会秩序。发文量排名第 3 的是彭克强，发表文章 10 篇，最早的一篇文章在 2007 年发表，其被引量最高的文章《农村合作金融存量改革与增量发展：一个增量渐进发展论的分析框架》在 2007 年发表，被引量为 29 次，文中分析了农村合作金融深陷"存量改革难"与"增量发展受阻"双重困境的制度诱因，提出了农村合作金融增量渐进发展论的分析框架。

　　总体上看，作者合作网络密度比较高，说明合作金融研究逐步聚焦，以吴景杰、郑良芳、马九杰等为首的各个研究团队力量逐步壮大，研究的学术联系也较为紧密，影响力已经显现。高产出作者所涉及的主题比较广泛，包括农村信用社、农村经济、农村金融体制、农村合作、农村金融等。

表 0-1　合作金融领域高产出作者情况

单位：篇

序号	作者	发文量	最早发文年份
1	吴景杰	27	1997
2	郑良芳	25	1994
3	彭克强	10	2007
4	罗剑朝	8	2008
5	李明贤	8	2001
6	何广文	7	1997
7	孟飞	7	2012
8	王继权	6	2001
9	岳志	6	2001
10	马九杰	5	2015

资料来源：中国学术期刊网络出版总库（CNKI）。

　　高被引文献的出现，说明该文献主题为研究热点，该研究在这一领域有所突破或解决了重要问题。表 0-2 列出了 1981~2022 年合作金融领域被引数排在前 15 位的文章及作者。中国人民银行重庆营业管理部的阎庆民、中国人民大学农业与农村发展学院的温铁军以及北京师范大学的贺力平是主要被引作者，阎庆民和温铁军文章的被引量均达到 200 次以上，贺力平文章的被引量也高达 171 次。阎庆民和向恒（2001）指出，合作金融产权制度的缺失是导致农村信用社出现各种问题的根源。温铁军和姜柏林（2007）提出大力发展以小农户为主体的资金互助组织、培育以社区为边界的新型村级合作金融、用国家财政支农资金引导和培育新型合作金融组织等建议。贺力平（2002）指出，从国际经验来看，合作金融事业在各国的良好运行体现了合作金融在市场经济环境中的强大生命力；各国合作金融起源和成长于互不相同的经济环境和历史传统背景下，不存在完全适用的模式。

表 0-2　合作金融领域高被引文献情况

单位：次

序号	第一作者	篇名	被引次数
1	阎庆民	农村合作金融产权制度改革研究	240
2	温铁军	把合作金融还给农民——重构"服务三农的农村金融体系"的建议	224
3	贺力平	合作金融发展的国际经验及对中国的借鉴意义	171
4	陆磊	中国农村合作金融转型的理论分析	152
5	何广文	合作金融组织的制度性绩效探析	152
6	马忠富	国际农村合作金融发展经验及其启示	114
7	中国人民银行代表团	论合作金融的混合治理结构——从法国农业信贷银行的制度变迁看中国农村信用社体制改革	85
8	褚保金	试论我国农村合作金融组织的改革与发展	75
9	鲍静海	德、法、美、日合作金融组织制度比较及借鉴	74
10	郑良芳	社会主义初级阶段决定必须发展合作金融——对我国信用社体制改革争论的看法与建议	74
11	汪小亚	发展新型农村合作金融	70
12	吴永红	中国农村合作金融的发展与选择	68
13	张立中	国外农村合作金融发展模式的比较分析及启示	66
14	黄永华	农村合作金融问题研究	62
15	冯果	深化我国农村合作金融制度改革的若干法律思考	61

资料来源：中国学术期刊网络出版总库（CNKI）。

3. 研究热点

关键词不仅是网络搜索索引的重要方法，也是了解一篇文献所涉及领域和大致内容的指引。在 CiteSpace 中，基于关键词共现图谱、聚类图谱以及中介中心性的计算可以用于分析某一领域的研究热点。合作金融领域关键词共现图谱如图0-3所示，图谱中共有732个节点，1163条连接线，节点密度为0.0043。其中节点的个数代表关键词的数量，节点的大小代表关键词在样本文献中出现的频次，节点中的连线代表两个关键词之间的关联程度，连线越明显说明关键词之间的关联程度越强。可见，合作金融、信用社、县联社、合作制、农信社等是这一领域的研究热点，即自1981年以来我国合作金融领域的学者围绕合作金融、信用社、县联社、合作制、农信社等开展了大量研究，为我国合作金融的发展提供了学术性支持。

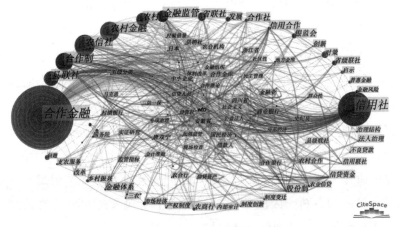

图0-3　合作金融领域关键词共现图谱

中介中心性是指一个关键词作为另两个关键词的最短桥梁的次数。CiteSpace中用此指标来表示关键词的重要程度。节点中介中心性的数值超过0.1的，则称其为关键节点。合作金融领域关键词出现频次及中介中心性如表0-3所示。其中，合作金融、信用社、合作制、农信社的中介中心性均大于0.1，合作金融的中介中心性甚至达到0.5，说明合作金融这一关键词在这一领域有着极其重要的地位。

表0-3　合作金融领域关键词出现频次及中介中心性

序号	关键词	出现次数（次）	中介中心性	最早出现年份
1	合作金融	237	0.5	1988
2	信用社	122	0.31	1985
3	县联社	72	0.08	1987

续表

序号	关键词	出现次数（次）	中介中心性	最早出现年份
4	合作制	66	0.12	1988
5	农信社	63	0.11	1997
6	农村金融	61	0.06	2001

资料来源：合作金融文献可视化分析软件 CiteSpace。

运用 CiteSpace 软件的"cluster"功能，得到关键词聚类图谱（见图0-4）。图0-4 中共有 732 个网络节点、1163 条连线，Modularity Q 的值为0.6607，Modularity Q 的临界值为 0.3（0.3893>0.3），说明此次聚类得到的效果较为理想。Mean Silhouette 值为 0.7717，Mean Silhouette 的临界值为0.5（0.672>0.5），说明此次聚类的效果是合理的。本书采用对数似然比Log Likelihood Ratio（LLR）算法，共得到 170（0~178）个聚类标签，为了能够更好地对合作金融研究领域的热点进行分析，图 0-4 中只选取了 10个聚类标签，其中数字越小说明此聚类中包含的关键词越多，所隐藏的聚类标签中所含关键词少于 10 个。仅从聚类标签的名称来看很难对该研究领域进行具体的分析，因此还要对该聚类下所包含的主要关键词进行分析，合作金融领域关键词聚类情况如表 0-4 所示。

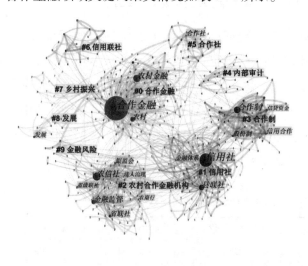

图0-4 合作金融领域关键词聚类图谱

表 0-4　合作金融领域关键词聚类情况

聚类标签	包含的关键词
#0 合作金融	合作金融、农村、农村金融、产权制度、改革
#1 信用社	信用社、金融体系、县联社、市场经济、农业信贷
#2 农村合作金融机构	省级联社、农商行、省联社、银监会、农信社、金融监管
#3 合作制	信用合作、合作制、股份制、供销社、信贷资金
#4 内部审计	内部审计、农村合作、启示、制度评析、金融组织
#5 合作社	合作社、借款人、商业银行、资金互助、借贷资产
#6 信用联社	治理结构、金融业、地区性、产区特征、信贷计划
#7 乡村振兴	乡村振兴、中间业务、普惠金融、信贷投放、利率定价
#8 发展	发展、信贷人员、中小企业、信贷监管、融资
#9 金融风险	健康发展、WTO、金融风险、债券托管、债券发行

资料来源：合作金融文献可视化分析软件 CiteSpace。

4. 研究趋势

CiteSpace 中的关键词突现检测是通过对关键词出现的时间和次数进行分析，来预测这一关键词的未来走向。合作金融领域关键词突现时间和突现强度如图 0-5 所示。在图 0-5 中，从左至右依次为关键词、关键词最早出现的年份、突现的强度、突现开始时间、突现结束时间。从突现开始时间来看，金融普惠、金融稳定均从 1980 年开始突现，但分别在 1996 年、1995 年之后不再突现，说明在未来它们不再占据研究主流，以辅助主流主题词的作用存在。从突现强度来看，信用社、合作制的突现强度最高，分别为 30.78、20.76，并且信用社的突现时间也很长。农村金融、普惠金融、乡村振兴的突现开始时间分别为 2012 年、2014 年、2018 年，它们在 2022 年突现仍未结束，说明在未来它们仍然是主流研究方向，是合作金融领域的研究前沿。

2017 年习近平同志在党的十九大报告中提出乡村振兴战略，要动员全党全国全社会的力量，坚持精准扶贫、精准脱贫。一些国家政策的产生，使合作金融研究领域的研究者开始注重合作金融在助推普惠金融、农村金融、乡村振兴的道路中所发挥的稳定器和助推器作用，对国家政策下的合

Keywords	Year	Strength	Begin	End	1980~2022年
金融普惠	1980	8.91	1980	1996	
金融稳定	1980	8.88	1980	1995	
信用社	1980	30.78	1986	2002	
县联社	1980	18.82	1987	2000	
股份制	1980	5.15	1988	1999	
市场经济	1980	7.12	1993	1998	
金融体系	1980	4.78	1995	1998	
合作制	1980	20.76	1996	2003	
健康发展	1980	4.66	1998	2002	
金融监管	1980	12.49	2002	2007	
省级联社	1980	7.03	2004	2008	
省联社	1980	7.5	2005	2012	
银监会	1980	7.44	2006	2009	
存量改革	1980	5.3	2007	2008	
增量发展	1980	4.71	2007	2008	
农村金融	1980	5.15	2012	2022	
信用合作	1980	5	2012	2019	
合作社	1980	5.14	2014	2019	
普惠金融	1980	4.85	2014	2022	
乡村振兴	1980	6.76	2018	2022	

图 0-5　合作金融领域关键词突现时间和突现强度

作金融展开更加深入的研究。这再次印证了上述关键词突现图所得结论：未来合作金融领域的研究主要向农村金融、普惠金融、乡村振兴等方向转移。

三　研究设计

（一）研究内容

本书以农村合作金融发展为研究对象，全面梳理我国合作金融的发展历程，探究合作金融在我国的发展规律，构建社会资本和成员异质性理论分析框架，从微观角度深入分析我国农村社会资本变迁，以及社会资本变迁导致的成员异质性对农村合作金融组织生成、治理、运行的影响，通过对典型合作金融案例的深入剖析，最终系统总结在全面推进乡村振兴战略的背景下，我国合作金融未来的发展路径，并提出相关的对策建议。本书分为七个章节。

第一章 农村合作金融的概念界定及理论基础。本章首先对本书涉及的核心概念进行了界定。其次，系统梳理了农村合作金融和社会资本理论脉络与基本理论框架，为本书研究奠定理论基础。

第二章 我国农村合作金融的发展历程及问题分析。本章分阶段系统回顾改革开放以来我国农村合作金融的发展历程，总结各阶段特征及经验教训。重点对我国农村合作金融发展现状进行了系统分析，总结提炼农村合作金融发展的突出问题，为本书研究奠定现实基础。

第三章 社会资本变迁对我国农村合作金融发展的影响。本章总结分析了我国农村社会资本变迁的特征，从理论和实证两方面分析了社会资本对农户借贷及农村家庭金融资产配置的影响，全面揭示社会资本对农户金融行为的影响机制。在此基础上，分析我国社会资本变迁对农村合作金融组织生成与运行的影响，利用吉林省农户调研数据，实证分析农户参与农村合作金融意愿的影响因素，揭示社会资本对合作金融的核心作用，进而对我国农村合作金融发展困境提供了社会资本角度的解释。

第四章 成员异质性对我国农村合作金融发展的影响。本章首先对合作金融组织成员异质性的内涵、表现和异质性成员的构成进行阐述，其次分别从理论分析、博弈分析和案例分析三个方面就成员异质性对我国农村合作金融发展的影响进行了深入分析，刻画了成员异质性条件下农村合作金融组织治理和合作行为的演化过程，为探索我国农村合作金融发展路径提供了更清晰的微观视角。

第五章 农村合作金融的国际经验借鉴。国际上农村合作金融发展较为成功的主要有德国模式、美国模式、日本模式和韩国模式等。本章通过梳理和总结这些国家发展农村合作金融的经验，为本书研究结论提供参考。

第六章 农村合作金融发展路径的典型案例。2003 年以来，我国各地因地制宜开展探索，形成了一些特色化的农村合作金融发展典型案例。本章对项目组实地调研的三个农村合作金融典型案例展开剖析，总结经验、吸取教训，为本书研究结论提供经验证据。

第七章 中国农村合作金融的发展路径及政策建议。本章形成本书的核心结论和政策建议。本章提出未来我国农村合作金融的发展应进一步明确乡村振兴战略下的新方向，顺应社会资本重构的新环境，并提出相应的政策建议。

（二）研究思路

本书遵循"研究背景和研究意义—理论基础—理论研究—实证研究—调查研究—对策建议"的逻辑与思路，通过体系性、时序性、典型性的研究，从我国农村合作金融发展历程和我国农村社会资本现状出发，从理论角度分析农村合作金融运行的社会资本机理，并进一步探讨在农村社会由传统向现代转型过程中，社会资本变迁对农村合作金融发展的影响，寻找农村合作金融可持续发展的微观依据和宏观路径，以期为进一步完善我国农村金融体系提出政策建议。

（三）研究方法

本书结合研究目标的理论性与研究成果的现实指向性，综合使用归纳总结与逻辑演绎相结合、理论分析与实证分析相结合、一般分析与典型案例分析相结合的方法论体系。

一是文献分析法，对国内外关于合作金融的文献成果和研究现状进行详细梳理，重点对国内关于农村合作金融发展的研究现状进行了系统深入综述，并运用文献可视化分析软件 CiteSpace 对国内农村合作金融的研究轨迹、当前研究热点与未来研究趋势进行了进一步的展示。

二是定性逻辑推理方法，借鉴社会资本理论的分析范式，构建本书的微观理论分析框架，分析社会资本对农户金融行为的影响，以及我国合作金融运行的社会资本逻辑，为农村合作金融组织生成与运行提供微观视角的解释。

三是数理模型与实证分析法，本书采用中国家庭追踪调查（CFPS）、中国家庭金融调查（CHFS）和项目组实地调研数据，运用实证分析法分析社会资本对农户金融行为的影响和社会资本对农村合作金融的影响，为研究提供更为精准的定量分析论据。

四是调研和案例分析法，项目组开展了针对农户、农民合作社和农村资金互助组织的专项调研，通过多次现场访谈，掌握第一手资料，形成了农村合作金融的一些典型案例。通过对典型案例的细致剖析，进一步明确农村合作金融组织运行的微观机理，为研究提供更为丰富的定性分析论据。

四　研究创新点与存在的不足

（一）研究创新点

1. 研究角度的创新

我国新型合作金融组织自诞生以来，其制度定位与实践路径尚不明确，特别是对组织运行的微观机制缺乏清晰的认识。本书从社会资本变迁角度对农村合作金融组织的产生、运行、内部治理以及异化成因进行定量与定性相结合的分析，为农村合作金融组织的可持续发展与合作金融体系的完善提供充分依据。

2. 研究内容的创新

已有研究或从局部的、单一的角度对农村合作金融组织的生成、运行机理、治理机制、利益分配等问题进行微观分析，或从整体的、全局的角度对农村合作金融的功能作用、存在的问题、发展方向等进行宏观分析。本书兼顾研究的系统性与深度，结合发展历程与现实背景，从社会资本变迁的新角度切入，将社会资本变迁和成员异质性对农村合作金融影响的微观机制分析，与合作金融整体发展和典型案例有机关联、互为印证，使研究内容更深入系统，结论更加可靠。

3. 研究方法的创新

一是本书综合运用宏观分析与微观透视、理论研究与实证研究、数理分析与案例分析等多种方法，方法多样性与研究内容有机匹配。二是运用博弈分析方法，构建农村合作金融组织内部寻租理论模型，研究成员异质性对农村合作金融的影响，增加利率决策因素，提高了分析的现实性和政策指向性。三是项目组通过调研获得丰富的农户数据，据此进行农村合作金融意愿的实证分析，得到的结果更具有说服力。

本书在研究农村合作金融组织可持续发展路径时，综合考虑政府推进与农民自发组织、效率与福利、内部治理与外部政策、正规金融与非正规金融、商业金融与合作金融的关系，发展路径框架更为全面，有助于全面认识我国农村合作金融发展问题，突出了政策指向性、可行性与前瞻性。

（二）研究存在的不足

项目调研和数据资料采集均在吉林省内进行，没有在全国范围内展开充分调研。尽管吉林省的农村合作金融发展在全国有较高的代表性，但合作金融发展模式众多，发展基础差异较大，本书的典型案例不够丰富，缺少全国层面的典型经验。

后续研究需要在社会资本影响农村合作金融的实证分析、成员异质性下农村合作金融组织的动态博弈演化、全国范围内农村合作金融成功模式的案例研究等方面继续深入加强。

| 第一章 |

农村合作金融的概念界定及理论基础

农村合作金融迄今经过了百余年的发展历程，在世界众多国家取得成功实践。随着农村合作金融实践的开展，相关理论逐步丰富完善。由于社会资本理论逐渐应用于经济学研究，社会资本对于农村合作金融组织微观运行机制的影响日益受到重视，形成了新的研究范式。本章将对农村合作金融的相关概念进行界定，梳理相关理论脉络，为本书的研究奠定理论基础。

第一节 相关概念界定

合作金融是建立在合作制原则上的一种金融组织形式，属于合作经济范畴。为便利后续研究，首先对本书涉及的核心概念进行界定。

一 合作经济与合作社

合作经济思想源自空想社会主义，19 世纪初，圣西门、傅立叶、欧文等空想社会主义者开始倡导"自愿互助、成员控制权、和谐制度"的合作经济原则并付诸实践，这被视为早期的合作经济探索。1844 年，英国罗虚代尔先锋社成立，被认为是国际合作运动的开端。1995 年，国际合作社联盟（ICA）100 周年代表大会进一步明确合作制原则：自愿和开放原则，民主管理原则，社员经济参与原则，自主和独立原则，教育、培训和信息原则，合作社间合作原则，关心社区原则。这些原则已成为当前各国合作经济组织的基本指导原则。根据这些原则，合作经济是指劳动者自愿联合、民主管理，共同占有生产资料、共同进行劳动的一种经济形式（范静，2006）。根据农村合作经济组织的发展特点，李芮（2011）给出相关定义："在农村家庭经营基础上，农业从业者为了满足其生产经营的需要，维护和改善其自身利益而依法自愿联合组成并实行民主管理的互助性经济组织。"

合作经济的实现形式是合作社。国际合作社联盟在 1995 年通过的《关于合作社界定的声明》中，对合作社进行了明确定义："由自愿联合起来的人们，通过联合所有由民主控制的企业来满足他们共同的经济、社会和文化的需求与抱负的自治联合体。"我国于 2006 年通过的《中华人民共和国农民专业合作社法》给出了农民专业合作社的定义："农民专业合作社是指在农村家庭承包经营基础上，同类农产品的生产经营者或者同类农业生产经营服务的提供者、利用者，自愿联合、民主管理的互助性经济组织。"本质上，合作社是由农民自己组织、内部社员民主管理、发展成果使社员受益的组织，农民专业合作社是我国农村合作经济组织的主要实现形式（程恩江等，2014）。

二　农村合作金融

合作经济包括生产合作、消费合作、信用合作等多个领域，当合作发展到信用合作领域时，合作金融就诞生了。合作金融是按照合作制原则组建起来的一种特殊的金融组织形式，它主要是集合经济弱势群体的资金，向成员提供互助融资，由成员自主管理、自担风险的内生性金融组织形式。合作金融具有明显不同于商业性金融的扶弱扶贫功能，又能有效避免政策性金融难以渗透农户的"政府失灵"，合作金融同商业性金融、政策性金融一起构成了"三位一体"的完整农村金融体系。

农村合作金融是指农村劳动者为改善自己的生产与生活条件，按照合作制原则，自愿入股联合，实行民主管理，获得服务与利益的一种集体所有与个人所有相结合的资金融通方式，从本质上说是弱势群体建立起来的自助金融组织。从我国改革开放以来农村金融发展的实践来看，合作金融也是政府为解决农村地区金融资源匮乏、金融供给不足而着力推行的组织形态（董晓林和张龙耀，2017）。农村合作金融具有以下特点：农村合作金融组织符合国际公认的合作制原则；它不以营利为目的，主要为成员提供服务，本质上是互助金融；它是群众性组织，代表和保护成员利益并由成员民主管理；它注重平等原则，成员自愿平等合作是组织存在的基础。

三　社会资本

社会资本概念最早由社会学家于 20 世纪 80 年代提出，随后众多研究从各自学科和研究范式出发，对社会资本概念进行了界定，但没有形成统一的定义。社会资本理论体系经过社会学与经济学的交叉研究而逐步完善，最早对社会资本进行系统阐述的法国社会学家布迪厄（Pierre Bourdieu，1986）认为，社会资本是真实或虚拟资源的总和，是一种大家熟悉与公认的并且在一定程度上被制度化的社会网络，社会资本就是社会网络的总和，能够给个人带来特定回报。布迪厄的定义体现了社会资本的两个特征：一是社会资本与特定群体及社会网络相联系，二是社会资本以群体内的相互认知为基础。在任何一种社会体制内，人与人之间都会建立各种关系网络，这种关系网络本质上是一种实际的或潜在的资源，利用这一资源，人们能够获得额外的社会经济利益。

美国社会学家詹姆斯·科尔曼（Coleman，1988）吸收了布迪厄的部分观点并进一步拓展，他从社会资本功能的角度对其进行定义，强调社会资本与其他资本一样是生产性的，它内嵌于社会结构当中、具有一定的公共品特征，能够为社会结构内的所有个体提供便利。但科尔曼对社会资本的界定并没有区分资源本身和不同社会结构中成员获取资源的能力，可能导致在概念使用上的混乱。亚历山德罗·波茨（Portes，1995）对社会资本提出了更为全面的表述，即社会资本是个人通过成员身份在社会网络或更广泛的社会结构中获取稀缺资源的能力，是产生于个人与他人关系中的一种资产，社会资本必须内嵌于特定网络或社会结构中。

使社会资本概念被广泛关注的哈佛大学政治社会学家罗伯特·帕特南

和约翰·赫利韦尔（Putnam 和 Helliwell，1995）认为，社会资本与物质资本和人力资本具有本质差别，社会资本是社会组织内的信任、规范和社会网络的总和，通过推动成员间相互配合行动、组织间的互利性协作从而提高社会效率，社会资本对物质资本和人力资本收益能够产生正向影响。林南（Lin，1999）也认为社会资本内嵌于社会网络和社会关系中，社会资本应该包含三个层次：嵌入社会结构中的资源，个人获取资源的能力，如何动员或运用此种资源。林南进一步将社会资本界定为在社会关系中进行的预期回报的投资。

综合以上关于社会资本的定义，不难看出社会资本既是可以获取的资源，也代表个人获取资源的能力，其基本要素包括关系网络、规范、信任、行动共识等，它通过协调组织成员的行动促进人与人的合作，从而提高社会效率。

四　成员异质性

按照合作金融的原则，合作金融组织不以营利为目的，主要满足成员的融资需求，具有一定的公益性。合作金融组织区别于其他的组织形式，其具有自愿性、互助性和民主管理性等基本特征，传统合作金融理论是建立在成员相对同质基础上的，这样才能最大限度地保持合作金融组织民主管理、互助合作、共担风险的特征。但随着农村由传统的乡土社会向现代市民社会转型，两种经济形态并存，农村人口流动加大，农户家庭收入来源、收入水平发生重大变化，经济发展水平出现明显差异，农民拥有的人力资本、物质资本和社会资本随着农村社会转型而发生变迁，组织成员拥有的稀缺性要素会显著不同，导致合作金融组织成员产生异质性。成员异质性主要表现为组织成员之间因年龄、受教育程度、资源禀赋（自然资源、资本、人力资本、社会资本等）等因素投入的资源要素数量和类别方面的差异（Cook，1995）。成员异质性将合作组织内部成员分化为核心成员和普通成员，核心成员因为投入资源较多而拥有更大的管理决策权，将会破坏合作金融组织一人一票的民主治理机制，进而会产生融资分配、利益分配等一系列问题。随着乡村振兴战略的推进，我国农村正处于快速变革中，合作金融组织往往由乡村能人、村社干部、生产或运销大户等发起设立，这部分成员资本实力雄厚，会形成对合作金融组织治理与管理决策的控制；普通成员由于投入的资源要素少，其在组织中的权益很容易受到侵害，传统上的一人一票制被一人多票制取代，合作金融出现异化。这种由农村合作金融组织成员的显著差异性、社员结构的复杂性导致的成员异质性，成为当前合作金融组织普遍面临的现实问题。

第二节　农村合作金融的理论脉络

一　合作思想的形成

无论是在我国还是在西方国家，合作意识与合作思想自古有之。我国古代的井田制、古希腊哲学家柏拉图的"共和国"思想都体现了人类早期的合作理念。合作思想在近代才开始蓬勃发展，大量西方思想流派都从不同角度提出了合作思想，有力地推动了世界合作运动和合作经济的发展。以布兰科和拉萨尔为代表的国家社会主义学派主张在国家的支持下建立生产者合作社，通过普遍设立合作社，最终建立无产阶级的社会主义组织。空想社会主义思想具有明确的合作理念，提倡平等劳动、互利合作，一般认为合作经济萌发于空想社会主义思想。其代表人物傅立叶提出了一种以农业为基础的合作生产、合作消费、自给自足的组织，这种组织已经具有合作社的性质。空想社会主义的另一个代表人物欧文继承和发展了空想社会主义的合作思想，进一步提出通过建立合作新农村和合作公社来消除工业革命造成的失业和社会灾难，欧文提出的合作公社的主要特征包括财产公有化、管理民主化、分配需求化等，实行教育与劳动相结合、脑力劳动和体力劳动相结合，这些合作社原则和相关实践对之后兴起的国际合作运动产生了重要影响。

马克思主义理论提出了系统的合作思想，马克思、恩格斯将合作社分为两类：一类是资本主义生产方式下的合作社，另一类是无产阶级专政条件下的合作社，后者是共产主义性质的。恩格斯认为，无产阶级专政下的农业合作社，是生产资料国家所有、集体使用、集体经营的劳动组合，是共产主义的低级阶段向高级阶段过渡的中间环节。马克思预言未来的社会是"自由人的联合体",其基本特征是在生产资料公有制基础上的联合劳动,其实质就是合作劳动。马克思和恩格斯高度赞扬了 1848~1864 年法国和欧洲工人阶级的合作运动,认为从资本主义转变为社会主义中间的过渡期内,必须大规模地采用合作生产。这些合作思想和合作学说的发展,为合作金融组织的发展壮大提供了一定的理论基础。

在合作思想的推动下,从 19 世纪开始国际合作运动风起云涌,形成了不同派别、遵循不同合作原则的合作经济组织,比较有代表性的是英国和法国的合作经济流派,这些合作经济流派对合作金融理论的形成与实践发展产生了重要影响。1844 年成立于英国的"罗虚代尔公平先锋社"被公认为世界上第一个合作社,该合作社由 28 名工人共同出资组建,主要经营生活日用品,并提出了自己的纲领。到 20 世纪初,该合作社已经拥有连片商店和自己的加工厂。该合作社遵循自愿集资入股、社员平等民主管理、保持政治与宗教中立、按交易量实行盈利返还、公平交易以及重视社员教育等原则。这些原则充分体现了合作社的性质和宗旨,即通过弱势群体的联合实现社员共同的经济目标,同时这些原则也适应了市场经济的本质要求。1895 年国际合作社联盟成立时,这些原则被各国广泛认可,成为国际合作社运动的指南。

在法国,以查理·季特(Charles Gide)为代表的尼姆学派是 19 世纪初重要的消费合作社运动流派,尼姆学派极力推崇消费合作,认为只有消费合作才能真正消灭贫穷压迫,消灭资本主义竞争制度,建立全人类的理想社会,消费者的和平自救是实现理想制度的唯一道路。尼姆学派认为,合作社是一种介于资本主义和社会主义之间的"中间形式",合作社可以和平解决资本主义社会最难以解决的劳动者和所有者之间的矛盾。这个制度被后来的合作社沿袭。以法国的路易斯·布朗(Louis Blanc)为代表的国家社会主义合作思想主张在国家的帮助下成立"生产合作社",通过组织合作社,使劳动者成为企业家,真正解放劳动者。他认为生产合作社是资本主义内部的社会主义因素,当这些因素累积到一定程度时,将通过全国性的合作社组织统一调节生产和分配,最终和平建立社会主义制度。

二　农村合作金融理论的形成

信用合作社作为合作组织的一种，其产生的基本理念和条件与合作社一致。信用合作是在供销合作、生产合作基础之上发展起来的，为适应商品生产和供销合作对资金的需求而产生。信用合作社的产生利用了原有的资本主义商业信用和银行信用制度，商业票据、存款、贴现、结算等信用制度在信用合作社中被直接应用，因此信用合作社自诞生之日起，就不同于传统民间自发的合会组织。从各国信用合作社的产生来看，信用合作社通常可以分为两类：一类是由小生产者等个人共同出资组建的信用合作社，以成员互助为主要宗旨；另一类是由合作社组织联合出资组建的信用合作社，由于社员出资有限，此类合作社的股金不足以维持合作社运营，入社自愿、退社自由的宗旨更加剧了合作社运营资金的不稳定性，合作社普遍依赖信用制度筹集资金。但由于产权不健全、抵押物难以拍卖等原因，合作社在商业银行的融资并不顺利，因此转向利用合作信用制度：由最初设立内部储蓄部门，到逐渐发展成为相对独立的信用社，最终形成合作金融组织。

德国是信用合作思想的发源地，现代合作金融理论随着信用合作运动的兴起而在德国形成，随后传播到意大利、法国、日本以及其他国家，并形成世界范围内的信用合作实践。德国第一个农村信用社是由雷发巽（Friedrch Raiffersen）创办的，被视为农村合作金融组织的开端。雷发巽本人是一位传教士，同时担任德国一个小城市市长，1848 年他在 60 多位富裕平民的赞助下，设立了一个救助合作社，向农民提供肥料；之后为满足农民的资金需求设立信用合作社，为农民购买家畜、种子等生产资料，提供分期付款便利以及贷款业务。雷发巽首次阐明了信用合作社的基本原则，1872 年他设立了莱茵农业合作银行，1874 年设立了农业中央金库，1876 年他组织成立德国农业中央信用合作社，后改名为德国雷发巽合作社总联合会。

雷发巽创办信用合作社的理论基础是改良主义，他强调运用慈善手段和救贫制度组建合作社并实行民主管理，提倡合作社教育和助人为乐精神，其合作原则具体包括以下五点。一是合作社社员必须是农民，一个合作社人数约为 1000 人，以特定农村区域为合作区域。社员入社至少有两名社员担保，确保社员同时具有经济和道德意义上的双重信用，因此合作社成员彼此熟悉、互相信任。二是合作社的设立不得发行股票，不以认股为条件，采取无限责任制；社员入社无须缴纳会费，合作社所需资金来源于外部借款或社员存款。三是合作社的红利及公积金不进行分配，用来弥补合作社的损失以及作为合作社共同财产。四是合作社除为入社农民提供储蓄贷款外，兼营运销、购买贩卖等众多农村合作事业，逐步扩展了保险业务，以此改善社员生活条件。社员贷款必须用于生产方面，贷款期限由农业生产周期决定，期限较长。五是合作社实施民主管理，合作社之间实行系统的联合，一切合作社隶属于中央合作金库。19 世纪 60 年代，雷发巽按照上述原则创办了第一批信用社，除信贷业务外，兼营买卖运销和保险业务等，形成了以信贷业务为主的综合型合作社。至 1913 年，雷发巽系统共建立了 4485 个合作社，发展十分迅速（史冰清，2011）。

德国另一个信用合作社系统是舒尔茨（Hermann Schulze-Delitzsch）创建的城市信用合作社。舒尔茨是德国的经济学者，他生长于城市，了解手工业者的艰辛，他认为手工业者不仅可以通过自助互助，联合购买原料和出售产品，而且可以通过有组织的联合获得融资，从而扩大生产。1850年，由当地富豪出资，舒尔茨成立了一个从事借贷业务的信用合作社，逐步建立了自助互助的信用合作原则，具体包括：一是合作社成立必须有初始股金，社员集资入股，集资额不受限制，社员股份可以自由买卖和转让；二是合作社实行有限责任，民主管理，社员职业不限，入社须缴纳会费；三是合作社业务以面向社员的短期信用贷款为主，专门经营信贷业务，不兼营其他业务；四是合作社按股分红，公积金等为全体社员共同所有，合作社实行自助主义，拒绝政府补贴，不隶属于信用合作社的中央机构。到 1913 年，舒尔茨系统的城市信用合作社发展到 974 个。

对比雷发巽创立的农村信用合作社系统和舒尔茨建立的城市信用合作社系统，我们可以发现，两类合作社自创立之初就具有显著差异。雷发巽系统的农村信用合作社的首要任务是为入社农民服务，贷款期限与农业生产周期相匹配，社员以其全部财产对信用社承担无限责任。农村信用合作社通过社员间相互担保发放信用贷款，为了便于社员之间的联系，通常农村信用合作社有一定的区域限制。由于单个合作社的实力较弱，雷发巽系统强调可以从地方政府或教会取得资助，强调形成合作社之间的联合。雷发巽系统的农村信用合作社意在以低利率、期限长的贷款替代原有的高利贷，使入社农民免受高利贷剥削，其通常建立在熟人社会基础上，具有明显的扶贫扶弱特征。而舒尔茨系统的城市信用合作社则为较为富裕的城市手工业者服务，注重商业经济原则，更符合商业交换、价值规律的要求，其业务运行方式更接近现代的商业银行。

继雷发巽和舒尔茨之后，哈斯（Hass）成为德国合作运动的领导者，他采纳了前两类信用合作社的优点并进行折中改良，形成了哈斯系统的信用合作社。他反对雷发巽系统中信用合作社的慈善化和宗教化倾向，在资金来源方面，既不单纯依靠社员入股，也不仅从外部借款，而是将两者结合起来；合作社成员承担有限责任还是无限责任需要根据各地农村区域的现实情况而定，不必强求一致。从 19 世纪 90 年代至 20 世纪 20 年代，哈斯系统的信用合作社发展最为迅速，到 1913 年已经在全德国发展到 9400 多个。1902 年，哈斯系统的信用合作社也设立了中央联社——"帝国农业合作银行"。

对比德国合作金融发展的三个系统不难发现，合作金融组织自建立之初，就具备有别于其他金融组织的特征：合作金融组织服务于特定成员群体，不以营利为目的，由成员自发组建成立，成员之间相互平等、互助互利、民主管理、共享组织收益，关注成员教育，重视合作社之间的联合。这些合作金融基本原则和理论成为世界各国进行合作金融探索的重要指引。

三　合作金融理论的演进

德国信用合作的思想以及广泛实践逐步传播到法国、意大利、奥地利、瑞士、丹麦、东欧和日本等国家和地区，形成了一个具有世界规模的信用合作社运动。意大利仿照雷发巽模式创立了农村信用合作社，仿照舒尔茨模式在工人中发展城市信用合作社。法国在进入 19 世纪 80 年代后，信用合作社快速发展，特别是雷发巽式的农村信用合作社发展较快，至 1911 年发展到 669 个，社员达到 3 万人。法国另一类信用合作社是法国农业工团附属的农业信用合作社，此类合作社得到了法国政府的有力支持，同时也受到政府的监督和业务管理，至 1942 年，农业信用合作社发展到 5202 个，社员达 28.4 万人，成为法国农村金融的主力军（王树桐等，1996）。19 世纪明治维新后，德国信用合作思想传入日本，日本积极组建了信贷合作社、采购合作社和销售合作社，形成了日本民间合作经济的"产业组合"，有效改善了农民的生产生活。合作金融理论随着各国合作金融的实践而不断完善，人们对合作金融的性质、原则、模式、功能等基本问题有了全面认识，各国合作金融组织不断发展壮大。

随着西方合作社运动的广泛开展，现代主流经济学家也对合作社组织进行了剖析，合作金融理论在经典经济学分析框架下得到进一步发展。1890 年马歇尔在其《经济学原理》一书的生产、消费、分配各篇中，均系统论述了合作制度。他认为消费合作社不仅能够节约资金，而且能够提高企业经济效益，合作社企业能够有效地避免资本主义国家垄断组织在管理上的弊端。马歇尔还特别关注合作制在农业中的作用，认为合作社可以将大生产的经济与小生产的快乐和利益结合起来。

20 世纪 60 年代以后，新制度经济学兴起并成为西方主流经济学说，包括交易费用理论、产权理论、委托代理理论、不完全契约理论等在内的新制度经济学从不同视角展开对合作社组织制度的剖析，合作社建立诱因、合作社的绩效、合作社利益分配、成员异质性、投资激励、管理决策、治理结构、代理人行为、社会公共政策等都成为研究者关注的问题。科斯的交易费用理论认为，合作社的建立可以降低交易成本，减少交易风险，由于农业生产领域具有专业性、不确定性和区域垄断性，农业合作社的出现十分必要。相对于单个农户，合作社具有规模经济的优势，合作社开拓市场能力更强，合作社的利益返还机制能确保农民获得稳定的收益。

产权理论认为，合作社作为一种特殊的企业组织，产权结构是其制度安排和企业治理的核心。20 世纪 60 年代开始，产权理论作为企业治理的基础与核心理论被应用于合作社治理问题的研究。学者们认为合作社的产权界定模糊，随着合作社成员的增加，其代理问题将导致控制成本较高，资源配置低效。当合作社治理结构变得更加复杂时，模糊的产权关系将导致剩余索取权和决策控制权之间的冲突，从而导致合作社出现"搭便车"现象以及长期投资缺乏激励等问题。产权不清晰还将导致激励与约束机制不相容，最终导致合作社运营低效、风险累积及合作功能异化等。

新制度经济学对合作社的分析大大提升了合作金融理论的适用性，将人们对合作金融的研究由功能、绩效、模式等，转向更为微观的组织治理、组织运行、风险控制等领域，为各国农村合作金融组织的可持续发展提供了理论指引。

四　合作金融理论在我国的传播

五四运动前后，西方合作思想作为一种社会改良思潮传入中国，在中国掀起了合作运动浪潮，希冀以合作救济农村，合作金融由此成为国民政府的政策工具之一。近代中国的农业合作金融制度对当时农村的社会经济发展产生过重大影响，尽管并没有取得预期的效果，但为我国农村合作金融的发展提供了一定的经验借鉴。

我国民间合作金融理念由来已久，早在隋唐时期，就出现了"合会"（又称"摇会""成会"）等民间金融形式。郑启福（2011）认为，合会是人们在长期生产、生活中逐步形成的一种金融互助形式。由于古代社会是传统的宗族社会，劳动人民自身的经济力量极为薄弱，人口流动性极低，当面对生计困难或突发事件时，必须依赖邻里和亲朋帮扶，这种需求催生了早期的各种自治互助团体，并逐渐演变出"合会"组织。作为一种传统的民间信用互助方式，合会能够起到缓急相济的互助作用，帮助人们解决生产和生活中的困难。

现代意义上的合作金融组织，是在西方合作思想和合作金融理论传入我国之后才出现的。1840 年鸦片战争后，中国沦为半殖民地半封建社会，山河破碎、民不聊生。1911 年辛亥革命推翻了封建帝制，在中国社会进行了一场深刻的思想启蒙运动。随后新文化运动兴起，通过提倡民主与科学，中国先进知识分子积极探索改造社会、救亡图存的道路。西方的合作思想进入国内，被视为改造中国传统农村社会的良方，随后民间开始进行合作金融的实践。1923 年，我国第一家农村信用合作社由华洋义赈会在河北省香河县设立，我国农村合作金融制度由此兴起。此时中国正处于北洋政府时期，国家对经济基本失去控制，社会团体是经济活动的主体，因此早期的信用合作社均由社会团体组织兴办，这些信用合作社具有自发性和救济性特征，与初期西方合作金融理论较为契合。

国民政府上台后，力图将合作社作为统治农民的工具，对合作金融采取大力扶持策略，政府带动社会各界参与设立合作社，合作社数量大幅增加。不仅如此，国民政府在国统区内建立了众多合作联合组织和资金调剂组织，鼓励商业银行向合作社进行贷款融资。国民政府的参与一方面降低了合作金融的"拓荒成本"，充实了合作社的资金实力；另一方面也使得合作金融缺少内生发展动力，不同地区合作金融发展水平参差不齐。及至抗战爆发以后，发展农村经济、支持抗战成为国民政府推动合作社发展的主要目标，国民政府从自身利益出发，采取行政手段强制农民入社并禁止退社，合作社被地主豪绅控制，农民被动入社并受合作社控制者的管理，已然丧失合作金融的本意，部分合作社异化为国民政府牟利的工具。纵观国民政府时期，合作金融理论体系在借鉴西方国家合作金融理论与实践的基础上，得到了相对全面的发展。国民政府在建立现代金融体系的过程中，注重政策金融、商业金融和合作金融的结合，以国家力量推动合作金融组织发展，"自上而下"建立合作金融体系，但这种强制性制度变迁并没有得到农民的真正认可和接受，国民政府的合作社事业同其反动立场捆绑在一起，最终以失败告终。

另外，国内思想界为了切实解决中国农民和农村问题，在西方合作思想的影响下，产生了乡村经济建设的研究思潮，并形成了合作改革学派、乡村改良学派和中国农村学派等不同观点，为我国农村合作社体系建设提出了不同方案，同时全国各地兴起了以合作社建设为重要内容的乡村建设运动。综观乡村建设运动中的合作社理论与实践，以中国农村社会的根本现实为基础，提出发展合作社进而推动农村经济发展的一整套计划和方案，呈现了典型的"自下而上"诱致性制度变迁的特征。兴办合作社、帮助社员获得低息贷款、顺利进行农产品运销等活动，丰富了中国农村合作社的理论与实践。虽然乡村建设运动由于日本帝国主义入侵而破产，但其合作理念为新中国成立后的合作运动奠定了良好基础。

第三节　社会资本理论框架

社会资本理论自提出以来，越来越成为社会学、经济学、管理学等诸多学科的重要研究视角之一。在经济学领域，社会资本理论突破了古典经济学分析土地、劳动和资本的要素分析范式，关注社会网络、社会信任等社会文化因素对人们经济行为的影响和对经济发展的推动作用。由于长期以来我国二元经济结构的特点，农村发展相对滞后，传统的熟人社会特征仍然比较突出，社会资本成为研究农村问题的关键变量之一。农村合作金融作为内生性的自组织，其从生成到治理的全过程深受社会资本的影响。

一　社会资本理论的提出与发展

长期以来，经济学研究强调实证、数理分析方法，经济学的研究方法和范式对其他社会科学产生了重要的影响。经济学中理性选择范式的基本假设是"理性经济人"，通过简化前提条件保证整个范式的清晰性和系统性。尽管这种研究范式具有明显的解释优势，但忽略了制度文化因素对个人理性行为的影响，将个人需求简单化。为了弥补理性选择理论的缺陷，不同领域的研究者不断尝试将文化等因素纳入分析框架，反对将个人笼统视为理性经济人，个人行为的目的不仅仅是满足物质需求，还要获得社会认同。个体行为会受到历史、文化、社会价值观等的影响，个体在社会网络中的互动应该被充分关注。社会资本概念在这样的背景下被提出，并快速成为不同学科的关注点。

社会资本概念源自经济学的资本概念。古典经济学将资本、土地和劳动视为三大生产要素，这些生产要素的组合能够带来收入或利润。古典经济学家亚当·斯密首次将资本划分为固定资本和流动资本；20 世纪 60 年代舒尔茨（T. W. Schultz）和贝克尔（Gary Becker）又提出了人力资本概念并将其引入经济学分析中，对人力资本的投资构成了经济增长的重要源泉。社会资本概念最初由法国社会学家皮埃尔·布迪厄在 1980 年提出，他在《社会科学研究》期刊上发表了一篇名为《社会资本随笔》的短文，正式提出"社会资本"概念，认为这是一种存在于体制化社会网络关系中的实际或潜在资源的集合。布迪厄将资本看作一系列的资源和权力，包括经济资本、文化资本和社会资本，通过社会资本，个体能够获取经济资源。作为社会资本理论的开创者，布迪厄从社会网络角度来定义社会资本，这一开创性的视角在后续发展中被充分继承。

科尔曼对社会资本理论进行了有效扩展，他从经济学和社会学的共性角度，将社会资本与物质资本、人力资本并列视为资本的三种形态，认为社会资本是无形的，存在于人与人的关系中，既不依附于独立的个人，也不产生于物质生产过程（Coleman，1988）。科尔曼从功能角度定义社会资本，认为社会资本是影响个人行动能力以及生活质量的重要资源，它使人与人之间的关系向有利于个体行动的方向转变。在科尔曼的社会资本理论中，社会资本的形式主要包括义务与期望、规范与有效惩罚、社会关系中的内部信息网络、多功能组织和社会组织等，社会资本具有生产性、不完全替代性、不可转让性以及公共品特性。科尔曼认为社会结构、社会网络及意识形态等因素将影响社会资本的形成与消亡。科尔曼的社会资本理论是社会学与经济学交叉形成的，他将经济学的分析框架引入社会学研究中，关注社会交换、社会组织、社会结构等问题，其研究奠定了社会资本理论分析框架的基础，对社会资本理论的发展有着深远影响。

政治社会学家帕特南将社会资本理论进一步应用于更为宏观的民主治理研究中。帕特南及其合作者们在研究政府绩效差异的过程中，发现公民生活差异在解释制度成功与否方面有着重要影响，因此引入社会资本概念。他将社会资本定义为社会组织的信任、规范和网络等，通过推动协调行动来提高社会效率，社会资本具有自我强化和积累的特性。帕特南社会资本理论的核心观点可以概括为以下两点。一是社会网络和社会规范对社会合作至关重要，朋友、同事及邻里等网络会以相互义务和责任的形式将人们联结在一起，从而使人们为了相互利益而进行合作，提高社会效率。二是从政治学角度来看，社会资本具有重要的政治结果，公民社会可以促进社会资本的积累，社会资本的积累也可以促进政治参与和善治。帕特南拓展了社会资本的应用领域，将这一理论推向了新高度。

美国华裔社会学家林南为社会资本的层次划分、指标测量、理论模型构建做出了巨大贡献，使社会资本的概念表述更加精准，社会资本理论研究更加规范。林南认为社会资本是"嵌入社会结构中的，在有目的的行动中获取或动员的资源"，其根植于社会网络和社会关系中（Lin，1999）。林南认为，个人的社会行动可分为工具性行动和情感性行动，工具性行动可以带来经济回报、社会回报和政治回报，从而增加社会资本；对于情感性行动而言，社会资本能够起到巩固资源和防止损失的作用，同时这两类行动所带来的回报是彼此增强的。

以上理论演进历程表明，社会资本的提出和发展是由不同学科的学者共同推进的，这些学者在使用社会资本概念时的侧重点有所不同，有的侧重功能角度，有的侧重社会组织和结构角度，有的侧重社会规范和社会信任。这种交叉学科特性正是社会资本理论的核心特征，使其不仅具备解释社会经济现象的强大生命力，更开启了经济学研究的新视角。社会资本理论对于经济研究的重要意义在于，它将价值判断与文化因素纳入经济学分析框架，不仅在微观层面强调对个人行为动因的解释，而且在宏观层面关注集体选择。社会资本理论在一定程度上修正了经济学研究中过于追求定量分析的弊端，避免了对人的片面化、简单化理解，更加关注人的行为的复杂性。当然在应用社会资本理论分析经济现象或行为时，也应尽力避免概念泛化、内涵和外延的过度扩展、不能形成系统可操作的规范分析等问题，提高研究的说服力。

二　社会资本的功能

社会资本既是可以获取的资源，也代表个人获取资源的能力，其基本要素包括关系网络、规范、信任、行动共识等，它通过协调组织成员行动、促进人与人的合作提高社会效率。众多学者对社会资本的功能进行了系统阐述。第一，在特定的社会关系网络中，由于成员间的紧密联结，社会资本能促进经济信息的传播，每一个成员通过直接或间接的交往获得全面的信息，减少了信息不对称和信息传递的市场失灵。第二，社会资本作为一种资源，可以充当物质抵押品的替代品，成员间基于关系而形成非正式规范，通过隐形的奖惩机制约束成员行为并实施有效监督。第三，依赖社会网络形成的规范和准则，一旦得到组织成员的共同遵守和认同，就有助于促进社会信任的产生，有利于集体行动协调。第四，社会资本的核心是信任，在关系更为紧密的传统社会中，社会资本能促进成员间人际信任的强化，从而降低交易成本。社会资本发挥作用的关键在于信息传递和惩罚机制的有效性，这就要求社会网络规模不能过大，结构趋于水平化，稳定性较高，这样才能确保信息充分传递，实现成员的相互信任、利益共享、风险分担、惩罚约束等目标。显然，由于农村社会高度紧密的人际联系，社会资本更易于发挥作用。

三　社会资本的测量

作为一种备受关注的研究视角，个体或群体社会资本用哪些指标和方法来进行准确的测量，与如何界定社会资本密切相关。社会资本的测量一直是学术界充分关注的问题，也是制约社会资本理论发展的关键因素。从已有的文献来看，学术界对社会资本的测量主要从个体和集体两个层面进行。布迪厄认为，个体社会资本取决于两个因素：行动者可以有效利用的网络规模以及网络中个体成员拥有的各种形式资本的数量。科尔曼提出，社会资本存在于人与人的关系中，可从社会团体、社会网络和网络获取三个方面来测量个体的社会资本数量，个体参加的社团数量越多、社会网络规模越大、社会网络异质程度越高、个体从社会网络中获取资源的能力越强，则个人拥有的社会资本就越多。林南对社会资本的测量做出了更为细致的研究，他将社会资本分为社会网络资源和社会关系资源，社会网络资源是指嵌入自我网络中个人可以获取的资源，社会关系资源表示在行动中可以从关系人处动员的资源，例如关系人的财富、权力和地位特征等。林南认为社会网络的规模、密度、异质性、封闭性等指标，构成社会资本测量的备用指标。Krishna 和 Shrader（1999）将社会资本的指标划分为家庭、社区、地区和国家四个层面，同时他将信任也作为衡量社会资本的指标。国内学者对社会资本的测量指标进行了本土化的适用性改造，如张文宏等（1999）从个体角度研究社会资本时，主要通过关系构成、亲密程度、互动频率、互动距离等指标进行度量。边燕杰等（2004）在使用社会网络指标测量社会资本时，注重从我国本土情况出发分析拜年网、餐饮网等，具有一定的创新性。对于集体层面的社会资本，普特南认为应从社会信任、公民参与社会组织、互惠规范以及成功的合作等方面进行测量。Kawachi 等（2004）认为，测量社会资本的维度主要包括 8 个方面，即信任、社团组织参与、社会支持、志愿者活动、互惠、非正式社交、社区活动以及社区归属感。

随着社会资本理论的发展，国内外学者普遍认识到由于信息、技术、制度等方面存在较大差异，农村居民相较于城市居民在经济行为中受到社会资本的影响更为显著，但经典的社会资本测量方法主要适用于城市居民，对农村居民个体关注不够。随着城镇化进程的快速推进，我国农村社会正处于变革当中，因此国内关于农户和村庄集体社会资本问题的研究在传统分析范式下，都侧重于关注中国农村社会现实。刘倩（2018）认为社会资本对于村社一级和农户具有不同的资本回报特征，因此农村社会资本的测量可分为村级社会资本和农户社会资本两个层面。村级社会资本具有集体性特征，应基于信任、公共参与和社会规范维度进行测量，而农户社会资本通常与其社会资本结构、规模以及数量密切相关，具有结构性和关系型的特征。有关社会资本与农户行为的研究，国内普遍从社会网络、社会信任和社会规范三个维度进行社会资本的测量（秦海林等，2018），方法上多通过因子分析法或熵值法构造社会资本综合指数，力求更为全面和准确地反映农户社会资本，形成了比较规范的研究。

第二章

我国农村合作金融的发展历程及问题分析

五四运动前后，西方合作思想和合作金融理论传入国内，从北洋政府到国民政府时期，我国以改造中国农村社会为目标，政府倡导与民间行动相结合，一直在探索农村合作金融的发展路径。新中国成立后，中央政府在短时间内迅速建立起农村合作金融体系，对缓解农民资金短缺、消除高利贷危害发挥了积极作用，推动了我国农村的社会主义改造。新中国成立70多年来，我国农村合作金融几经沉浮，合作金融发展路径仍在探索过程中。

第一节　我国农村合作金融的发展历程

改革开放以来，我国农村合作金融发展经历了3个阶段：1980~1996年农村合作金融复归阶段、1996~2007年农村合作金融属性异化阶段、2007年至今新型农村合作金融探索阶段。

一　1980~1996年农村合作金融复归阶段

（一）社会环境与经济背景

第一，农村经营体制改革。改革开放后，农村实行家庭联产承包责任制，农业生产模式从生产队经营转为家庭经营，中国农村经济重回小农经济形态，从而导致农村金融市场出现严重的信息不对称问题。随着农村经济环境的变化，原有的银行模式无法满足农户不断增长的金融需要，催生了对农村合作金融的需求。

第二，农村商品经济发展。改革开放释放了农村压抑已久的创业致富热情，乡镇企业蓬勃发展，农村经济商品化、货币化程度大幅提高，从而产生了更大的金融需求。

第三，中国农业银行再次组建。1979 年农业银行第三次组建，人民银行的涉农业务转交农业银行，农村信用社的管理权也随之转到农业银行手中。

第四，此前农村信用社被下放给地方（公社和大队）进行管理，造成了严重的业务、财务混乱和资金损失，教训深刻，中央农村信用社由国家银行管理转为由人民银行接管，后又交给新成立的农业银行管理。但此种管理体制存在一个严重弊端：国家银行用行政方法管理农村信用社，统得过多、管得过死，农村信用社完全失去经营自主权，成为银行的附属机构。国家银行管理下的农村信用社背弃了合作金融的基本原则，与商业银行几乎没有差别，无法适应改革开放后农村经济发展的新形势。

（二）发展历程

第一，1980~1982 年对农村信用社的初步整顿。1980 年中央财经领导小组和国务院确定改革开放初期农村信用社改革的指导思想，总的方针是坚持农村信用社的合作金融属性，以成为"真正集体的金融组织"为目标，具体有四个方面内容：一是坚持民主办社方针，不断提高信用社经营管理水平；二是任何单位不得平调或挪用信用社资金；三是不将信用社下放给公社管理、不将信用社办成"官办机构"；四是信用社应在农业银行领导下独立核算、自负盈亏。[①] 根据中央指示精神，各省（区、市）开始对存在严重问题的农村信用社进行清理整顿，在分期分批恢复农业银行的同时加强了对农村信用社的领导。至 1982 年底，全国对农村信用社的初步整顿基本完成，为农村信用社下一步的改革奠定了基础。

第二，1983 年农行的信用社改革试点。1983 年农行开展了恢复农村信用社"三性"（组织群众性、管理民主性、经营灵活性）的体制改革试

---

① 国务院：《关于恢复中国农业银行的通知》；中共中央政治局：《当前农村经济政策的若干问题》。

点，将独立经营和恢复合作金融属性作为农村信用社改革的主要方向。试点农村信用社共计654家，分布在全国56个县，试点工作取得了较好的成效。农行总结试点经验后，向中央正式提出恢复农村信用社"组织上的群众性、管理上的民主性、经营上的灵活性"，将农村信用社办成真正的合作金融组织。

第三，1984~1995年恢复农村信用社"三性"的体制改革。1984年，中央一号文件明确提出要将农村信用社"真正办成群众性的合作金融组织"，同年8月国务院正式批准转发了农行《关于改革信用合作社管理体制的报告》，明确了农村信用社合作金融组织的性质，授权农行代管农村信用社，并在全国范围内开展以恢复和加强农村信用社"三性"为核心内容的体制改革。一是恢复和加强"组织群众性"，通过清资扩股动员最广大的农民以入股的方式参加信用社；二是恢复和加强"管理民主性"，通过建立"三会"制度实现社员对信用社的民主管理，进而规定信用社的业务经营方向，保障信用社为社员服务的合作金融属性不变；三是恢复和加强"经营灵活性"，保证信用社组织的独立性，同时改变过去作为官办机构形成的经营管理僵化、缺乏活力的运营状况，以更好地适应改革开放后农村金融需求的新变化。此轮改革从1984年正式在全国范围内铺开，一直持续到1996年中央决定将农村信用社与农行脱钩为止。截至1984年末，完成恢复"三性"改革的农村信用社占到全部信用社的82%，截至1991年末，全国共建立独立核算的农村信用社57927家，形成了"乡乡有信用社、村村有网点"的格局。

第四，1984年起组建县级联社。自1984年起，各县开始陆续组建农村信用合作联社（县联社），将其作为全县辖内所有基层信用社的管理中心、资金中心、结算中心和信息中心，农行则通过县联社实现对基层农村信用社的业务领导与管理。截至1991年末，全国共成立县联社2364家，基本实现县级联社的全覆盖。

（三）阶段特征

第一，改革的实质是试图在国有商业银行基层机构（体制）内嵌入合作金融元素。中央强调农村信用社应恢复和加强组织群众性、管理民主性和经营灵活性，但是改革始终在农行的领导下进行。实务工作中，农村信用社实际上被农行当作基层网点，农村信用社的管理体制、机构设置、业务范围、经营机制等都是比照商业银行（农行）设置的，这就意味着恢复农村信用社"三性"的改革实质上是在国有商业银行（农行）基层机构（体制）内嵌入合作金融元素。但商业银行与合作金融组织在属性上存在巨大的矛盾，商业金融与合作金融是无法兼容的，从这个意义上讲，此轮改革的失败是必然的。从改革的实际效果看，此轮改革除了使信用社的股金有所增加和恢复股金分红外，农村信用社的合作金融属性并没有得到很好的体现。一是民主管理徒具形式（甚至有些信用社连形式都没有），内部人控制问题极为严重，信用社成为内部人实现利益目标的工具；二是新扩股金包括"存款化股金"、股金分红和"保息分红"，违反合作金融原则，因为不支付固定报酬是保证资金互助合作属性的前提。

第二，营运突破熟人社会范畴，丧失合作金融的信息优势和互助属性。县联社的组建使农村信用社的经营范围突破了村、镇的熟人社会圈层，合作金融最大的优势——熟人社会的信息对称逐步丧失，信息不对称的加剧必然导致信贷约束，从而使得农户融资需求难以得到满足。此外，营运突破熟人社会范畴也使得社员丧失了在农村信用社经营管理中的发言权，进而造成农村信用社互助合作属性的淡化。

第三，偏离"非营利性"，"脱农化"倾向严重。商业银行（农行）领导下的农村信用社会不可避免地产生对营利的追求，一方面形成内部人控制，另一方面导致资金流向更高利润的工商领域，从而形成农村信用社资金运用的"脱农化"倾向。此外，对农村信用社开征营业税、所得税并降低贷款利率的政策，也加速了农村信用社"脱农"的步伐。

总体来看，此轮农村信用社改革在一定程度上纠正了"官办"问题、增强了农村信用社经营自主权、密切了农村信用社与农民的关系，但由于农村信用社的体制与农行自身的商业银行属性存在诸多矛盾，恢复"三性"改革流于表面，改革是不彻底的，恢复农村信用社合作金融属性没有取得实质性成果。

二 1996～2007 年农村合作金融属性异化阶段

(一) 社会环境与经济背景

第一,农村信用社大面积亏损。前一阶段农行领导下的农村信用社在强调所谓"独立经营"的改革背景下,内部和外部的监督约束机制形同虚设,至 20 世纪 90 年代中期,全国各地农村信用社陷入大面积亏损局面,中国农村合作金融事业的发展面临着严峻的考验。

第二,农村金融市场供求矛盾突出。一是农村市场经济的发展,尤其是乡镇企业与个体经济的蓬勃发展引发农村金融市场资金需求的快速增长。二是既有农村金融体系管理落后、经营僵化,无法适应农村金融市场的快速变化和多样化的资金需求。三是国有银行商业化改革导致裁撤农村网点,先后有 3.1 万家国有银行乡镇分支机构被撤销,同时基本取消了县分(支)行的贷款权限,国有银行(主要是农业银行)运营非农化倾向日趋显著,并逐步退出农村金融市场。四是政策性银行改革导致支农作用被严重削弱,农业发展银行改革后变成专门经营粮棉油流通贷款的"收购银行"。五是农户融资难的问题日益严重。国有商业银行大量撤并农村基层网点后,农村信用社成为农户正规借贷的主力军,但农村信用社的实力与经营思路均无法承担起这样的责任,农村金融市场信贷约束强度不断上升。

第三,农村信用社恢复"三性"改革基本失败。前一阶段农村信用社恢复"三性"改革过程中暴露出很多问题,随着农村信用社自主权和经营规模的扩大,由农业银行领导的农村信用社经营体制与农业银行自身的商业性之间的矛盾逐渐激化,结果是农村信用社在发展中逐渐失去了其合作金融的属性。

第四,国家新一轮金融体制改革。1993 年党中央和国务院决定对国内金融体制实行进一步改革,提出将农村信用社从农行独立出来并改组为农村合作银行的设想。① 农村信用社管理体制改革正式进入政府的议事日程。

---

① 《国务院关于金融体制改革的决定》提出:"根据农村商品经济发展的需要,在农村信用合作社联社的基础上,有步骤地组建农村合作银行。要制订《农村合作银行条例》,并先将农村信用社联社从中国农业银行中独立出来,办成基层信用社的联合组织。"

（二）发展历程

第一，1996 年农村信用社与农业银行脱钩。1996 年 8 月 22 日，《国务院关于农村金融体制改革的决定》发布，明确农村信用社与中国农业银行脱离行政隶属关系。此项改革确立了农村信用社与中国农业银行之间的平等关系，对防止中国农业银行侵占农村信用社利益、向农村信用社转嫁经营风险，促进农村信用社的健康发展有着积极的作用。随后在人民银行领导协调下，中国农业银行与农村信用社进行了人财物划分（主要是农行信用合作管理部门整体转隶农村信用社）及资金划转和清算工作，至 1996 年底脱钩工作基本完成，全国 5 万多个农村信用社、60 多万名职工正式脱离中国农业银行，原农行承担的对农村信用社的金融监管与业务管理职能分别转给人民银行和农村信用社县联社。

第二，1996~2000 年农村信用社经营体制改革。在与农行脱钩的同时，国务院决定对农村信用社的经营管理体制进行新一轮改革，重点是按合作制原则重新规范农村信用社，目标是将农村信用社建设成"由农民入股、由社员民主管理、主要为入股社员服务的合作金融组织"，最终形成一个商业性金融、合作金融和政策性金融分工协作的农村金融体系。[①] 具体政策措施主要包括六个方面。一是清产核资与增扩股金。清理、整顿原有股金与资产，吸纳个体经营者和乡镇企业等经济实体入股。一方面扩充实收资本，增强农村信用社实力；另一方面改变之前的单一股权结构（农民股），为农村信用社经营增添活力。二是健全农村信用社民主管理制度，让社员代表大会、理事会、监事会等民主管理和监督制衡机制真正发挥作用。三是突出互助合作属性，要求农村信用社资金首先满足社员贷款需求，并给予利率优惠。四是尝试组建更高级别的（地市级和省级）联社，代表地方政府对农村信用社进行管理。五是在城乡经济一体化发展程度较高的地区试行将已经商业化经营的农村信用社改制为

---

① 《国务院关于农村金融体制改革的决定》指出，农村经济发展的多层次，要求形成一个能够提供及时有效金融服务的体系，要建立和完善以合作金融为基础、商业性金融和政策性金融分工合作的农村金融体系，农村金融体制改革的重点是恢复农村信用社的合作性质。决定农村信用社与中国农业银行脱离行政隶属关系，改革的核心是把农村信用社逐步改为由农民入股、由社员民主管理、主要为入股社员服务的合作性金融组织。

股份制农村商业银行。六是以省为单位组建农村信用社行业自律组织。

本轮改革增强了农村信用社的资金实力，机构网点也实现了普及性扩张。但从实践结果看，农村信用社重建合作制改革并无突破性进展，尤其是由于亏损巨大，多数农村信用社并未因增资扩股增加所有者权益，很多信用社所有者权益反而更少。归根结底，官办身份及长期附属于商业银行的特性，使得农村信用社在结构、特征、机制等方面已完全丧失合作金融属性。这已是国家为农村信用社恢复合作制进行的第二轮改革，仍未能实现预期效果。前后两轮改革的结果表明，农村信用社很难重新回到合作制的道路。

第三，1997~2002 年农村信用社独立发展阶段。与农行脱钩之后，农村信用社经历了较长时间的快速增长，机构数量、人员数量与资金规模迅速扩张。至 2002 年末[①]，全国共有基层农村信用社 32397 个，县级联社 2441 个，新组建地市级联社 65 个、省级联社 6 个（北京、上海、重庆、天津、宁夏、江苏），职工 62.8 万人；农村信用社存款余额 2.23 万亿元（占全国金融机构存款余额的 12%），贷款余额 1.62 万亿元（占全国金融机构贷款余额的 11%）。此阶段农村信用社已经发展成为中国农村金融市场的主力，农村信用社的涉农贷款余额从 1996 年的 1487 亿元增加到 6966 亿元，占全国金融机构涉农贷款总额的 84%，涉农贷款占农村信用社总贷款的比重从 1996 年的 23% 提高到 43%；其中农户贷款约占全部涉农贷款的 80%。显然，农村信用社对这一时期中国农业和农村经济发展及农民收入和生活水平提高发挥着不可替代的作用。

但受诸多历史和现实因素的影响，此阶段农村信用社在规模不断扩张的同时，资产质量不断下降，不良贷款比例上升，亏损面不断扩大，经营越来越困难，潜在风险不断累积。至 2002 年末，全国农村信用社不良资产规模达到 5147 亿元，占到农村信用社资产总额的 37%；挂账亏损额达到 1313 亿元，占到农村信用社资产总额的 10%；资不抵债机构的数量达到 19542 家，占农村信用社机构总数的 55%，资不抵债金额达到 3400 多亿元，多数农村信用社在技术上已达到破产标准；全国农村信用社平均资本

---

① 部分存贷款数据截至 2003 年 6 月，部分涉农贷款数据截至 2003 年 11 月。

充足率仅有 2.35%，低于 8% 的监管及格线。导致农村信用社资产质量差、经营困难的原因主要有两个方面。一方面，历史包袱重。其一，过往行政干预（主要是政府强令为乡镇企业融资）导致的坏账；其二，国家金融政策（20 世纪 90 年代高通货膨胀时期政策性保值贴补）挂账导致的巨额亏损；其三，与农行脱钩时资产分割和划转过来的坏账；其四，各种行政摊派和隐性费用形成的外部负担。另一方面，经营管理体制存在问题。其一，产权问题，农村信用社股东主体是农户，股权高度分散，产权不明晰；其二，治理问题，农村信用社存在严重的内部人控制问题和产权不清的问题；其三，经营问题，农村信用社经营机制和内控制度不健全，经营管理粗放。

第四，2003~2007 年农村信用社商业化改革。为解决农村信用社的经营困境，2003 年 6 月国家开启了对农村信用社管理体制和产权制度的新一轮改革。改革的总体要求是"明晰产权关系、强化约束机制、增强服务功能、国家适当支持、地方政府负责"，目标是使农村信用社成为服务"三农"的社区性地方金融机构。① 主要改革措施包括四个方面。

一是改革产权制度。按照"股权结构多样化、投资主体多元化"的原则，以法人为单位改革信用社产权制度，农村信用社根据各自具体情况改制为四类（备选）产权形式：股份制（经营状况较好且具备股份制改造条件的农村信用社改制为农村商业银行），股份合作制（经营状况较好但暂不具备股份制改造条件的农村信用社改制为农村合作银行），统一（县联社）一级法人的合作制（经营状况尚可、股份制改造有困难且适合合作制的农村信用社），保留县、乡两级法人的合作制（资不抵债、严重亏损的

① 《国务院关于印发深化农村信用社改革试点方案的通知》提出："深化农村信用社改革，改进农村金融服务，关系到农村信用社的稳定健康发展，事关农业发展、农民增收、农村稳定的大局。各级人民政府和国务院有关部门要从战略高度充分认识深化农村信用社改革试点工作的重要性和紧迫性，坚持以邓小平理论和'三个代表'重要思想为指导，按照'明晰产权关系、强化约束机制、增强服务功能、国家适当支持、地方政府负责'的总体要求，加快农村信用社管理体制和产权制度改革，把农村信用社逐步办成由农民、农村工商户和各类经济组织入股，为农民、农业和农村经济发展服务的社区性地方金融机构，充分发挥农村信用社农村金融主力军和联系农民的金融纽带作用，更好地支持农村经济结构调整，促进城乡经济协调发展。"

农村信用社)。显然，此轮产权制度改革的实质是"去合作化"的商业化改革：从实践发展的角度看，产权制度改革从试点阶段的合作制、股份合作制与股份制三种产权模式并存逐步转向以商业化为主导；从股本变化的角度看，通过增资扩股、提高入股额度构建民有性质产权关系；从股权结构变化的角度看，从投资股（体现股东身份）与资格股（体现社员身份）并存逐步转向取消资格股、投资股一统天下的局面。

二是改革管理体制。建立"国家宏观调控、加强监管，省级政府依法管理、落实责任，农村信用社自我约束、自担风险"的新管理体制。农村信用社的具体管理职能（业务指导、党的领导、行业自律、化解风险、打击逃废债等）由银监会下放至省政府，银监会仅负责金融监管职能（准入、合规和风控等）。省政府设立农村信用社省联社，具体执行对省内农村信用社的行业管理、指导、协调和服务，负责省内农村信用社的资金运用和人事任免，承担化解辖内农村信用社历史包袱和处置信用风险的责任。为防止行政干预，中央明确规定省政府不得干预农村信用社的具体经营活动，也不得将管理权逐次下放。

三是化解历史包袱。对农村信用社化解历史包袱的政策扶持主要有四个举措。其一，财政补贴。对农村信用社因 1994~1997 年高通胀时期执行国家保值储蓄政策而多支付的保值贴补息，给予财政补贴。其二，减免税。农村信用社营业税按 3% 的税率征收，企业所得税除西部地区免征外，其他地区减半征收。其三，资金支持。人民银行的相关资金支持主要有两类：一类是按实际资产损失额的 50% 发行专项中央银行票据置换农村信用社的不良资产，总金额达到 1656 亿元；另一类是向亏损农村信用社发放专项借款 1.4 亿元。其四，引入国内外战略投资者，如杭州联合农合行、常熟农商行分别引进澳大利亚和新西兰银行集团公司、交通银行作为战略投资者。

四是将农村信用社改建为社区性地方法人金融机构。此项改革主要是为了适应农村金融市场的变化，国内农村金融的需求主体是农民、个体工商户和小微企业，信用规模小而分散，此种市场特征要求农村金融机构经营管理重心必须下移。此类改革政策聚焦于鼓励农村信用社及改制后的农村商业银行贴近农民、扎根农村，发挥自身地缘、人缘、血缘等比较优势，从而更好地满足农村金融市场的分散化需求。

此轮农村信用社改革分为两个阶段：2003 年 8 月至 2004 年 8 月为第一阶段，确定了浙江、江苏、山东、吉林、江西、贵州、陕西、重庆八个省市为第一批改革试点；2004 年 8 月至 2007 年 8 月为第二阶段，改革试点推广到除西藏（西藏没有农村信用社组织）外的内地所有省份，以全国最后一个省级联社——海南省农村信用社联社成立为标志，此轮农村信用社改革基本尘埃落定。此轮农村信用社商业化改革全部完成后，农合系统不再具有任何合作金融属性，中国的农村合作金融事业跌入历史最低谷。

（三）阶段特征

第一，商业化改革导向。2003 年的农村信用社体制改革明显扭转了既往农村信用社改革的基本思路，不再强调恢复合作金融属性，而是沿袭国有企业改革的思路，试图通过股份改造拉动农村信用社走出经营困境。在 2003 年的农村信用社改革方案中，四类农村信用社产权制度改革备选项首推股份制和股份合作制。政府推动农村信用社的商业化改革主要出于三个方面原因。一是中国的农村信用社无论是体制还是业务经营事实上早已失去合作金融属性，尤其是农村信用社经营地域突破熟人社会范畴后，不仅丧失了独有的信息优势，而且使得民主管理形同虚设，社员真正参与或影响农村信用社的经营决策已无可能。二是商业化改革前农村信用社资本奇缺（平均仅为监管要求的 1/3），与其恢复早就消失的合作性，不如因势利导将农村信用社改制为商业银行，毕竟商业银行的产权制度更有利于股权融资，从而实现增资扩股、满足资本充足监管要求的政策目标。三是以县联社为统一法人的体制改革有利于农村信用社实现规模化经营，既可以降低经营成本又有利于分散经营风险，从而有助于农村信用社走出经营困境。

第二，去合作化发展倾向。在 2003 年农村信用社商业化改革之前，虽然政府文件明确表述改革的目标是将农村信用社办成"合作性金融组织"，但实务工作的重点在于解决农村信用社自身生存与发展问题，这导致了农村信用社体制与业务发展的去合作化倾向。去合作化具体成因有四个方面。一是为追求规模化经营与资金统一调度组建县联社。经营范围超越熟人社会地域，熟人社会信息优势丧失，贷款需要抵押和担保以防范信用风险；对社员贷款条件的变化导致参股信用社的新成员追求投资收益，要求农村信用社给予固定回报；农村信用社的资金业务实质上与银行的商业性存贷款业务已无区别。二是严重的内部人控制问题导致内生的商业化倾向。内部人控制的目的必然是利益导向的，信用社盈利越多，内部人收益越大，因此内部人必然通过聘请专业管理团队，来对信用社实行精细化管理以实现利润最大化，由此内部人控制下的农村信用社，商业化必然成为明确诉求。三是增资扩股改革引进的投资股东天然地与内部人合流，形成了农村信用社从资金互助转向商业化经营的内生动力。四是背负的巨大历史包袱也使得农村信用社不得不通过商业化经营化解这个沉重的负担。除政府（主要是央行）资金支持外，农村信用社只能靠盈利去弥补亏空，在此背景下农村信用社经营转向商业化也是不得已而为之。这一切最终引致 2003 年农村信用社的产权制度改革向股份制、商业化转变。

三 2007 年至今新型农村合作金融探索阶段

（一）社会环境与经济背景

第一，农村金融市场的巨大变化。农村金融市场变化的源头主要有两个：一是以农民专业合作社、家庭农场、种粮大户为代表的新型农业经营主体的兴起，催生了对农村金融新的需要；二是乡村振兴战略背景下农业现代化与产业化发展，对农村金融服务提出了新的要求。新型农业经营主体的发展与乡村振兴战略的实施导致金融需求规模有巨大的增长，金融需求结构趋于多样化，农村金融市场需要不断升级农村产业结构、转变农业生产方式。

第二，农村金融市场存在严重的信贷约束。信贷约束的根源在于正规金融与小农经济信用需求的内在矛盾。与工商企业相比，农户生产的高度分散性、异质性、风险性、信用体系不健全等问题更为突出，正规金融机构很难在事前充分了解农户的风险特征和资信状况以及在事后有效监督贷款使用和识别履约能力与意愿，由此产生更为严重的信息不对称。信息不对称带来逆向选择和道德风险，最常用的解决方法就是激励相容，通过要求贷款客户保持高净值、提供充足抵押品或有资质的担保人等方式，将贷款人和正规金融机构的利益进行捆绑，如此可排除高风险客户和事后道德风险行为。但问题是，受现阶段中国农村制度安排和经济发展水平的制约，多数农户缺少符合正规金融机构要求的家庭资产和抵押品。农户手中最重要的资产是土地和房产，但根据现行制度，这些都不能成为合格抵押品。这样的话，"完美"的贷款合同（激励相容）必将造成严重的信贷配给。当农村信用社系统彻底异化（商业化）后，我国农村金融市场供给严重不足，这就为新型农村合作金融组织的产生和发展提供了空间。以第一家新型农村合作金融组织成立地吉林省梨树县闫家村为例，在资金互助社成立前，当地正规金融机构（农村信用社）只能满足农户融资总需求的一半左右，其余农户资金需求只能依靠民间借贷（主要是高利贷）解决。

（二）发展历程

在农村金融市场供给严重不足的背景下，随着农民专业合作社等新型农业经营主体的蓬勃发展，我国部分乡村地区萌发出一些自发性农村资金互助合作形式与新型组织，这些市场内生成长起来的新型组织具有典型的合作金融特征，我国农村合作金融事业发展进入了一个新阶段。

第一，农村资金互助社的产生与发展。此阶段的开端可追溯至 2007 年 3 月 9 日，全国首家农民自愿入股、监管机构核准（颁发营业牌照）的全新农村合作金融组织——吉林省梨树县闫家村百信农村资金互助社正式开业。百信农村资金互助社共有股东（社员）32 人，均为闫家村村民，社员最低出资额 100 元，合计出资 10.2 万元。监管机构核准的百信农村资金互助社经营范围：社员存贷款和结算业务、政府和金融债券买卖业务、代理业务等。互助社贷款只面向内部成员，不向非社员提供融资；鼓励社员小额、短期贷款，为加强资金流动性特规定 3000 元以下、5 日内偿还的社员贷款免息。为防范风险，互助社对个人贷款最高额度和贷款占股本金的比例等都进行了详细约定。全国共批准成立 49 家农村资金互助社，但由于农村资金互助社规模小、发展不规范、管理水平低，在经营发展过程中风险较快积累，因此从 2012 年开始监管机构不再核准和发放新的农村资金互助社牌照，并对 4 家经营严重违规且存在重大风险的农村资金互助社予以取缔，部分业务开展不力的农村资金互助社申请关停。截至 2023 年 12 月，全国农村资金互助社减少到 30 家。[①]

第二，"三位一体"的内生性资金互助合作组织的发展。依托农民专业合作社和供销合作社的资金互助合作组织，是近期中国农村合作金融发展的新平台和新方向。此类农村合作金融组织形式发端于 2006 年浙江省瑞安市基于生产、供销、信用相结合开展的农村改革试验。2013 年 11 月，党的十八届三中全会明确鼓励和支持农民专业合作社开展内部资金互助合作业务。[②] 2017 年中央一号文件首次明确提出要积极发展生产、供销、信用"三位一体"综合合作，随后在全国供销合作社改革试点中全面推广"三位一体"综合合作。

（三）阶段特征

第一，市场内生成长型的农村合作金融。新型农村合作金融的最大特点是立足农民自身解决农村融资难问题，是在正规金融体系之外市场内生成长起来的农村合作金融组织，具有互助合作、民主管理、封闭运行等合作金融的典型特征。

第二，农村资金互助社出现异化与非农化倾向。从 2007～2022 年的发展情况看，农村资金互助社发展水平参差不齐，存在不同程度的异化与非农化倾向，逐步丧失规范发展的政策空间。异化主要体现在三个方面：一是突破封闭运行的原则，经营地域范围与金融服务对象突破组织内部与熟人社会范畴；二是业务经营宗旨偏离互助合作原则，追求盈利及盈余分配资本化；三是民主管理虚化，内部人控制问题严重。此外，农村资金互助社的异化（尤其是内部人控制与业务追求盈利）导致了业务经营的严重非农化倾向。实际上，历史上曾经存在的农村合作基金会、已经完全异化的农村信用社及步履蹒跚的农村资金互助社均出现了严重的经营非农化倾向，显然这不是历史的偶然，其实质是农业的弱质性和小农经济难以适应

---

① 资料来源：国家金融监管总局官网。
② 《中共中央关于全面深化改革若干重大问题的决定》（中国共产党第十八届中央委员会第三次全体会议通过）指出："允许合作社开展信用合作。"

市场经济体制，从而导致农村合作金融组织频繁发生以追求利润最大化为核心的非农化倾向。西方发达国家早在 20 世纪 70 年代就已经实现农业现代化，农业生产效率和利润水平与工商业相比并不处于明显弱势，因此农村资金流入非农领域的动机并不强烈；但中国不同，以小农户经营为主体的农业经营体制使得中国农业生产效率低下，利润水平与非农产业相比处于明显劣势，农村资金转移至非农领域的动机强烈。从这个角度讲，在我国农业实现现代化、农业经营体制实现集约化之前，农村金融的困境可能会一直存在，独立的农村合作金融组织不论起点和初衷如何，发展一段时间后出现异化和非农化倾向都是可预期的。

第三，"三位一体"综合合作成为农村合作金融发展的主要方向。党的十八大以来，"三位一体"综合合作逐渐成为我国农业农村发展顶层设计的重要内容。"三位一体"综合合作中，生产和供销是基础，信用是支撑。"三位一体"综合合作通过成员之间的利益联结，实现了组织内部的收益共享与风险共担，是农业产业链和价值链金融的重要组成部分，具有独特的信息和成本优势。与单一信用合作模式相比，"三位一体"综合合作是一种全过程和全要素的合作，具有不同资源禀赋的内部成员可充分发挥自己的比较优势，协作内容不断纵向扩展，从而可实现更高的内部收益水平和更强的外部竞争力。"三位一体"综合合作中的信用合作，是一种典型的互为条件、封闭的互联性交易，交易成本和道德风险水平均较低。

第二节　我国农村合作金融发展现状及问题分析

总体来看，在农村信用社商业化转型后，我国农村合作金融的发展进入了一个全新的阶段，有进展也有问题。

一　农村合作金融发展现状

农村信用社自 2003 年实行商业化改革以来，在一定程度上解决了长期困扰农村信用社发展的体制障碍，我国农村合作金融无论是资产规模还是经营状况都有了较为明显的改善。截至 2022 年底，农村合作金融资产

总规模达到 50 万亿元，占银行系统总资产的 13%；不良贷款余额约 7546
亿元，占银行系统不良贷款总额的 25%；不良贷款率为 3.2%，高于银行
系统平均水平（1.7%）1.5 个百分点。2022 年农村合作金融资本充足率
达到 12.4%，超监管及格线 4.4 个百分点；全年实现净利润 2081 亿元，占
银行系统总净利润的 9%；资产利润率达到 0.5%，低于银行系统平均水平
（0.7%）0.2 个百分点（见表 2-1）。

表 2-1　2022 年中国农村合作金融统计指标

单位：亿元，%

指标	银行系统	农村金融机构	占比
总资产	3720860	500104	13
总负债	3409473	463932	14
不良贷款余额	29829	7546	25
不良贷款率	1.7	3.2	—
资产利润率	0.7	0.5	—
资本充足率	14.7	12.4	—
净利润	23030	2081	9
净息差	2.2	2.1	—

注：农村金融机构包括农村商业银行、农村合作银行、农村信用社。
资料来源：2023 年国家金融监管总局统计数据。

　　总体来看，农村合作金融发展现状可总结为以下五点。第一，管理
体制上，省政府负责农村合作金融的管理和风险化解职能，农村合作金
融的管理体制框架以省联社为平台。第二，产权制度上，股份制、股份
合作制和合作制多种产权制度并存，以股份制农村商业银行为最主要的
组织形式。① 第三，监管体制上，统一贷款五级分类和资本充足率等核
心监管口径实行监管评级和分类监管制度。第四，业务经营上，推广农
户小额信用贷款、联保贷款等无抵押贷款形式，在一定程度上缓解了农
村金融市场中的信贷约束问题。第五，经营原则上，全面放弃合作制，

————————
① 2011 年，银监会明确提出："鼓励符合条件的农村信用社改制组建为农村商业银行，不再
组建新的农村合作银行，现有农村合作银行要全部改制为农村商业银行。"

诉求利润最大化，对社员贷款的条件和发放程序与商业银行相同。

二 新型农村合作金融发展现状

2014 年，中共中央、国务院印发的《关于全面深化农村改革加快推进农业现代化的若干意见》提出发展新型农村合作金融组织。[1] 与传统农村合作金融形式相比，新型农村合作金融组织的"新型"主要体现在三个方面。一是新型农村合作金融组织内生于农村社区，内生于农民专业合作社和供销合作社，主要满足农户生产和供销过程中的资金需求，是生产、供销、信用"三位一体"的新合作金融形式；二是严格依照社员制、封闭性、民主管理、不以营利为目的等合作金融要旨运营；三是由地方政府、地方金融监管局负责监管，有别于农村信用社、农村资金互助社等由原银保监会监管的传统合作金融组织形式。截至 2021 年，全国开展内部资金互助业务的农民专业合作社已超过 6 万家，全国供销合作社社员股金余额达 1 亿元，吸纳信用合作资金余额达 7.2 亿元，社员贷款余额达 4.8 亿元，社员贷款累计发放金额达 18.8 亿元，社员人均累计贷款余额 5 万元。[2]

（一）新型农村合作金融的业务形式

新型农村合作金融的业务形式主要包括资金互助、信用合作和"三位一体"综合合作三类。资金互助业务包括成员间的存款、贷款、结算等货币信用合作。信用合作业务则范围更为广泛，除上述货币信用合作外，还包括成员间的赊销赊购等商业信用合作以及联合担保、共同担保、增信等外部信用合作。"三位一体"综合合作业务是指以供销合作社和农民专业合作社为载体，实现"生产、供销、信用"一体化的综合业务合作。

（二）新型农村合作金融的组织形式

目前，我国新型农村合作金融的组织形式有以下六种。

---

[1] 《关于全面深化农村改革加快推进农业现代化的若干意见》提出："发展新型农村合作金融组织。在管理民主、运行规范、带动力强的农民合作社和供销合作社基础上，培育发展农村合作金融，不断丰富农村地区金融机构类型。坚持社员制、封闭性原则，在不对外吸储放贷、不支付固定回报的前提下，推动社区性农村资金互助组织发展。完善地方农村金融管理体制，明确地方政府对新型农村合作金融监管职责，鼓励地方建立风险补偿基金，有效防范金融风险。适时制定农村合作金融发展管理办法。"

[2] 资料来源：中国供销社合作网。

一是原银监会批准设立的具有正式金融牌照的农村资金互助社。依据2007年银监会颁布的《农村资金互助社管理暂行规定》，银监会共批准设立农村资金互助社49家。此类农村合作金融组织由金融监管机构颁发金融业务许可证，在工商管理部门注册。此类组织在乡镇范围内经营，经营方式类似于银行，受银行业监管部门的监管，经营状况普遍不理想。

二是独立运行的农民资金互助社。此类机构一般有农民自发组织设立、政府试点发起设立、农民专业合作社社员发起设立几种类型。此类资金互助社通常在民政部门或工商部门登记，也有很多资金互助社未在任何部门登记。农民资金互助社业务多在村镇范围内经营，但也有部分机构业务范围扩展到县域。最重要的是，此类机构进入门槛较低，很多农民资金互助社规定只要存款即可成为社员，这明显违反了合作金融封闭运行原则，涉嫌非法吸收公众存款。

三是政府扶贫办和财政部门联合创建的贫困村扶贫资金互助社。此类农村合作金融组织是由原国务院扶贫办和财政部在国家或省级贫困村设立的，互助资金主要来自财政资金和农户缴纳，在民政部门注册登记，由当地政府扶贫部门或财政部门负责管理。此类农村合作金融组织在行政村范围内经营，实行封闭运行，经营对象多为村内贫困户，以小额（5000元）、短期（6个月）联保信用贷款为主，组织管理和业务运行较规范。

四是农业部依托农民专业合作社推动建立的资金互助组织。此类农村合作金融组织的主要特征是在农民专业合作社内部开展资金互助业务，多数在合作社内设资金互助部，于内部成员间开展资金互助和信用合作业务，不属于独立的法人主体。此类农村合作金融具有以下经营特点。其一，自愿加入，半年内可退股，但不参与分红（也不承担损失），半年后可分红（承担损失）；其二，封闭运行，资金仅用于内部成员互助；其三，以担保贷款为主，申请贷款时需要1名入股社员担保；其四，内设互助资金管理小组，负责资金审批、发放和回收等事宜；其五，委托基层政府农业经济管理部门（乡镇经管站）管理互助资金，定期审计、监督与指导业务运营；其六，坚持非营利性，实行内部优惠利率，存贷款利率均低于当地农村信用社同期标准。

　　五是由供销合作社领办的农民专业合作社内部资金互助组织。此类组织主要分布于全国新型农村合作金融试点省份山东省，隶属于供销合作社领办的各个农民专业合作社，须经地方金融监管部门许可并颁发资金互助许可证。其经营特点是公开吸收社员存款，带有明显的"山寨银行"色彩，涉嫌非法吸收公众存款。

　　六是由供销合作社领办的农民专业合作社间的联合资金互助组织。这类组织通常会建立一个统一的资金互助合作融资平台，然后在特定区域内（通常是一个县）由供销合作社系统内的各个农民专业合作社开展资金互助业务。此类组织是依托供销合作社进行"三位一体"综合合作的一种创新形式，未来发展存在较大的不确定性。

三　新型农村合作金融发展原则

（一）坚持社员制民主管理

　　农村信用社的异化与农民合作基金会的消亡都与缺乏民主管理、政府过度干预有关。农村信用社本身就是依靠政府行政力量建立的，又先后被政府基层组织（公社、生产大队）和国有银行（农行）代管，几乎没有实行民主管理的空间。与中国农业银行脱钩后，农村信用社又由于社员过于分散，社员大会和监事会失去活力，内设监督功能丧失；股权改革使得投资股和内部人形成一致行动，资格股难以行权，从而形成内部人控制，民主管理名存实亡。农民合作基金会的情况更恶劣，其不仅由政府直接创立，而且在运营过程中地方政府直接代替了社员决策，无民主管理可言。政府干预替代民主管理导致强制放贷、增加隐性成本等弊端，以强大外部力量对合作金融根本原则形成冲击，最终引发上述两种合作金融组织的扭曲和异化。

（二）坚持封闭运行

　　合作金融最大的优势在于熟人社会的信息对称优势和民主管理基础，而资金在组织内部封闭运行是发挥熟人社会优势、向成员提供融资的前提。历史教训表明，农村信用社和农民合作基金会均违背了封闭运行原则，突破熟人社会对外吸储放贷，导致信息对称格局被打破，为保障资金安全只能提供抵押（担保）贷款服务，从而导致两个严重后果：一是形成对部分缺乏金融资源成员的排斥；二是背离组建合作金融组织的互助初衷。此外，农村信用社和农民合作基金会扩大展业地域导致民主管理基础丧失，为内部人控制提供了操作空间。

（三）坚持不以营利为目的

第一，如果合作金融组织以营利为目的，那么资金运营的非农化、去合作化就是必然选择，随着商业化金融元素越积越多，最后转型为商业银行机构也就成为这些合作金融组织的最终结局。第二，对盈利的追求也凸显出专业管理人员的重要性，从而为内部人控制提供了空间，而且盈利能力的准持也使得内部人控制局面得以持续巩固。第三，如果向内部成员缴纳的互助金支付固定回报，合作金融组织就必须想办法降低成本、提高收益，如通过要求抵押担保减少坏账、通过提高贷款利率增加收益。若因此超出社员的支付能力和金融资源调动能力，则大部分社员就会被排斥在融资服务之外，合作失去原有意义。

四　农村合作金融存在的主要问题

（一）农村信用社存在的问题

在我国农村金融市场，随着农业银行将业务重心逐渐从农村撤离，农村信用社成为向农户提供融资的主力军。但我国农村信用社偏离合作金融的宗旨和办社方向（存在严重的异化问题），使得农村信用社很难充分满足农户投资贷款需求，这也是农户贷款难的主要原因。具体来看，农村信用社具有以下两个方面的问题。

第一，管理上的内部人控制问题。合作金融的特点是社员自愿入股集资，然后通过信贷的方式逐次满足社员的融资要求。要保证这一点就需要一人一票的民主管理方式，这也是合作金融的精髓。为社员提供服务应是农村信用社管理人员的根本任务，所以信用社的高级管理人员应是社员投票选出来的，只有这样才能保证农村信用社高管向下负责，社员的融资需求才能最大限度地得到满足。但由于特殊的历史原因，我国的农村信用社高管是由上级任命的，是向上负责的。同时，农村信用社的社员过于分散，缺乏动力投入时间和精力去监督信用社的运营，社员大会失去活力，预设职能丧失。投资股和内部人形成了一致行动，导致内部人控制问题出现。合作金融的民主管理原则被虚置，资金贷放给谁，由农村信用社高管说了算，农户的信贷约束得不到缓解。此外，农村信用社违背合作金融封闭运营的原则，丧失了乡村熟人社会基础，却对设置专门管理岗位出现了需求，这也为内部人控制提供了温床。

第二，经营目标上的趋利性问题。互助合作是合作金融的精髓，满足内部社员的融资需要应是信用社的首要经营目标。造成农村信用社经营趋利性的原因有以下三点。一是向社员支付固定回报导致运营成本和资产质量压力增加，由此提高贷款利率和要求抵押担保就成为必然，当利率和抵押担保要求超出多数社员能力时，互助合作的宗旨也因多数社员被排除在农村信用社服务范围之外而名存实亡。二是内部人为实现对农村信用社的控制，也会把盈利摆在首位，通过创造更多的利润来巩固自己的地位。三是由于长时间被农业银行代管，农村信用社实质上成为中国农业银行的农村基层网点。

（二）农村资金互助社存在的问题

第一，资金来源不足。农户入社是为了获取融资便利，而不是为了获取收益，且农民手中没有充足的资金，所以入股金额不多；此外，单个社员持股比例不能超过10%、入股比例超过5%需监管部门审批、执行与农村信用社同样的利率政策等监管规定限制了资金来源。

第二，盈利能力不足。资金来源不足导致农村资金互助社经营规模小，业务扩张受到限制，再加上对经营场所、营业设施、安保措施、高管人员资格、财务报表报送等的监管成本较高，农村资金互助社亏损面大，盈利能力普遍不高。

第三，业务经营背离资金互助初衷。农村资金互助社的优势在于熟人社会中的信息对称，这也是互助型小额信用贷款的前提。但有些农村资金互助社突破封闭运行原则，合作金融的信息优势丧失，为控制风险只能采用抵押担保的方式放款，从而与资金互助的初衷背离。

(三) 新型农村合作金融组织存在的问题

第一，非法吸收公众存款。一部分新型农村合作金融组织的社员门槛非常低，只要交互助资金即可成为社员。此举严重违背合作金融封闭运行原则，"社员制"形同虚设。资金的开放运行在严格意义上已属非法吸收公众存款。还有部分新型农村合作金融组织虽然实行封闭运行，但以"扩大互助资金来源"为名大量吸收非社员互助资金，这属于典型的非法吸收公众存款。

第二，高息揽储高利放贷。合作金融的要义在于内部资金互助，应以非营利性服务为主，互助资金利率通常应低进低出。但很多新型农村合作金融组织存在较为严重的高息揽储、高利放贷问题，部分新型农村合作金融组织通过提高互助资金存款利率，与农村信用社争夺资金，融资成本高企导致互助资金贷款利率远高于同期农村信用社的贷款利率，极大地加重了社员经济负担，严重背离了合作金融的原则。

第三，互助资金违规运营。部分新型农村合作金融组织存在较为严重的互助资金违规运营行为：一是违背封闭运行原则，向非社员发放贷款；二是关联交易与内部人控制相互交织，部分互助资金流向房地产等高风险领域，资金运用隐患多、风险大；三是违背"小额、分散、短期"的互助资金贷放原则，单笔贷款的金额或期限超出规定限度；四是突破乡、村范围超区域运营，吸收和投放互助资金区域被擅自扩展到县域，有的甚至延伸到县域之外，丧失熟人社会的信息优势，信息不对称程度显著上升，无法有效防范风险；五是互助资金规模与管理能力不匹配，新型农村合作金融组织尚处于发展的初级阶段，管理能力有限，因而互助资金规模不宜过大，多数地方均规定互助资金规模不得超过1000万元，但实际上超出的很多，甚至有规模高达5000万元的新型农村合作金融组织，资金规模超出管理能力范围，潜在风险高。

第四，民主管理不充分。此类问题主要存在于供销合作社领办的农民专业合作社中，主要包括两个方面：一是供销社对农民专业合作社具有控股权，普通农民社员对合作社经营缺乏发言权，民主管理原则虚置；二是社员分为股东社员和普通社员，前者承担互助资金运营风险，后者则是互助资金的主要使用者，但互助资金运营权更多掌握在股东会员手中，普通会员缺乏实质的管理权，从而导致民主管理原则难以充分实现。

第五，内控管理薄弱。新型农村合作金融组织内控管理普遍较薄弱，具体体现在三个方面：一是资金管理不规范，多数新型农村合作金融组织由于不具备独立法人资格等种种原因未在银行开立独立的资金账户，而是将互助资金存放于内部人（理事长、会计等）的私人账户中，资金安全无法得到保障，管理人员携款潜逃风险大；二是缺乏有效的风险控制机制，管理人员风险意识差、风控措施执行不力，运营不规范等，导致部分互助资金损失；三是内部治理机制不健全，"三会"形同虚设，发起人或主要负责人在内部拥有绝对权威，缺乏有效监督制衡，极易形成内部人控制。

第六，缺乏有效的外部监管。目前新型农村合作金融组织的外部监管基本处于真空状态。一是缺乏实质性的准入监管。国家缺少新型农村合作金融组织的注册管理制度规定，各地执行方式差异大，注册登记制度不统一。二是缺乏实质性的资金运营监管。地方政府相关职能部门对新型农村合作金融组织的管理只限于机构开业审批，基本不涉及互助资金运营的合规性监管，地方农委只审批、不监管，工商和民政部门只登记、不管理，互助资金的运营监管基本处于真空状态。三是有限监管的持续性也难以保证。基层政府相关职能部门（农委、扶贫办、财政等）人员和经费均长期处于紧张状态，且严重缺乏金融监管专业知识和经验，仅存的有限监管也难以到位，且可持续性差。

第三节　我国农村合作金融组织的发展困境

探索新型农村合作金融组织形式，对于完善农村政策性金融、商业性金融和合作金融"三位一体"的金融体系具有重要意义。从社会资本角度来看，我国农村社会具有以亲缘和地缘关系为基础的传统乡土社会特征，发展合作金融对于缓解农村金融抑制具有重要作用。尽管 2012~2017 年中央一号文件均明确要支持、引导和规范农村合作金融组织发展，2013 年党的十八届三中全会也明确指出允许有条件的农民专业合作社开展信用合作，但农村合作金融组织仍未得到规范发展，很多组织在发展过程中都遭遇了不同程度的困境，甚至出现重大风险。因此，有必要回归合作金融本源，从社会资本角度认识农村合作金融组织的发展困境和治理问题，推动此类组织规范、有序发展。

一　社会资本的局限性

社会资本的信息传递、合作互惠、声誉监督等作用机制，使得农村合作金融组织相对于其他金融机构具有一定优势。但社会资本特征决定了其只能在一定的范围内发生作用，一旦经济活动的规模和复杂程度超越了社会资本的作用边界，或者社会网络本身出现了不稳定，农村合作金融组织的优势就会丧失，甚至出现重大风险。社会资本的局限性主要体现在以下三个方面。一是有限边界性。信任是社会资本的核心，它能够降低交易成本，促使组织成员为了共同目标而互惠合作，积极参与组织的运营与管理。但社会资本中的信任是建立在亲缘、地缘关系和感情联系等基础上的人际信任，具有明显的边界性，当农村合作金融组织超过了一定规模时，社员间的关系强度就会弱化，导致信任不足。二是信息获取和传递的局限性。农村合作金融组织的优势在于信息获取的低成本和传递的便捷性，这种特性有助于减少信息不对称导致的逆向选择和道德风险，但是这种信息优势只能在小范围内存在，具有局限性。三是依赖社会网络的稳定性。当社会变迁导致成员流动性增强、信任模式改变、成员异质、网络不稳定时，社会资本就难以发挥作用。

二　组织运行困境

当前农村合作金融组织普遍面临的困境是资产规模较低，资金来源有限，资金互助只能在低水平上重复，无法满足农户扩大的融资需求。农村合作金融组织是由社员自愿出资入股，进行民主管理、互助互利的组织，但是由于人际信任的不稳定性，很多农村合作金融组织往往是少数大户、核心社员出资较多，众多普通社员则持观望态度，成为净贷款需求者，持续面临资金短缺局面。社员融资需求一旦不能得到满足，其对组织的信任会进一步弱化，不能形成出资—互助—收益的良性循环。众多研究表明社会资本是农村经济系统构建和运行的"润滑剂"，特定村域内农户基于长期交往、感情联系和互惠帮助形成的关系网络，有助于持续提升借贷双方的人际信任和制度信任程度，有利于提高农户信贷可得性。但是，目前农村合作金融组织与正规金融机构之间的联结机制尚未建立，社会资本仅局限于民间融资，对于多数正规金融机构来讲，社会资本还不能作为配置信贷资源的重要依据。正规金融机构更重视收入、抵押品等有形资源，社会资本不符合正规金融机构的准入条件，农村合作金融组织也很难从金融机构获得融资。

三 内部治理与外部监督困境

农村合作金融组织本质上是一种合作型的俱乐部组织，实行一人一票、民主监督、民主管理，成员应该是相对同质性的。在相对封闭的传统乡土社会，成员同质性更高，农村合作金融组织更容易通过民主治理实现合作金融目的。但目前我国农村社会正在从传统乡土社会向现代市民社会转型，农村出现明显的社会分化，农民的流动性增强，农村社会资本以及社会网络关系发生相应改变，进而改变了农村合作金融组织的微观基础。虽然农村合作金融组织一般会建立社员代表大会、理事会、监事会等机构来完善内部治理，但是由于农民拥有的资源禀赋出现较大差距，农民在社会网络中的地位出现分化，成员异质性突出，事实上"三会"并没有真正发挥决策、执行和监督职能，内部治理机制形同虚设。农村合作金融组织中核心成员拥有更多社会资本，贡献更多资金、人力等资源，对组织拥有更多支配权，普通成员仅行使监督职能。成员间拥有的资源禀赋差距越大，核心成员对组织的控制权越大，普通成员越难以进行监督，最终会导致内部人控制问题。另外，农村合作金融组织开展的业务属于关系型贷款，依靠成员的社会资本信息，很难通过正式制度进行规则型监管，监管成本较高。各地对于农村合作金融组织的监管要么过度，要么缺失，农村合作金融组织面临严重的监管困境。

四 合作金融功能异化困境

传统合作金融理论是建立在成员相对同质基础上的，这样才能最大限度地保持农村合作金融组织民主管理、互助合作、共担风险的特征。但随着农村社会由传统的乡土社会向现代市民社会转型，两种经济形态并存，农村人口流动性加大，农户家庭收入来源、收入水平发生重大变化，经济发展水平出现明显差异，农民拥有的社会资本随着农村社会转型而发生变迁。社会资本本质上体现为通过社会网络获得资源的能力，由于农村合作金融组织成员的受教育程度、资源禀赋、对风险的态度等存在显著差异，社员结构的复杂程度提高，成员异质性成为当前农村合作金融组织普遍面临的现实问题。一部分富有的核心成员对社会资本的依赖性大大降低，反而能通过拓展社会资本不断获利，非核心成员仍然要依靠社会资本获得较低成本的融资。在这样的异质性社员结构下，农村合作金融组织逐渐蜕变为少数人牟利的杠杆工具，少数核心成员拥有对组织主要剩余的控制权和索取权，内部人控制问题突出。成员异质性还导致农村合作金融组织常常突破社会资本发挥作用的社区限制，扩大贷款范围和贷款数量，出现重大风险，损害社员利益。由此可见，农村经济发展和社会资本变迁导致了农村合作金融组织的成员异质性，随之而来的是经营目标、产权结构、内部治理、业务实践的异化，进而导致农村合作金融组织互助功能丧失、金融风险加剧、发展前景堪忧。

|第三章|

社会资本变迁对我国农村合作金融发展的影响

作为根植于特定文化和社会背景的自组织，农村合作金融组织的运行和合作金融功能的实现受到社会资本的影响。在社会资本的信任机制、互惠机制及声誉机制作用下，农村合作金融组织相对于其他类型的农村金融机构具有特定优势。但由于社会资本本身也具有边界性、信息传递的局限性和网络不稳定性等特点，农村合作金融组织在发展过程中出现了运营风险、内部治理与外部监督困境、功能异化等，阻碍了其进一步的良性发展。

第一节 我国农村社会资本变迁的动力机制与特征

一 我国农村社会结构转型历程

改革开放以来，中国经济发展取得了巨大成就，被誉为"中国奇迹"。中国已成为全球贸易大国、拥有制造业品类最为齐全的全球制造业大国；中国常住人口城镇化率由 1978 年的 17.92% 提高到 2022 年的 65.22%，预计到 2030 年将超过 70%，中国城镇化发展已经步入中后期。改革开放以来，持续的经济增长和结构变迁不仅带来了城市的快速发展和变革，更推动了农村地区的社会转型。我国长期以来的小农社会发生分化，农业生产由劳动密集型转向依靠资本投入阶段，资本替代劳动、土地等要素的过程持续推进。随着工业化、信息化、城镇化和农业现代化的推进，原有承载着中国"乡土社会"的村庄发生深刻变革，农村社会结构由"传统社会"加速向"现代社会"转型。农村土地"三权分置"改革日益解除了土地对农村劳动力的束缚，农村劳动人口大规模向城市流动；以宗法群体为本位，以差序格局为特征的熟人社会正在瓦解，"以村而治""乡民自治"的政治文化体系正在被现代治理体系替代，现代信息技术的迅速普及有效地拓展了农户的社会网络。中国正由"以农为本、以土为生、以村而治"的传统"乡土中国"，向"乡土变故土、城乡加速互动"的"城乡中国"转变（刘守英和王一鸽，2018）。

（一）传统的乡土社会

乡土社会的概念来自我国杰出的社会学家费孝通的《乡土中国》，通过对中国农村的细致观察，该书深入地反映了中国乡土社会传统文化与社会结构特征。基于"从基层上看去，中国社会是乡土性的"的观察，费孝通（2022）将传统中国概念化为"乡土中国"，认为"乡土中国"是"中国基层传统社会里的一种特具的体系，支配着社会生活的各个方面"。乡土社会的主要特征有以下两点。一是以农为本、安土重迁的乡土观念。乡土中国的根基是以农立国，农业在传统经济中占据绝对比重，悠久的农业文明滋养和催生了中国庞大的人口，也使得土地对人们的束缚不断加深。在农业生产方式上，漫长的农业社会形成了以家庭为单位的小农经营、自给自足、农工互补模式，小农经济具有极强的韧性和生命力。二是乡土社会是典型的熟人社会。乡土社会的秩序依赖"以村而治"的村庄制度，村庄在乡土社会中承载着宗教活动、经济活动、争端解决以及方位活动等重要功能，因此村庄制度事实上形成了乡土社会运行的一整套规则、价值以及公序良俗。村庄是独立的文化单元和社会单元，"生于斯，长于斯"，乡土社会人口流动缓慢、世代延续，形成了非常典型的"关系型"社会，熟人社会形成了一套内部共享的交往规则、价值体系和文化传统等，陌生人难以进入。

（二）城乡二元社会结构

新中国成立后不久，我国选择了苏联式的现代化道路，即优先发展工业特别是重工业。在新中国成立初期资本极度匮乏的条件下，优先发展资本密集型的重工业，需要压低产品和要素价格以及进行高度集中的资源计划配置，人为降低重工业发展成本。为此农业充当了为工业化提供资本原始积累的角色，农产品以极低的价格以及计划配给的方式保障城市的低成本。为了保证新中国成立后经济结构的顺利转型，政府实施了配套的制度体系。一是农产品的统购统销。在农业领域，政府计划全面取代市场作用，国家垄断粮食等绝大多数农产品的生产、销售和流通，以此来保证农产品价格的稳定。二是建立人民公社制度，传统乡土社会的土地私权被公有制取代，通过集体化最大限度地动员农村劳动力投入劳动密集型项目，也最大限度地保证农村经济社会秩序的稳定。但是集体化无法克服农业生产中委托代理和激励不足等问题，这一时期农业生产率极低。三是1956年以后逐步建立起城乡二元户籍制度，严格限制人口流动，并配套实施一系列社会保障与公共服务制度，形成了影响深远的城乡二元结构。

（三）城镇化加速乡村人口向城市的流动

改革开放初期，家庭联产承包责任制在全国范围内确立之后，土地所有权和使用权相分离，农户获得土地使用权，这极大地激发了农民的生产积极性，农业生产焕发出巨大活力。随着家庭联产承包责任制的推进，农业生产出现超常规增长，农业部门出现了剩余劳动力。国家政策开始允许农民在集体土地上兴办企业，鼓励农民进行农业内部结构调整，发展农村商品经济，兴办乡镇企业，吸纳农村剩余劳动力转移到非农部门就业。1978~1996年是乡镇企业的高速发展期，乡镇企业雇用人数从2827万人增加到1.35亿人，年均增长9%。[①] 乡镇企业的发展增加了农民收入，缩小了城乡差距，在一定程度上帮助农民摆脱了土地的束缚，为加速我国城镇化进程提供了条件。但客观而言，乡镇企业发展的基本特征是"离土不离乡"，农民主要在本乡本土兴办企业，其本质上是"家庭经营"+"非农产业兼业"的生产模式，农民并未真正脱离土地。从村庄基层治理角度看，1987年我国颁布了《村民委员会组织法（试行）》，在乡村实行村民自

---

① 资料来源：《中国统计年鉴2003》。

治，由村委会行使行政职能。

20世纪90年代后期开始，中国经济进入高速增长阶段，以沿海开放为先导，形成珠三角、长三角、环渤海出口导向的经济区域，率先崛起的是劳动密集型的出口加工业及轻工业，同时中、西部地区重工业有所衰落，沿海城市吸纳大量农村剩余劳动力跨省、跨地区流动，大量农民工离开故土，开始在城市打工生活。从城镇化推进角度看，我国1996年城镇化率为30.48%，2017年城镇化率达到60.24%，城镇化进入高速增长期。① 国家实施了一系列政策，为城乡结构变动提供了外部条件。一是2000年开始，国家实施农村税费改革，取消了农业税，加大对"三农"的支持力度，进一步减轻农民负担，给农民进城打工创造条件。二是2003年《农村土地承包法》正式施行，农村土地流转进入制度化和规范化轨道；2014年启动农村土地"三权分置"改革后，土地流转进一步加速，流转比例逐步提高。土地流转改变了传统小农经营模式，农业产业化发展已经成为农业现代化的主要趋势之一，适度规模经营进一步减少了土地对农民的约束，农村剩余劳动力选择非农就业的比例提高。三是公共服务政策均等化。为了改变我国长期存在的城乡二元结构问题，政府强化了教育、医疗、就业、养老等一系列公共服务均等化政策，促进农业人口市民化。四是逐步推进户籍制度改革。2011年国务院办公厅发布《关于积极稳妥推进户籍管理制度改革的通知》，明确提出引导非农产业和农村人口向中小城市和建制镇转移，逐步满足符合条件的农村人口落户需求。2014年《国务院关于进一步推进户籍制度改革的意见》规定，统一城乡户口登记制度，全面实施居住证制度。户籍制度改革为农村流出人口获得基本社会保障、顺利落户城市破除了体制机制障碍，促进了农村人口的流动。

城镇化的推进带动了农业生产方式的转型，土地流转改变了长期以来土地细碎化的状况，规模经营促进了农业机械化进程。不同区域工业化进程的差异带来农户经营方式的分化，传统意义上的均质小农发生改变，不同地区农户从事的非农经济活动高度分化。在农业产业内部，农业经营规模发生分化，由此带来了农业经营主体的多样化。农村社会快

---

① 资料来源：国家统计局网站。

速分化，一部分农村顺利融入城镇化进程，形成城中村，一部分农村人口流失形成空心村，还有一部分农村处于传统农业区，存在不同程度的衰落。

（四）乡村全面振兴与城乡互动融合

我国快速城镇化带来了一系列乡村问题，新时代我国发展最大的不平衡体现为城乡发展不平衡，党的十九大提出乡村振兴战略，这是新时代我国农业农村发展的总纲领，事关"两个一百年"奋斗目标和共同富裕。随着我国新型城镇化进入下半场和乡村振兴战略全面推进，城乡融合发展成为新的趋势。在城乡二元结构下，原有的城镇化表现为劳动力、资本和土地向城市的单向流动，从而带来城市的快速发展。乡村振兴战略突出强调城乡要素的自由流动和平等交换，近年来生产要素在城乡之间的双向配置不断增强。近年来城乡居民收入和消费水平的差距逐步缩小，农业现代化发展使农业资本回报率提高，资本下乡的速度和规模持续提升；城乡之间的体制机制障碍在逐步破解，基本公共服务均等化程度逐渐提高，城乡要素平等交换条件日益具备；乡村产业日益多元化，加工业、休闲农业、乡村旅游业蓬勃兴起，一二三产融合发展势头初现，出现城市居民返乡潮，城乡人口出现互动。未来随着城乡融合发展，农业强、农村美、农民富的乡村全面振兴目标必将实现。

二　我国农村社会资本变迁的动力机制

通过前文的梳理我们发现，新中国成立 70 多年来，我国乡村社会发生了翻天覆地的变化。进入 21 世纪，随着工业化、信息化、城镇化和农业现代化的统筹推进，农村从传统的"乡土社会"加速向城乡融合的"现代社会"转型。原本封闭的小农经济被市场经济冲击；原有以农为本、以村而治、乡绅自治的政治文化体系逐渐瓦解，新型的现代治理体系、制度规则与文化体系正在建立；原有的熟人社会基本结构，逐步向规则、制度、边界清晰的生人社会过渡；安土重迁的乡土观念受到城市文明的巨大冲击，农村人口大规模快速流动，原有农村社会网络和社会结构面临极大冲击。在农村社会转型过程中，农户的社会网络发生了变化，新旧观念产生碰撞，非正式制度的作用在下降，社会资本随之变迁。

农村社会资本是乡村社会成员在历史传统和习俗等规范下，通过长期交往、互利合作形成的人际和组织网络，网络内部成员之间形成的信任、互惠和合作，最终能够提升成员个人利益，促成共同受益和集体行动（马红梅和陈柳钦，2012）。中国传统的乡土社会是典型的熟人社会，这是我国乡村现代化转型的起点。熟人社会的特点是相对封闭和稳定，在"生于斯，死于斯"的世代体系下，乡村社会成员之间相互信任、守望相助，由此衍生出一系列成员共同遵守的互惠规范。对于受经济和体系限制的农村居民而言，社会资本相当于维持乡村社会运转和利益协调的非正式契约，村民间的信息交流、资源获取、利益分配、矛盾化解等经济社会活动，都比较依赖社会资本。但中国近百年的历史表明，乡村社会经历了多次制度变革，人地关系、人与村社关系发生了重大变化，特别是改革开放 40 多年以来，中国乡村已经从以农为本、以土为生、以村而治的"乡土社会"，进入乡土变故土、农业现代化转型、城乡互动的"城乡中国"阶段（刘守英和王一鸽，2018）。农村社会转型与农村社会资本变迁的关联如图 3-1所示。工业化是城镇化的前提，工业化发展加速了我国城镇化进程，工业化和城镇化为农村人口大规模流动提供了契机，促进了农村人口的非农就业。信息化极大地拓展了农村社会信息来源，拓宽了农民视野，降低了信息不对称所导致的交易风险。农业现代化改变了传统农业生产方式，通过告别过密化农业，削弱了土地对农民的束缚，促进了农业产业升级和农业经营主体多元化，推动了城乡互动发展。农村社会转型扩大了农村社会网络，提升了社会资本水平。随着城镇化和乡村振兴战略的推进，农户的代际差异逐步扩大，子女一代在信息获取、知识技能、教育水平等方面普遍显著强于父母一代，因此农户社会网络不仅在水平方向上明显拓展，还会发生纵向延伸。

随着农村社会结构的变迁，农村居民的社会网络出现重大变化，引起农户社会资本的变迁。我国农村由"乡土社会"转型为"城乡互动社会"的结构变迁中，人地关系改变、农村人口流动和信息技术发展是内在的驱动力，这三者的合力进一步改变了农村社会资本的形态，农村社会资本变

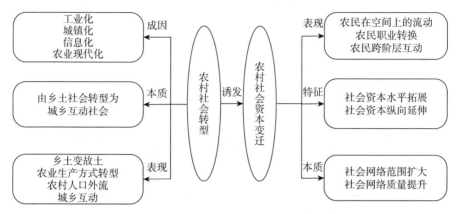

图 3-1　农村社会转型与农村社会资本变迁的关联

迁的动力机制如图 3-2 所示。首先,人地关系改变使农村居民摆脱了土地的束缚,为农民跳出相对封闭的、同质化的社会网络,形成更为广泛的、异质性的社会关系提供了基础条件,农村社会资本水平的提升成为可能。其次,农村人口流动是农村社会变迁的核心动力。农村人口向大城市流动是改革开放以来农村社会结构变迁的最突出特征,这种社会结构变迁扩大了农村居民的社会交往半径,延展了社会网络边界,拓宽了农户社会资本的广度。从宏观角度来看,农村劳动力向非农部门转移加速了基于规则化、市场化的现代工业文明向传统农耕文明的渗透,改变了传统农村社会资本赖以存在的伦理规范。从微观角度来看,非农就业有助于农民社会网络资源的积累,形成基于业缘的新型社会资本,拓展了社会资本的深度。农村人口流动深刻改变了农村的社会关系结构,推动其从相对封闭的熟人社会向以利益与规则为纽带的陌生人社会转变,从乡土社会的差序格局向人际关系的理性倾向转变(谢家智和王文涛,2016)。与传统的基于亲缘和地缘的农村社会资本不同,新型社会资本具有质量高、异质性和边界开放等特征。最后,信息技术发展是农村社会资本变迁的催化剂。随着互联网、移动通信、5G 等信息技术的发展普及,传统农村社会的人际交往与信息交流发生了颠覆性的改变,信息技术打开了村庄以外的广阔社会空间,农民获取信息的能力大幅提高。同时,信息技术也为农民突破空间距离的限制、建立新型社会网络提供了便利,加快了传统社会资本的转型。

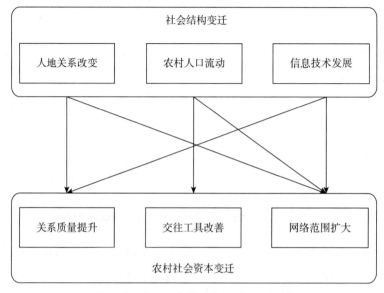

图 3-2　农村社会资本变迁的动力机制

三　我国农村社会资本变迁的特征

改革开放以来，我国农村地区社会变革主要由工业化和市场化两种力量推动，工业化和市场化共同推进我国农业农村现代化发展。我国工业化、城镇化仍在快速发展中，城乡二元结构没有完全消除，乡村振兴战略背景下，信息化和农业现代化也在深刻重塑乡村社会，在社会结构变迁过程中，我国农村社会资本变迁呈现以下突出特征。

一是在农村社会资本中，关系网络与非正式制度仍占有重要地位，但随着乡村振兴战略的全面推进，组织类与正式制度类社会资本逐步增加。中国传统乡土社会关系是以家庭为中心的差序格局，维系这种关系的是儒家文化所强调的伦理本位。伦理本位强调长幼亲疏秩序，因此传统的农村社会网络是以血缘、亲缘关系为纽带发展出的人情关系网络，这种社会网络大多囿于狭小区域。户籍制度进一步限制了农民分享外部网络收益的可能性，导致传统农村社会资本具有同质性且质量不高。尽管随着城镇化的推进和农村人口流动，农村社会网络受到较大冲击，但关系型社会的基本特征并没有彻底改变，关系网络与非正式制度在农村地区的作用仍然要远大于城市地区。通过在吉林省内的调研发现，当农民面临临时性的资金需求时，民间借贷仍然是主要的融资方式，这说明农村社会资本仍然具有一定的亲缘和地缘特征。另外，农村社会结构变迁、乡村振兴战略推进也使得组织类与正式制度类的社会资本在逐步增加。农民进城、农村土地的大规模流转改变了原有以小农为主的农业经营模式，以合作社、家庭农场为代表的新型农业经营主体兴起，带动了组织型社会资本的增加。与传统小农户相比，规模农户的社会网络连接更广泛，社会资本更丰富，拓展能力更强，合作社则是社会资本拥有量最多的农村组织。研究表明，规模农户加入合作社可以建立新的社会网络关系，获得社团型社会资本，提升其原生型社会资本（周月书等，2019）。随着乡村振兴战略的全面推进，强化村集体基层组织作用、焕发集体经济活力成为共识，在乡村再组织的过程中，正式制度类的社会资本逐步增强。

二是农村社会资本呈现异质性特征，个体与集体等不同层次的社会资本出现分化。传统农村社会相对封闭稳定，在流动程度较低的熟人社会中，农民的社会关系网络、遵循的伦理规范、村民间的相互信任都具有明显的同质性，因此传统农村社会资本是高度同质性的，也具有高度可信性，是农民维持日常经济秩序的重要保障。改革开放后，农村社会结构的变迁对传统乡土社会的生产秩序和人际交往产生了深远影响，也造成了农村社会资本在个体层面和集体层面的分化，农村社会资本呈现越来越强的异质性特征。个体层面，随着工业化和城市化的快速推进，大量农村青壮年劳动人口转向城市的第二产业和第三产业就业，人口流出和社区边界开放大大提升了农村社会网络的规模和异质性，进入城市的农民与当地员工建立起基于业缘的社会资本，对原有社会资本形成拓展，提升了个体社会资本的质量。但从集体层面看，工业化和城市化所带来的农村社会结构变迁，使得传统熟人社会的村落共同体发生急剧转型，打破了传统的邻里互助合作、守望相助的平衡机制，摧毁了社会资本在农业生产中的互利互惠机制。传统意义上的同质性、小农户生产被现代农业及非农产业吸收或替代，村庄功能萎缩，传统乡村社会资本的作用式微（王建，2019）。村民向个体化方向发展，导致村庄的公共性不断萎缩，集体社会资本在农村社会变迁的过程中不断流失，最终导致集体行动困境（曾红萍，2016）。

三是农村社会资本的运作风险增加。传统农村社会资本是农民获取资源的重要保障，社会资本发挥作用的基础是建立在血缘、亲缘、地缘关系上的强大的特殊信任，这种信任使村庄共同体中的村民相互帮助、彼此协作，由此产生共同认可的一整套互惠规范，维系日常生产生活的需要。村庄的边界相对封闭，成员稳定，同质性较强，彼此熟悉信任，在相对封闭的环境下，传统社会资本的运行风险较低。但由于农村社会资本变迁过程中异质性显著增强，社会网络边界被打开，维系人们信任的基础受到冲击，同时农村地区并没有像城市一样建立起陌生人社会的普遍信任，以制度、规范为基础的普遍信任没能完全取代传统狭小的特殊信任，因此在变迁过程中，农村社会资本的运行风险反而增加。如何在乡村振兴基础上重新培育村庄内部的集体社会资本，重塑社区成员的社区认同、社区参与和互惠规范，是降低农村社会资本运行风险、提高社会资本效用亟待解决的问题。

第二节　社会资本对农户借贷行为的影响分析

农村合作金融作为一种特殊的金融组织形式，其生成和运行受社会资本的影响较大，其深层原因在于社会资本会对农户的借贷、投资等基础金融行为产生重要影响。因此，本节首先考察社会资本对农户借贷行为的影响，通过影响机理分析和实证分析，验证社会资本对农户正规信贷和民间信贷可得性的影响效应，证实社会资本是影响农村合作金融的重要因素之一。

一　社会资本对农户借贷行为影响的机理分析

我国农村在现阶段并未完全脱离熟人社会，社会资本对于农村金融交易仍然具有重要影响（黄惠春和陶敏，2020）。社会资本包括信任、关系、网络和规范等因素，无论是正规金融机构还是非正规金融机构，都倾向于向具有良好社会资本的农户提供信贷，他们的信贷可得性更高（徐璋勇和杨贺，2014）。社会资本能通过提高资源配置效率、促进非正式制度形成来弥补市场缺陷（周小刚和陈熹，2017），在正规信贷市场中发挥类似于抵押品的功能，在一定程度上替代物质资本和社会信用，提升农户信贷的可得性。首先，社会资本具有信号传递效应。信息不对称是正规信贷约束的根本症结，社会网络中的信息流动与传播有助于降低信息不对称的程度，帮助借贷双方进行相互筛选。农村社会网络中存在大量因长期人际互动、经济活动和其他交往形成的"软信息"，正规金融机构和民间借贷借助这些社会资本信息将低信用和高风险的客户识别出来，避免逆向选择，降低搜寻成本和交易成本；社会网络成员间相互熟悉，便于彼此监督，有效降低道德风险；声誉机制能在贷前传递借款人的信用信号以及借款人违约的压力信号，有效降低贷款合约的监督成本。其次，社会资本具有激励约束效应。社会资本为农户信贷提供"隐性担保"，意味着借款人必然受到社会网络的共同监督，一旦违约，借款人将损失声誉、受到社会压力，这对借款人形成有效约束。诚实守信行为则能为农户累积良好信誉，帮助其获得更多的信贷资源和其他社会资源，激发农户的还款意愿，形成社会资本的循环累积效应。最后，社会资本具有福利增进效应。良好的社会资本能够促进生产、技术、市场、金融等信息在成员间的充分共享，有利于降低农业生产风险、提高农户经营效益、提升农户信用资质、提高农户收入水平、增进农户福利，长期良性互动会提高村社内部的人际信任和制度信任水平，形成诚信的良好环境，促进整体的信用评级，有助于正规或非正规信贷获得。

二　社会资本对农户借贷行为影响的实证分析

（一）数据来源

本文数据来源于中国家庭追踪调查（China Family Panel Studies，CFPS）数据库2020年的调研数据。CFPS项目由北京大学中国社会科学调查中心（ISSS）实施，通过跟踪收集个体、家庭、社区三个层次的数据，反映中国社会、经济、人口、教育和健康状况的变迁。在 CFPS 数据库中，本文所用到的主要问卷及信息如下。

首先，家庭成员及个人自答问卷。在家庭成员及个人自答问卷的家庭成员基本信息中，针对本文研究目的和研究内容，需要用到以下信息：受访者性别、年龄、健康状况、受教育水平、党员情况等。

其次，家庭经济问卷。在家庭经济问卷中，本文需要用到如下信息：农户家庭成员数量、农户是否还清银行贷款、农户是否还清其余正规贷款、农户的家庭净资产、红白喜事费用支出、节假日费用支出、通信费用支出等。

由于本文研究对象为农户，故仅保留农村户籍的调查对象，在剔除无效及异常数据后，共得到 5146 个农村家庭的专项调查数据。

（二）变量选取

揭示家庭社会资本对农户正规信贷可得性的影响是本文的主要研究对象。变量描述性统计如表 3-1 所示。

表 3-1 变量描述性统计

变量	变量含义	观测值（个）	均值	标准差	最小值	最大值
$y1$	是否获得正规信贷	5146	1.870773	0.468868	0	1
$y2$	是否获得民间信贷	5146	1.782938	0.5273	0	1
lnnumber	家庭成员数量	5146	1.026583	0.530732	0	2.484907
lnfestive	节假日费用支出	5146	2.3733	3.297897	0	11.15625
lnredwhite	红白喜事费用支出	5146	2.568304	3.590701	0	12.61154
lncost	通信费用支出	5146	4.185641	1.50675	0	8.160518
social	社会资本	5146	2.2	0.723762	0.072414	4.38745
edu	受教育水平	5146	2.297546	0.916579	0.25	7
health	健康状况	5146	2.830135	0.88873	0.8	5
age	年龄	5146	49.83201	15.94683	12	101
age^2	年龄的平方	5146	2737.481	1632.017	144	10201
lnasset	家庭总资产	5146	12.01363	1.509567	0	17.31504
lnincome	家庭总收入	5146	9.994171	1.338953	2.957511	15.24963

本文的被解释变量之一是是否获得正规信贷（$y1$）。根据 CFPS 的数据结构，将样本中"获得银行贷款"的农户视为正规信贷可得农户。涉及的题目是"为购买或建造、装修住房，您家是否获得银行贷款"，"除房贷外，您家是否获得其他银行贷款"。本文的另一被解释变量是是否获得民间信贷（$y2$）。根据 CFPS 的调查问卷，涉及的题目是"除上述贷款外，是否因生产经营有尚未还清的民间借款"。

本文的核心解释变量是社会资本（$social$）。社会资本具有维度和内容的复杂性，为了综合考察社会资本对农户获得正规信贷与民间信贷的影响，且便于实证分析，选取红白喜事费用支出（$lnredwhite$）、节假日费用支出（$lnfestive$）、通信费用支出（$lncost$）以及家庭成员数量（$lnnumber$）四个变量，通过主成分分析法构成社会资本指数。将四个变量进行主成分分析，计算得出成分矩阵，并在四个成分中提取了两个成分。根据成分系数矩阵，进一步得出因子的公式，最终得到核心解释变量社会资本 Z。

考虑到 CFPS 数据可得性的限制，本文参考已有文献，从农户个人特征和农户家庭特征两个方面选取了若干控制变量展开研究。在农户个人特征方面，本文控制了年龄（age），因为年龄对信贷获得通常有重要的影响；考虑到年龄对信贷获得的影响可能是非线性的，同时控制了年龄的平方（age^2）这一变量；还控制了健康状况（$health$），为农户主观自评的 5 个等级定序变量，非常健康为 5、很健康为 4、比较健康为 3、一般健康为 2、不健康为 1；控制了农户的受教育水平（edu），文盲/半文盲为 1、小学为 2、初中为 3、高中为 4、中专职高为 5、大专高职为 6、大学本科为 7、硕士研究生为 8、博士研究生为 9。在农户家庭特征方面，本文选取了家庭总资产（$lnasset$）与家庭总收入（$lnincome$）两个控制变量。

（三）实证结果分析

1. 模型设定

考虑到农户获得正规信贷与获得民间信贷的条件概率服从标准正态分布，本文首先构建一个农户是否获得正规信贷和民间信贷的 Probit 模型：

$$y_{1i} = \beta_0 + \beta_1 social_i + \beta_2 person_i + \beta_3 family_i + \mu_i \tag{1}$$

$$y_{2i} = \beta'_0 + \beta_4 socail_i + \beta_5 person_i + \beta_6 family_i + \mu_i \quad\quad (2)$$

（1）（2）式中 y_{1i} 和 y_{2i} 为虚拟变量，其取值为 0 或 1，$y_{1i}=0$ 时表示农户没有获得正规信贷，$y_{1i}=1$ 时表示农户获得了正规信贷；$y_{2i}=0$ 时表示农户没有获得民间信贷，$y_{2i}=1$ 时表示农户获得了民间信贷。$socail_i$、$person_i$ 和 $family_i$ 分别代表社会资本、农户个人特征和农户家庭特征，其中社会资本为核心解释变量，农户个人特征和农户家庭特征为控制变量，而农户家庭特征 $family_i = \beta_7 lnasset_i + \beta_8 lnincome_i$。$\beta_0$ 和 β'_0 为常数项，β_i 为相关变量的系数，μ_i 为随机误差项。

农户是否获得正规信贷的情况可能会决定农户家庭经营情况，最终影响农户家庭资源，即社会资本的积累，这存在双向因果关系。因此我们构建（3）式：

$$socail_i = \gamma_0 + \gamma_1 Z_i + \gamma_3 person_i + \gamma_4 family_i + \mu_i \quad\quad (3)$$

（3）式中 μ_i 是随机误差项，Z_i 是工具变量，本文借鉴彭澎和吴蓓蓓（2019）的研究，选取"居住在同一村县其他居民的平均家庭净资产"作为社会资本的工具变量，这一变量满足工具变量的两个要求：一方面，同一村县财富的平均水平体现了该地区的金融普惠水平和该村县居民家庭的平均财富获取能力，应当会影响农户自己的社会资本状况，同一村县其他居民的平均家庭净资产与本家庭的家庭资本资源获取程度相关，即 $Cov(Z_i, asset_i) \neq 0$；另一方面，同一村县其他居民的平均家庭净资产与本家庭是否获得信贷没有直接关系，满足严格外生性，即 $Cov(Z_i, \varepsilon_i) = 0$ 和 $Cov(\mu_i, \varepsilon_i) = 0$。因此选取"居住在同一村县其他居民的平均家庭净资产"作为社会资本的工具变量是合适的。

2. 估计结果

为了全面分析社会资本对农户正规信贷与民间信贷可得性的影响，将运用 Stata17.0 软件围绕农户信贷可得情况展开研究，并验证其稳健性与内生性。

（1）社会资本对农户正规信贷及民间信贷可得性的影响

表 3-2 与表 3-3 报告了在 Probit 模型设定下，全样本的回归结果情

况，其中模型（1）报告了总的社会资本对农户获得正规信贷和民间信贷的边际效应结果，模型（2）、模型（3）、模型（4）、模型（5）分别报告了家庭成员数量、节假日费用支出、红白喜事费用支出、通信费用支出对农户正规信贷和民间信贷可得性的影响。

实证结果显示，社会资本正向影响农户正规信贷可得性，且在1%的水平上显著；同时，社会资本正向影响农户民间信贷可得性，且在1%的水平上显著，这说明社会资本水平越高的农户，其获得正规信贷和民间信贷的可能性越大。社会资本影响农户正规信贷可得性的正向系数大于影响农户民间信贷可得性的正向系数，说明农户资源越多，社会资本越高，贷款需求越大，金额数量越多，正规金融机构可以满足其需求，而其他借款如向亲属借款等难以满足农户对资金的需求。社会资本水平越高的农户家庭，越偏向于向正规金融机构借款。而农户的社会资本从侧面反映了农户所拥有的潜在资源，具有较高社会资本水平的农户，其声誉威望更高，社会网络更丰富，潜在的贷款担保人更多，能够通过更广泛更准确的渠道了解金融信息，有助于农户获得正规金融机构与民间的资金支持。

从社会资本结构来看，农户的家庭成员数量在5%的显著性水平上负向影响农户正规信贷可得性，说明农户家庭人口越多，获得正规信贷的可能性越小。此外，农户的家庭成员数量在10%的显著性水平上正向影响农户民间信贷可得性，说明农户家庭人口越多，获得民间信贷的可能性越大。农户家庭人口越多，创造财富的能力越强，其人脉资源等都有所积累。多数农户经营规模较小，对于贷款的需求相对较弱，家庭亲属朋友之间的借贷可以满足其资金需求，并不需要向正规金融机构贷款。而民间借款可以满足农户小额资金流动的需求，对于农户来说更加方便、快捷。农户的节假日费用支出对于正规信贷可得性的影响系数为负，在1%的水平上显著。农户的节假日费用支出也在1%的显著性水平上负向影响农户民间信贷可得性，说明农户节假日费用支出越多，获得的正规信贷与民间信贷越少。农户节假日费用支出可以反映出农户家庭的经济状况，节假日费用支出越多，说明农户家庭经济状况越好，多数农户在生产经营中，偏向于保守，在能自给自足的情况下，对于贷款的需求并不大，不需要向银行等正规机构以及亲属等其他群体进行借款。农户的红白喜事费用支出对于正规信贷可得性具有负向影响，在1%的水平上显著。农户的红白喜事费用支出对于农户获得民间信贷的影响系数在1%的水平上显著为负。这说明农户在红白喜事上支出越高，其获得的正规信贷与民间信贷越少。红白喜事费用支出也可以反映出一个家庭的经济水平，红白喜事费用支出越多，农户家庭经济条件越好，对贷款的需求越小。无论是向正规机构借款，还是向亲朋好友等借款都不会对自身家庭经营造成太大影响。农户的通信费用支出对农户正规信贷可得性的影响在1%的水平上显著为正，而对农户民间信贷可得性的影响在1%的水平上显著为负。这说明农户的通信费用支出越高，其获得正规贷款的可能性越大，获取民间贷款的可能性越小。通信费用包括电话费、网络费、邮寄费等，是企业、家庭日常运营中不可避免的支出之一。通信费用支出越高说明农户家庭的生产经营状况越好，其扩大再生产的意愿也越强，家庭经济水平也越高。农户扩大规模需要大量的资金，而由于其经济状况良好，金融机构可以承担更小的风险，更愿意对这样的农户贷款，而农户对于贷款也有着强烈需求。其在这种情况下，需要的贷款金额往往很大，民间信贷难以满足其资金需求，而正规金融机构的体量大，可以很好地满足其贷款需求。

在农户家庭特征方面，家庭总资产对农户正规信贷可得性与农户民间信贷可得性的影响均显著为负，且边际效应较小，这与已有的研究结论是相似的。农户总收入与获取正规信贷和民间信贷都具有明显的负相关关系。这说明农户家庭收入水平越高，农户的正规信贷和民间信贷需求越低。大多数农户属于小规模经营，其收入越高，流动性越充足，越容易获得正规信贷和民间信贷支持，因此结果反映为农户总收入与信贷可得性的负向相关。

在农户个人特征方面，农户的健康状况、受教育水平分别在5%、10%的水平上对农户正规信贷可得性有显著正向影响，即在不同程度上提高了农户获得正规信贷的概率，农户身体健康、受到良好的教育可以体现农户自身素养，这类农户家庭通常意味着有较强的还款能力，而正规金融机构十分重视还款能力，因此出于风险判断，这类农户更可能获得贷款支持。农户的年龄对农户正规信贷可得性的影响不显著。农户的健康状况对民间信贷可得性的影响在 1% 的水平上显著为正，说明农户健康状况越好，越容易获得民间信贷。而农户的年龄、受教育水平对农户民间信贷可得性的影响不显著。

表 3-2　社会资本对农户正规信贷可得性影响的边际效应（Probit 模型）

项目	（1）	（2）	（3）	（4）	（5）
social	4.249 *** （-8.46）				
ln*number*		-0.0400672 ** （-1.98）			
ln*festive*			-0.0498426 *** （-18.78）		
ln*redwhite*				-0.0456577 *** （-17.9）	
ln*cost*					0.0187499 *** （-3.65）
health	0.160 ** （-2.95）	0.0191587 *** （-2.62）	0.0164153 *** （-2.82）	0.0164879 *** （-2.85）	0.0136773 *** （-2.84）
edu	0.000664 * （-0.02）	0.0000795 * （-0.02）	0.0000681 （-0.02）	0.0000684 （-0.02）	0.0105011 （-0.02）
age	-0.00941 （-0.52）	-0.0011278 （-0.52）	-0.0009663 （-0.52）	-0.0009706 （-0.52）	0.0044012 （-0.52）
age^2	-0.0000966 （-0.49）	-0.0000116 （-0.48）	-9.92E-06 （-0.48）	-9.97E-06 （-0.49）	0.0000483 （-0.49）
ln*income*	-0.0333 * （-1.02）	-3.99E-03 * （-1.02）	-0.0034205 * （-1.04）	-0.0034356 * （-1.04）	0.0080171 * （-1.01）
ln*asset*	-5.21E-08 * （-1.46）	-6.24E-09 （-1.36）	-0.00000000535 * （-1.69）	-0.00000000537 * （-1.69）	9.19E-09 （-1.38）
N	5146	5146	5146	5146	5146
LR Chi^2	223.44	215.12	140.78	135.1	195.13

注：表中 *、**、*** 分别表示在 10%、5% 和 1% 的水平上显著，括号内为 T 值。

表 3-3　社会资本对农户民间信贷可得性影响的边际效应（**Probit** 模型）

项目	(1)	(2)	(3)	(4)	(5)
social	1.882*** (−7.16)				
ln*number*		0.0127734* (0.25)			
ln*festive*			−0.0577341*** (−9.05)		
ln*redwhite*				−0.0468803*** (−8.02)	
ln*cost*					−0.0391082*** (−3.52)
health	0.323*** (−9.47)	0.0589346*** (7.29)	0.0796662*** (9.79)	0.0781631*** (9.87)	0.0946916*** (8.13)
edu	−0.0233 (−0.81)	−0.0042466 (−0.8)	−0.0057404 (−0.81)	−0.0056321 (−0.81)	−0.0068231 (−0.81)
age	−0.0000636 (−0.01)	−0.0000116 (0.01)	−0.0000157 (0.01)	−0.0000154 (0.01)	−0.0000186 (0.01)
*age*²	−0.000169 (−1.53)	−0.0000308 (−1.51)	−0.0000417 (−1.53)	−0.0000409 (−1.53)	−0.0000495 (−1.53)
ln*income*	−0.0564** (−2.67)	−0.0102935*** (−2.66)	−0.0139145*** (−2.69)	−0.0136519*** (−2.69)	−0.0165388*** (−2.6)
ln*asset*	−5.22E−08* (−1.65)	−9.52E−09 (−1.6)	−0.0000000129* (−1.69)	−0.0000000126* (−1.69)	−1.53E−08 (−1.58)
N	5146	5146	5146	5146	5146
LR Chi²	273.29	273.23	213.98	221.33	252.88

注：表中 *、**、*** 分别表示在 10%、5% 和 1% 的水平上显著，括号内为 T 值。

（2）稳健性检验

本文采用更换估计模型的方法检验前文结果的稳健性。表 3-4 用 Tobit 模型替换了 Probit 模型研究社会资本对农户正规信贷可得性影响的边际效应，表 3-5 用 OLS 模型替换了 Probit 模型研究社会资本对农户民间信贷可得性影响的边际效应。

　　结果表明，在农户正规信贷可得性方面，社会资本的边际效应系数在1%的水平上显著为正，其中家庭成员数量、节假日费用支出、红白喜事费用支出与通信费用支出对正规信贷可得性的影响分别在5%、1%、1%、1%的水平上显著为负。在农户家庭特征方面，家庭总资产在10%的显著性水平上负向影响农户正规信贷可得性与农户民间信贷可得性，家庭总收入也在10%的显著性水平上负向影响农户正规信贷可得性与农户民间信贷可得性。在农户个人特征方面，农户健康状况分别在5%、1%的水平上显著正向影响农户正规信贷可得性与民间信贷可得性，而受教育水平在10%的显著性水平上正向影响农户获取正规信贷可得性，对农户民间信贷可得性的影响不显著。估计结果与前文基本一致，说明前文的实证结果是稳健的。

表 3-4　社会资本对农户正规信贷可得性影响的边际效应（Tobit 模型）

项目	（1）	（2）	（3）	（4）	（5）
social	10.29*** (-8.4)				
lnnumber		-0.0580082** (-2.07)			
lnfestive			-0.0407173*** (-14.82)		
lnredwhite				-0.0373288*** (-15.21)	
lncost					-0.0979122*** (-5.69)
health	0.326** (-2.78)	0.0227131** (2.46)	0.0113267*** (2.6)	0.0113171*** (2.63)	0.0450061*** (2.81)
edu	0.0132* (-0.15)	0.0009212* (0.15)	0.0004594* (0.15)	0.000459* (0.15)	0.0018253* (0.15)
age	-0.0129 (-0.33)	-0.0009005 (-0.33)	-0.0004491 (-0.33)	-0.0004487 (-0.33)	-0.0017844 (-0.33)
age^2	-0.000318 (-0.72)	-0.0000222 (-0.69)	-0.0000111 (-0.71)	-0.000011 (-0.71)	-0.0000439 (-0.72)

续表

项目	(1)	(2)	(3)	(4)	(5)
lnincome	-0.067* (-0.97)	-0.0046635* (-0.97)	-0.0023256* (-0.98)	-0.0023236* (-0.98)	-0.0092407* (-0.97)
lnasset	-0.000000183* (-2.17)	-0.0000000127* (-1.84)	-0.0000000636*** (-2.82)	-0.0000000635*** (-2.8)	-0.0000000253** (-2.2)
N	5146	5146	5146	5146	5146
LR Chi^2	191.29	218.65	137.84	130.68	197.02

注：表中 *、**、*** 分别表示在 10%、5% 和 1% 的水平上显著，括号内为 T 值。

表 3-5　社会资本对农户民间信贷可得性影响的边际效应（OLS 模型）

项目	(1)	(2)	(3)	(4)	(5)
social	0.264*** (-6.49)				
lnnumber		0.0052367 (0.42)			
lnfestive			-0.0601198*** (-11.37)		
lnredwhite				-0.0491221*** (-9.92)	
lncost					-0.0431876*** (-3.35)
health	0.0503*** (-8.82)	0.0607938*** (6.66)	0.0850783*** (9.33)	0.0837875*** (9.55)	0.1098419*** (8.01)
edu	-0.00448 (-0.82)	-0.0038827 (-0.74)	-0.0054336 (-0.75)	-0.0053512 (-0.75)	-7.02E-03 (-0.75)
age	-0.00265 (-1.36)	0.0012774 (0.63)	0.0017876 (0.63)	0.0017605 (0.63)	0.0023079 (0.63)
age^2	3.42E-08 (0)	-0.0000445** (-2)	-0.0000622** (-2.08)	-0.0000613** (-2.08)	-0.0000804* (-2.08)
lnincome	-0.0107** (-2.64)	-0.0097409*** (-2.64)	-0.013632*** (-2.7)	-0.0134251*** (-2.71)	-0.0175998* (-2.6)
lnasset	-4.14E-09* (-0.77)	-9.88E-09* (-1.59)	-0.0000000138* (-1.75)	-0.0000000136* (-1.74)	-1.79E-08* (-1.58)

项目	(1)	(2)	(3)	(4)	(5)
N	5146	5146	5146	5146	5146
F	22.29	24.45	19.92	20.7	23.18
r^2_a	0.045	0.0451	0.0367	0.0381	0.0427

注：表中 *、**、*** 分别表示在10%、5%和1%的水平上显著，括号内为 T 值。

（3）内生性检验

考虑到社会资本与农户正规信贷和民间信贷可得性之间互为因果关系，可能存在内生性问题，表3-6引入"居住在同一村县其他居民的平均家庭净资产"为工具变量，并采用 IV-Probit 模型进行估计。在考虑模型潜在的内生性问题后，社会资本对获得正规信贷与民间信贷的边际效应分别为0.8686289和-0.0000557，均在1%的水平上显著，说明其显著正向影响农户正规信贷可得性，但显著负向影响民间信贷可得性。可能的原因是，当家庭财富对农户民间信贷影响过大时，社会资本的影响降低。模型的估计系数有较小波动，但影响方向不变。这意味着，随着农户家庭财富、社会资本的积累，其民间信贷可得性会降低。再次印证了前文的估计结果较稳定、可靠。

表3-6　社会资本对农户正规信贷及民间信贷可得性的内生性分析（IV-Probit）

项目	正规信贷		民间信贷	
	social	y1	social	y2
avsocial	0.9878409*** (-2.49)		1.085943*** (1.51)	
social		0.8686289*** (1.48)		-0.0000557*** (1.51)
health	0.1002789** (-1.65)	0.1140413** (1.87)	-0.0185715** (4.67)	0.3318142** (6.11)
edu	-0.0237704 (5.8)	-0.0270327 (-0.39)	0.0621125 (-1.61)	-0.1013767 (-1.35)
age	-0.0034851 (-2.09)	-0.0039634 (-0.23)	-0.0080179 (1.14)	0.0062622 (0.54)

续表

项目	正规信贷		民间信贷	
	social	y1	*social*	y2
age^2	−0.0000943 (1.01)	−0.0001073 (−0.56)	0.000038 (−1.6)	−0.0002189 (−1.78)
ln*income*	−0.0542053* (10.34)	−0.0616445* (−0.73)	0.0810135 (−1.7)	−0.1445675 (−1.49)
ln*asset*	0.1654751** (23.63)	0.1437668** (0.43)	0.1654751** (−1.19)	−0.6030556** (−0.6)
F	235.62		155.59	
Wald test		P=0.000		P=0.053
N	5146	5146	5146	5146

注：表中*、**、***分别表示在10%、5%和1%的水平上显著，括号内为 T 值。

本节使用中国家庭追踪调查 2020 年数据，以社会资本为切入点，探究我国农户信贷可得性问题，利用 2020 年中国家庭追踪调查数据中的相关问题对农户正规信贷可得性进行度量，在核心解释变量社会资本的基础上，控制了农户年龄、健康状况、受教育水平等一系列农户个人特征和家庭特征变量，研究了社会资本对农户正规信贷和民间信贷的影响，得到了以下结论。第一，社会资本显著正向影响农户正规信贷可得性，在解决内生性问题之后，社会资本显著提高了农户正规信贷获得的概率，社会资本水平越高的农户，获得正规信贷支持的可能性越大。第二，社会资本显著正向影响农户民间信贷可得性，社会资本水平越高的农户，获得民间信贷的可能性也越大。但两者比较，社会资本对农户正规信贷可得性的影响要大于民间信贷，从侧面说明当前正规金融机构在农村地区会依赖社会资本作为客户筛选和风险控制的手段之一。第三，现阶段家庭财富提高了农户社会资本的投资，从而也提高了农户信贷的可能性。

第三节　社会资本对农村家庭金融资产配置的影响分析

随着我国农村居民收入水平的提高，农村家庭的投资性需求和金融资产配置需求日益凸显，成为农村金融领域关注的重要问题。党的十九届五中全会中指出，要多渠道增加城乡居民财产性收入，优化家庭金融资产配置、提升财产性收入占家庭总收入的比重对于提升农民收入水平、促进"农民富"具有重要意义。从传统角度来看，农村合作金融主要通过促进农村特定组织成员之间的多种形式合作，解决长期困扰农户的融资难题。但实际上，随着乡村振兴战略的全面推进，城乡差距正在不断缩小，通过成员间的多种合作提升农村家庭财产性收入将成为合作金融的重要补充功能。农村家庭金融资产配置不容忽视的一个因素是农村社会资本的独特性。本节着重考察社会资本对农村家庭金融资产配置行为的影响，从而为拓展农村合作金融服务功能提供重要的补充视角。

一　社会资本对农村家庭金融资产配置影响的机理分析

对于如何有效配置金融资产，经典资产组合模型认为，投资者需同时关注投资风险和预期收益率，最优的资产配置是在既定的风险下实现预期收益的最大化，并且分散投资能够有效降低风险。资本资产定价模型区分了系统风险和非系统风险，非系统风险可以通过分散投资来消除，任何资产的收益率只与市场风险有关。根据上述经典理论，投资者选择何种投资组合，取决于他们对风险的厌恶程度和对收益的偏好态度，在理性人的前提下，家庭既要增加金融资产的持有种类（配置广度）以降低风险，又要将部分财富用于购买风险性金融资产（配置深度）以提高预期收益，最终实现最优配置。但现实中家庭往往不配置任何风险性金融资产，或配置比例低于理论上的最优值，形成风险金融市场的有限参与现象，这一现象在农村地区表现得尤为突出，其根源仍然来自农村金融市场的信息不对称、交易成本高、风险分担不足等系统性缺陷。现阶段我国农村并未脱离熟人社会，社会资本作为资源配置的替代机制，是揭示我国农村风险金融市场参与不足和家庭金融资产配置行为的重要视角。

社会资本通常是指行为主体与社会的各种关联以及以这种关联为基础获得各种稀缺资源的能力。作为物质资本与人力资本之外的一种资源集合体，社会资本是经济运行的"润滑剂"，有助于促进资源的有效配置。社会资本对农村家庭金融资产配置的影响机制如图3-3所示。

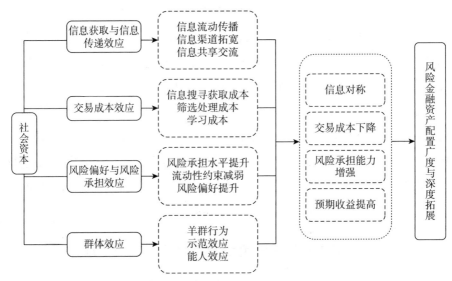

图3-3　社会资本对农村家庭金融资产配置的影响机制

（一）信息获取与信息传递效应

家庭金融资产配置决策是一个十分复杂的过程，投资者需要具备搜集、整理、分析金融信息的能力，信息获取与处理是投资决策的前置条件。然而，由于农村金融市场具有高度的信息不对称，农村家庭对资产配置的重要性不了解，缺乏投资技能和金融知识，即使能够获得信息也无法进行有效的筛选和处理，因此很难做出金融资产配置决策。我国农村家庭普遍存在金融信息获取渠道狭窄、金融知识匮乏等问题，农村家庭理财意识淡薄，财产管理能力不足，资产配置失衡。我国农村地区社会经济活动具有一定的社群性和封闭性，社会网络在获取信息和社会资源等方面具有优势，同时在网络结构内部亦起到扩散信息的作用。第一，基于传统亲缘和地缘关系的农村社会网络有利于信息共享和传递，社会网络中的信息流动充分且传播有效，能显著降低信息不对称程度，弥补金融信息获取不足的问题。第二，由于网络通信技术的迅速发展，农村社会资本的半径显著扩大，人口流动进一步促成金融信息获取渠道的拓宽，社会资本丰富的农村家庭有机会获得更多金融知识、信息和服务，并在社会网络的作用下进一步促进这些信息的传递与共享；更广泛的社会互动带来机会和信息优势，对投资决策产生积极影响。第三，我国农村社会人际信任和制度信任水平较高，人际信任对于金融信息和知识传播起到了良好的催化作用，使人们更愿意分享交流自己的知识信息；而较高水平的制度信任使得人们倾向于相信和接受来自正规金融机构的信息，相信政府对金融市场的规范与监管。研究表明，信息获取是社会资本影响居民参与金融市场的重要渠道，社会网络可以有效缓解投资信息缺乏对金融资产配置的不利影响，促进农村家庭配置风险性金融资产的决策，信息来源的多样化客观上也拓展了金融资产配置的广度。

（二）交易成本效应

家庭金融投资的目的在于通过资产的跨期配置实现效用最大化，居民是否持有风险性金融资产与交易成本直接相关，当交易成本高于预期收益时，居民就会退出金融市场交易。农村地区由于信息不对称、信息渠道狭窄、金融可得性不足、人力资本水平较低等原因，金融资产交易成本高，农村家庭配置风险性金融资产受阻。社会资本作为物质资本与人力资本的重要补充，可以通过多种途径降低金融资产交易成本。第一，农村社会网络有助于信息的双向流动，提高信息对称程度，是重要的信息获取渠道。农村经济活动普遍依赖社会网络进行，社会资本充当了金融资产配置信息获取与信号传递的替代机制，有效降低了信息搜寻和获取成本。社会网络内的示范效应简化投资决策过程，促进农村家庭金融资产配置的决策实施，降低信息匹配成本。第二，家庭风险性金融资产配置依赖于对金融信息的筛选和处理，农民普遍受教育程度不高，金融素养不足，金融知识匮乏，很难对获取的金融信息进行有效筛选和处理。当信息筛选和处理成本较高时，依靠他人信息如与群体成员直接交流或参照他人的投资决策，就成为可行策略。农村社会网络互动频繁，信息共享充分，而且社会关系中的高度信任使得金融资产配置的决策信号传递迅速，有助于降低信息筛选和处理成本。第三，金融信息筛选和处理的过程要求投资者具备足够的金融知识和素养，金融知识能帮助投资者了解金融市场和金融产品，促进投资决策。社会资本的信号传递功能可以简化学习过程，促进不同社会群体之间的知识交流和信息共享，降低学习成本。

（三）风险偏好与风险承担效应

风险态度是解释个体金融资产配置差异的主要因素，通常认为影响风险态度的因素包括个体特征（如年龄、性别、受教育程度等）、财富状况和背景风险等。尽管风险态度具有很强的主观性，不易判断和度量，但众多证据表明农村居民风险厌恶程度较高，不愿意承担风险性金融资产带来的不确定性，导致农村家庭不愿意配置风险性金融资产。对比城市地区，我国农村社会相对封闭，农民受教育程度偏低，传统保守观念和小农思想长期存在，农村家庭的风险观念趋于保守；农村地区社会保障水平、医疗保障水平和保险覆盖程度较低，农民自身抗风险的能力较弱，农村家庭对风险损失更为敏感；农业生产的弱质性和高风险性使得农村家庭收入具有较高的不确定性，收入不稳定和财富水平较低也降低了农民的风险偏好，使得农民不愿意持有风险性金融资产。财富能力、收入水平、农业经营风险以及社会保障等因素同时影响了农民的风险承担水平，多数农户具有强烈的风险规避意识，更愿意持有现金和银行存款等无风险性金融资产。社会资本则有助于提升农村家庭的风险偏好和风险承担水平。第一，社会网络是农村家庭重要的风险分担渠道，基于血缘、亲缘和地缘的紧密联结以及邻里互助是我国农村社会的基本特征，有效缓冲了生产收入风险对家庭生产生活的临时性冲击，从而提升了农村家庭的风险偏好和风险承担水平。第二，社会资本可以通过缓解流动性约束改变家庭风险态度，信贷约束越紧意味着投资者持有风险资产的比例越低。无论是正规金融机构还是非正规金融机构，都倾向于向具有良好社会资本的农户提供信贷，他们遭受的信贷约束程度也相对较低，有利于家庭风险资产配置。第三，农村社会资本在促进信息流动和共享的同时，打破了原有的保守观念，对于提升风险偏好具有积极作用，而风险偏好较强的家庭更容易持有风险性金融资产。第四，社会信任水平的提升能强化农村家庭投资信心和风险承担能力，农户更信任在遭遇风险时获得他人和社会福利帮助，处于较强关系网络下的居民，其对于投资风险的主观感知程度和绝对风险规避程度都趋于下降，因此社会网络能促进居民的金融市场参与。

（四）群体效应

农村社区相对封闭，熟人社会互动较为频繁，同时农村家庭普遍缺乏金融知识和素养，无法筛选和处理复杂的金融信息，因此在进行金融资产配置时更容易形成"群体效应"，社会信任水平高的个体更愿意选择相信周边成员的决策行为，因而产生大量的同质性行为（臧日宏和王宇，2017）。行为金融学认为金融市场投资容易产生"羊群行为"，单个投资者并不总是能根据相关信息独立地做出判断，其投资决策往往依据其他同类投资者的行动而产生。农村家庭资产配置的决策更依赖于社会网络等非正式信息获取渠道，这些信息在传递的过程中已经经过了筛选和处理，在社会信任的作用下，单个家庭投资具有"示范效应"，能够带动社区成员跟随投资。村民长时间在相对封闭的社会网络内频繁互动交流，会影响投资者的态度和决策，社会资本水平越高，社会互动则越充分，其受示范效应的影响也会越大，社会互动的示范效应对家庭金融资产配置行为产生积极影响。另外，在乡村振兴战略和城镇化推进过程中，农村家庭社会资本还具有明显的异质性，一部分乡村精英拥有更高的收入和丰富的社会资本，能够获得更多的经济资源和信息渠道，其自身拥有良好的认知能力和受教育水平，因此乡村精英参与风险金融市场的概率和持有风险性金融资产的比例相对较高，同时乡村精英在社会资本中的核心地位促使"能人效应"发挥，带动农村家庭金融资产配置广度和深度的拓展（陈虹宇和周倬君2021）。

二　社会资本对农村家庭金融资产配置影响的实证分析

（一）研究设计

1. 数据来源

本文数据来源于中国家庭金融调查（China Household Finance Survey，CHFS）2017 年数据，调查样本包含除新疆、西藏、香港、澳门、台湾外的 29 个省（区、市）355 个区县 1428 个村（居）委会，家庭样本总规模为40011个，其中农村家庭20989个，在剔除重要变量遗失和异常值后，最终获得有效农村家庭样本9045个。该调查内容包括家庭人口统计学特征，资产与负债，保险与保障，支出与收入，金融知识、基层治理与主观态度，家庭成员教育六大类信息，涵盖的家庭金融数据维度较为全面。

2. 变量选择

本文从三个方面研究社会资本对农村家庭金融资产配置的影响：一是社会资本对农村家庭金融资产配置决策的影响；二是社会资本对农村家庭金融资产配置的深度和广度的影响；三是社会资本影响农村家庭金融资产配置的中介效应。

（1）被解释变量。一是"农村家庭金融资产配置决策"（findecision），以是否持有股票、基金、债券、金融衍生品及互联网金融产品等风险性金融资产来衡量，至少持有一种风险性金融资产取值为1，否则取值为0。二是"农村家庭金融资产配置深度"（finratio），以股票、基金、债券、金融衍生品、互联网金融产品等风险性金融资产占总金融资产的比重来衡量。三是"农村家庭金融资产配置广度"（finkind），以家庭持有风险性金融资产的种类来衡量，持有一种风险性金融资产取值为1，以此类推，当持有风险性金融资产的种类等于或超过5种时，取值为5。

（2）解释变量。社会资本具有维度和内容上的复杂性，为了综合全面考察社会资本对农村家庭金融资产配置的影响，且便于实证分析，本文根据红白喜事支出（socapital1）、节假日礼金支出（socapital2）、通信费用支出（socapital3）的对数，以及家庭成员数量（socapital4）等变量，利用主成分分析法构造了社会资本综合指数。首先，将四个变量进行主成分分析，计算得出成分矩阵，并且在四个变量中提取出三个成分。由成分矩阵的三个成分得到三个因子的总方差解释，根据旋转载荷平方和的方差百分比，因子1的方差百分比为37.296%，因子2为25.616%，因子3为25.078%。根据成分得分系数矩阵，进一步得到三个因子的得分公式，最终得到解释变量社会资本 $Z_1 = 0.373F_1 + 0.256F_2 + 0.251F_3$。

（3）控制变量。借鉴已有文献，控制变量主要考虑家庭特征、户主特征和地区特征变量，选取家庭总收入、家庭总资产、户主年龄、性别（男性取值为1，女性取值为2）、健康状况（与同龄人相比当前身体状况非常好取值为1，好取值为2，一般取值为3，不好取值为4，非常不好取值为5）、受教育程度（根据户主文化程度赋值，没上过学取值为1，小学取值为2，初中取值为3，高中取值为4，中专或职高取值为5，大专或高职取值为6，本科取值为7，硕士研究生取值为8，博士研究生取值为9）、婚姻状况（已婚取值为1，未婚取值为0）、信任程度（对陌生人非常信任取值为1，比较信任取值为2，一般取值为3，不太信任取值为4，非常信任取值5）和地区（东部地区取值为1，中部地区取值为2，西部地区取值为3）9个控制变量。

（4）中间变量。为进一步探究社会资本影响农村家庭金融资产配置的中介效应，选取"风险偏好"和"信息获取能力"两个中间变量。"风险偏好"取值范围为1~5，选择高风险、高回报投资项目取值为1，略高风险、略高回报项目取值为2，平均风险、平均回报项目取值为3，略低风险、略低回报项目取值为4，不愿意承担任何风险取值为5。"信息获取能力"取值范围也在1~5，对财经信息非常关注取值为1，很关注取值为2，一般取值为3，很少关注取值为4，从不关注取值为5。

根据以上变量选择，对样本数据进行初步处理，筛选出符合条件的样本，得到与农村家庭社会资本、家庭金融资产配置决策及行为相关的观测值9045个，变量描述性统计如表3-7所示。结果显示，农村家庭金融资产配置决策均值为0.145，农村家庭金融资产配置深度的均值为0.039，农村家庭金融资产配置广度的均值为1.283，表明当前我国配置风险性金融资产的农村家庭数量较少，配置深度与广度都很有限。

表3-7　变量描述性统计

变量	符号	样本数量（个）	平均值	标准差	最小值	最大值
农村家庭金融资产配置决策	*findecision*	9045	0.145	0.352	0	1
农村家庭金融资产配置深度	*finratio*	9045	0.039	0.148	0	1
农村家庭金融资产配置广度	*finkind*	9045	1.283	0.829	0	5

变量	符号	样本数量（个）	平均值	标准差	最小值	最大值
社会资本	Z_1	9045	4.488	0.561	2.753	6.406
红白喜事支出	socapital1	9045	7.546	1.125	2.079	12.610
节假日礼金支出	socapital2	9045	7.127	1.144	2.079	13.020
通信费用支出	socapital3	9045	4.992	0.954	0	9.210
家庭成员数量	socapital4	9045	1.899	1.314	0	10
风险偏好	riskpre	9045	3.812	1.219	1	5
信息获取能力	message	9045	4.161	1.099	1	5
家庭总收入	totalincome	9045	10.770	1.444	−2.288	15.420
家庭总资产	totalasset	9045	12.680	1.849	0	17.220
地区	area	9045	1.775	0.827	1	3
户主年龄	age	9045	45.730	22.050	3	120
性别	gender	9045	1.495	0.500	1	2
健康状况	health	9045	2.427	1.021	1	5
受教育程度	educulture	9045	3.476	1.788	1	9
婚姻状况	mari	9045	0.786	0.410	0	1
信任程度	trust	9045	3.961	0.934	1	5

3. 模型设定

根据研究问题及样本数据特点，选取 Probit 模型、OLS 模型及 Tobit 模型进行相关实证分析。研究家庭金融资产配置决策是典型的二值结果问题，适宜采用 Probit 模型，该模型属于非线性模型，服从正态分布，以下是模型的表达式：

$$findecision = aZ_1 + b_i \sum control_i (findecision = 0 | findecision = 1) \tag{8}$$

其中，findecision 代表是否持有风险性金融资产，是取值为 1，否取值为 0；a 和 b 为参数，Z_1 代表解释变量社会资本，$control_i$ 代表各控制变量。

研究社会资本对农村家庭金融资产配置深度的影响，被解释变量是连续性变量，适宜采用 OLS 模型进行多元线性回归分析，该模型是解决曲线拟合问题最常用的方法，以下是该模型的表达式：

$$f(x) = b_1 t_1(x) + b_2 t_2(x) + \cdots + b_m t_m(x) \tag{9}$$

其中，$t_m(x)$ 是事先选定的一组线性无关函数，b_m 是待定系数。以下是本文研究问题的模型表达式：

$$finratio = aZ_1 + b_i \sum control_i \tag{10}$$

其中，$finratio$ 代表农村家庭金融资产配置深度，即风险性金融资产占全部金融资产的比重。

研究社会资本对农村家庭金融资产配置广度的影响，以持有风险性金融资产种类（$finkind$）为被解释变量，数据在一定范围内取值，适宜采用 Tobit 模型，本文 Tobit 模型属于右归并数据，有右侧受限点，模型设定如下：

$$y_i^* = \beta Z_{1i} + u_i, u_i \sim N(0, \sigma^2) \tag{11}$$

$$y_i^* = \begin{cases} y_i^*, y_i^* < 5 \\ 5, y_i^* \geq 5 \end{cases} \tag{12}$$

当 y_i^* 小于 5 时，被解释变量等于 y_i^*；当 y_i^* 大于等于 5 时，被解释变量等于 5，同时假设扰动项 u_i 服从均值为 0、方差为 σ^2 的正态分布。

（二）实证分析

1. 社会资本对农村家庭金融资产配置的影响

本文从农村家庭金融资产配置决策、深度及广度三个维度分析了社会资本对农村家庭金融资产配置的影响（见表3-8）。社会资本对农村家庭金融资产配置决策、深度及广度的影响均在1%的水平上显著。其中，社会资本对农村家庭是否持有风险性金融资产的边际效应达到0.4595，表明社会资本每提高1个百分点，农村家庭持有风险性金融资产的概率提高0.4595个百分点，农村家庭拥有的社会资本越多，越倾向于持有风险性金融资产。社会资本对农村家庭金融资产配置深度的边际效应为0.002，表明社会资本对配置深度具有正向促进作用。社会资本对农村家庭持有金融资产种类的边际效应为−0.0044，表明社会资本微弱降低了家庭金融资产配置的广度，这可能是由于农村家庭持有金融资产的种类普遍很少，均值仅为1.283，社会资本较高的家庭，可能受群体效应影响，反而更倾向于提高投资集中度；另外，风险性金融资产组合更为复杂，不易受到社会资本的影响。

表3-8 社会资本对农村家庭金融资产配置决策、深度及广度的影响

项目	（1）Probit *findecision*	（2）OLS *finratio*	（3）Tobit *finkind*
Z_1	0.4595 *** （5.0463）	0.002 *** （5.0564）	−0.0044 *** （−4.2271）
totalincome	0.1761 *** （2.8489）	0.0043 *** （2.6016）	0.0051 *** （3.4419）
totalasset	0.1865 *** （3.6418）	0.0025 *** （4.8757）	0.0188 *** （−5.1579）
area	−0.1469 ** （−2.0789）	−0.0037 *** （−4.6954）	−0.0345 *** （−4.3526）
age	0.0005 （0.1575）	−0.0001 * （−1.7683）	−0.0002 （−0.3336）
gender	−0.1153 （−1.1233）	−0.0025 （−0.8053）	0.0270 * （1.2456）
health	0.0150 *** （3.2715）	0.0044 *** （3.6751）	0.0114 ** （2.0041）
educulture	0.0429 *** （4.5431）	−0.0011 （−1.2322）	0.0029 *** （5.4745）
mari	−0.0380 （−0.2778）	−0.0040 （−0.9729）	0.0054 （0.1877）
var（*e.finkind*）			0.2304 *** （31.3767）
Constant	−7.8562 *** （−9.4228）	−0.0606 *** （−2.8096）	1.2296 *** （8.2868）
Observations	8251	8251	8251
R-squared		0.0190	
F test	0.0000	0.0006	0.1780
r2_a		0.0130	
F		3.2400	

注：各变量对应的数值为边际效应，括号内为 T 值或 Z 值，*、**、*** 分别表示在 10%、5%、1%的水平上显著。

　　控制变量的实证结果显示，家庭总收入、家庭总资产、地区和健康状况对农村家庭金融资产配置的决策、深度和广度均具有显著影响。其中，农村家庭拥有的财富越多，越容易做出风险性金融资产持有决策，提高风险性金融资产持有比例，持有更多种类的金融资产。经济越发达地区，农村家庭越倾向于配置风险性金融资产，配置的深度和广度也越高。健康状况对农村家庭金融资产配置也具有正向促进作用，居民健康水平高则抵御未来不确定性的能力强，更倾向于持有风险性金融资产。受教育程度对农村家庭金融资产配置决策和配置广度具有正向促进作用。

　　2. 内生性讨论

　　农村家庭配置金融资产的决策、深度和广度与家庭财富有重大关系，富有的家庭有能力负担更多的节假日礼金支出和通信费用支出，因此家庭金融资产配置与社会资本可能具有反向因果关系；而且由于研究的关注点不同，模型有可能出现遗漏变量造成的潜在内生性问题。本文使用工具变量法处理模型的内生性问题，选用"在本地居住时间""是否党员"作为社会资本的工具变量。在本地居住时间越长，社会网络越丰富，社会信任度越高，积累的社会资本越多；农村地区党员通常是当地表现优秀、具有较高社会声望和认可度的乡村能人，也拥有更多社会资本。显然两个变量均与社会资本相关，但在通常的认知中，两个变量与家庭金融资产配置行为均无关，符合工具变量特征。

　　内生性检验及回归结果如表3-9所示。由表3-9可知，Hausman检验的p值结果分别为0.0001、0.0049、0.0000，故在5%的显著性水平上拒绝"所有解释变量均为外生的"原假设，认为Z_1为内生变量；异方差稳健的DWH检验p值也均小于0.05，同样表明Z_1为内生变量，需要进一步采用工具变量法进行OLS回归检验。由于第一阶段回归的两个工具变量的联合显著性F统计量均超过10，故认为不存在弱工具变量。对工具变量进行Overid检验后的p值大于0.05，由此我们认为"在本地居住时间"和"是否党员"外生，与扰动项不相关。采用工具变量对模型再次回归分析，结果显示，在1%的显著性水平下，社会资本依然通过了显著性检验，且因变量的回归系数与基础回归结果相近，表明社会资本对农村家庭金融资产配置有显著的促进作用，拥有更多社会资本的农村家庭，更易做出持有风险性金融资产的决策，并提高风险性金融资产的比例。

表 3-9　内生性检验及回归结果

项目	(1) IV-Probit *findecision*	(2) IV-Regression *finratio*	(3) IV-Tobit *finkind*
Z_1	0.6050 *** (5.2873)	0.0006 *** (4.1656)	-0.0249 *** (-4.2201)
totalincome	0.3105 *** (10.2729)	0.0114 *** (5.5136)	0.0489 *** (4.5159)
totalasset	0.2708 *** (11.7013)	0.0157 *** (9.3215)	0.0779 *** (9.1423)
area	-0.1298 *** (-4.1078)	-0.0079 *** (-3.0010)	-0.0711 *** (-5.1162)
age	-0.0026 * (-1.6463)	0.0002 (1.1823)	-0.0002 (-0.2603)
gender	-0.0758 (-1.5765)	0.0024 (0.5906)	0.0169 (0.7878)
health	-0.0082 * (-1.7961)	0.0003 ** (2.1489)	0.0185 *** (4.5835)
educulture	0.0005 ** (2.0378)	0.0002 ** (2.1855)	0.0010 *** (4.1624)
mari	-0.0559 (-0.8371)	-0.0023 (-0.4214)	0.0029 (0.0990)
var (e.finkind)			0.5545 *** (49.1817)
Constant	-8.0106 *** (-20.5861)	-0.2980 *** (-10.4475)	-0.1558 *** (-10.0523)
Observations	8251	8251	8251
R-squared		0.0660	
F test	0.0000	0.0000	0.0000
r2_a		0.0634	
F		28.5000	

续表

项目	（1） IV-Probit *findecision*	（2） IV-Regression *finratio*	（3） IV-Tobit *finkind*
Hausman 检验（p）	0.0001	0.0049	0.0000
DWH 检验（p）	0.0001（Chi^2）	0.0048（Chi^2）	0.0000（Chi^2）
	0.0002（F）	0.0046（F）	0.0000（Chi^2）
Overid 检验（p）	0.6934	0.7410	0.8254
工具变量系数联合 显著性的 F 统计量	25.8975	14.7034	16.9812

注：各变量对应的数值为边际效应，括号内为 T 值和 Z 值，*、**、*** 分别表示在 10%、5%、1%的水平上显著。

3. 稳健性检验

本文通过替换模型进行稳健性检验，基础回归中社会资本对农村家庭金融资产配置决策的影响采用 Probit 模型得出，假设随机扰动项服从正态分布，因此稳健性检验采用 Logit 模型来替换 Probit 模型。Logit 回归结果显示，社会资本对农村家庭金融资产配置的决策影响依然显著，且回归系数较 Probit 模型没有太大改变。

为进一步检验工具变量法的稳健性，本文尝试用增加控制变量的方法检验回归结果是否稳健。信任是社会资本的一种重要形式，已有研究认为信任水平能够影响个人投资行为，金融市场参与程度随着信任水平的提高而提升，因此我们推断户主对陌生人的信任感越强，越有可能持有风险性金融资产。根据问卷中"对陌生人的信任感"设置了 *trust* 变量，加入模型检验，结果显示信任对参与风险性金融资产投资具有正向促进作用。加入控制变量之后，回归结果与之前相比没有大变化，说明回归结果是稳健的。①

4. 社会资本对农村家庭金融资产配置的中介效应分析

为深入解释社会资本影响农村家庭金融资产配置的作用渠道和机制，

———————

① 限于篇幅，稳健性检验的具体结果从略。

本文采用逐步回归法研究社会资本与农村家庭金融资产配置之间的中介效应。理论分析表明，社会资本通过提高风险偏好和促进信息获取与传递来影响农村家庭金融资产配置，因此本文重点对风险偏好和信息获取能力两种中介效应进行实证检验。

（1）社会资本、风险偏好与农村家庭金融资产配置

对于风险偏好变量，对 CHFS 问卷中"如果您有一笔资金用于投资，您最愿意选择哪种投资项目"问题剔除缺失值可以得到，选择"高风险、高回报"的受访户取 1，选择"略高风险、略高回报"的受访户取 2，这两类受访者被视为风险偏好者；选择"平均风险、平均回报"的受访户取 3，这类受访者是风险中性者；选择"略低风险、略低回报"的受访户取 4，选择"不愿意承担任何风险"的受访者取 5，这两类受访者被视为风险规避者。

社会资本、风险偏好与农村家庭金融资产配置的回归结果如表 3-10 所示。表中第（1）列数据显示，社会资本对风险偏好具有正向促进作用，拥有更多社会资本的农村家庭，其风险偏好更高，更倾向持有高风险、高回报的金融资产。第（2）列回归结果显示，社会资本、风险偏好在 1% 的显著性水平上对农村家庭金融资产配置决策产生影响，表明社会资本通过降低农村家庭的风险感知度、提升风险偏好，激发农村家庭持有风险性金融资产的意愿。在加入"风险偏好"中间变量后，其他控制变量的系数和显著性没有发生较大的变化。第（3）列回归结果显示，在 1% 的显著性水平上，社会资本通过提高风险偏好对农村家庭金融资产配置深度起到促进作用，社会资本为农村家庭抵御风险提供了隐性保障，使其具有更高的风险容忍度，因此风险性金融资产的持有比例提高。第（4）列回归结果显示，风险偏好通过了 5% 的显著性水平检验，社会资本的影响则不显著，表明偏好风险的家庭持有更多种类的金融资产，具有一定的风险分散意识，但并未表明社会资本通过提高风险偏好影响农村家庭金融资产配置广度，可能的原因在于农村家庭金融资产配置广度过低，导致结果不显著。

表 3-10　社会资本、风险偏好与农村家庭金融资产配置的回归结果

项目	（1） riskpre 1	（2） findecision 1	（3） finratio 2	（4） finkind 3
riskpre		-0.1707 *** （-5.7457）	-0.0003 *** （-4.2481）	-0.0172 ** （-2.4943）
Z_1	-0.1003 *** （-4.4606）	0.1825 *** （3.4429）	0.0049 *** （2.9725）	-0.0084 （-1.0950）
totalincome	0.0108 *** （4.6998）	0.1338 *** （3.6767）	0.0058 *** （4.0561）	-0.0015 （-0.1302）
totalasset	0.0041 *** （6.2902）	0.1686 *** （4.8742）	0.0037 *** （2.8997）	-0.0286 *** （-2.6997）
area	-0.0278 *** （-4.1882）	-0.1492 *** （-2.9006）	-0.0015 *** （-4.7318）	-0.0038 （-0.2147）
age	0.0053 *** （4.2169）	-0.0002 （-0.0674）	0.0001 （1.0532）	-0.0002 （-0.2455）
gender	0.0008 （0.0206）	-0.0067 （-0.0859）	0.0016 （0.5103）	-0.0028 （-0.1000）
health	-0.0349 * （-1.8061）	-0.0399 （-0.9151）	0.0012 ** （2.6769）	-0.0308 ** （-2.1181）
educulture	0.0087 （0.8481）	0.0121 （0.5583）	0.0001 （0.1619）	0.0144 * （1.8616）
mari	0.0110 （0.2381）	-0.0672 （-0.6963）	0.0007 （0.1834）	0.0351 （1.0137）
Constant	4.4420 *** （20.1605）	-5.2835 *** （-9.9753）	-0.1447 *** （-6.9077）	1.7213 *** （9.9597）
Observations	8251	8251	8251	8251
R-squared	0.0090		0.0450	
F test	0.0206	0.0000	0.0000	0.0466
r2_a	0.0050		0.0395	
F	2.1830		7.6240	

注：各变量对应的数值为边际效应，括号内为 T 值和 Z 值，*、**、*** 分别表示在 10%、5%、1%的水平上显著。

（2）社会资本、信息获取能力与农村家庭金融资产配置

"信息获取能力"变量根据 CHFS 问卷中"您平时对经济、金融方面

的信息关注程度如何"问题得到,选择"非常关注"的受访者取1,"很关注"取2,这两类被视为信息获取能力较强家庭;选择"一般"取3,这类被视为信息获取能力中等家庭;"很少关注"取4,"从不关注"取5,这两类被视为信息获取能力较弱家庭。

社会资本、信息获取能力与农村家庭金融资产配置的回归结果如表3-11所示。表中第(1)列数据显示,社会资本对信息获取能力的影响系数为-0.0312,表明社会资本越多的农村家庭获取信息的能力越强,具有正向促进作用。第(2)列结果显示,在1%的显著性水平上,社会资本能够显著提升家庭的信息获取能力,使其倾向于持有风险性金融资产。第(3)列结果显示,在5%的显著性水平上,信息获取能力对农村家庭金融资产配置的深度具有正向促进作用;在1%显著性水平上,社会资本通过提高信息获取能力来提升农村家庭金融资产配置深度。第(4)列结果显示,信息获取能力促进了农村家庭金融资产配置广度的提升,在加入"信息获取能力"变量后,社会资本对农村家庭金融资产配置的广度具有正向影响,验证了社会资本能够拓宽农村家庭信息获取渠道,帮助农户更多地了解金融产品,丰富金融知识,增加持有金融资产的种类,提高金融资产配置的广度。

表3-11 社会资本、信息获取与农村家庭金融资产配置的回归结果

项目	(1) message 1	(2) findecision 1	(3) finratio 2	(4) finkind 3
message		-0.1355 *** (-2.7095)	-0.0017 ** (-2.1500)	-0.0035 *** (-3.2486)
Z_1	-0.0312 *** (-5.5525)	0.2664 *** (4.3450)	0.0010 *** (3.0487)	0.0023 *** (3.1316)
totalincome	0.0434 *** (2.9737)	0.1415 *** (3.3615)	0.0023 *** (3.0474)	0.0131 *** (4.0506)
totalasset	0.0032 *** (3.2573)	0.1071 *** (2.7753)	0.0018 *** (3.5974)	0.0104 *** (5.9676)
area	0.0347 *** (3.5862)	-0.2121 *** (-3.3456)	-0.0023 ** (-2.1428)	0.0095 *** (3.5063)

续表

项目	(1) message 1	(2) findecision 1	(3) finratio 2	(4) finkind 3
age	0.0011 (0.9318)	−0.0020 (−0.6326)	0.0001 (1.1415)	0.0000 (0.0051)
gender	−0.0404 (−1.1607)	−0.0931 (−1.0033)	−0.0016 (−0.9445)	−0.0160 (−0.5375)
health	0.0147 (0.8142)	−0.0853* (−1.6495)	0.0005 (0.5554)	−0.0033 (−0.2132)
educulture	−0.0195** (−1.9953)	−0.0303 (−1.1362)	−0.0008 (−1.5852)	0.0165** (1.9660)
mari	−0.0219 (−0.4961)	0.0083 (0.0706)	−0.0010 (−0.4353)	0.0265 (0.7021)
Constant	3.8010*** (18.3692)	−5.8322*** (−8.6800)	−0.0392*** (−3.2746)	1.5526*** (8.3799)
Observations	8251	8251	8251	8251
R-squared	0.0050		0.0310	
F test	0.0256	0.0000	7.64e−06	0.4710
r2_a	0.0026		0.0240	
F	2.1090		4.2500	

注：各变量对应的数值为边际效应，括号内为 T 值和 Z 值，*、**、*** 分别表示在 10%、5%、1% 的水平上显著。

合理配置家庭金融资产是增加农民财产性收入、促进共同富裕的重要途径，本节重点关注社会资本对农村家庭金融资产配置决策、配置广度和配置深度的影响。研究结果表明：当前我国农村家庭持有风险性金融资产的比例、配置深度和配置广度处于较低水平，在控制农村家庭特征、户主个人特征和地区特征等变量后，社会资本对农村家庭金融资产配置的决策以及配置深度具有显著的促进作用，但对配置广度的促进作用并不明显，表明当前农村家庭持有的风险性金融资产种类较为单一，尚不能通过资产组合方式优化家庭金融资产配置。影响机制分析表明，风险偏好和信息获取能力是影响农村家庭金融资产配置的重要因素，社会资本能够改变农村家庭的风险偏好与信息获取能力。结果显示，社会资本提升了农村家庭风险偏好和风险承担能力，促使农村家庭更偏好持有风险性金融资产，配置深度有所提升，但对配置广度的影响较弱。另外，社会资本通过提升农村家庭的信息获取能力对金融资产配置产生正向的促进作用，社会资本越丰富的家庭信息获取能力越强，对金融产品与金融知识的了解程度越高，越倾向于持有风险性金融资产，配置深度和广度都有所拓展。

第四节　社会资本对农村合作金融组织生成与运行的影响

一　农村合作金融组织中的社会资本功能

社会资本既可以指获取的资源，也可以指个人获取资源的能力，其基本要素包括关系网络、规范、信任、行动共识等，它通过协调组织成员行动、促进人与人的合作来提高社会效率。农村合作金融组织中的社会资本具有以下功能。

1. 农村社会网络功能

农户的经济行为是嵌入农村社会网络中的，所以人际关系会影响经济行动。在特定的社会关系网络中，由于成员间的紧密联结，社会资本能促进经济信息的传播，每一个成员通过直接或间接的交往获得更全面的信息，减少了信息不对称和信息传递的市场失灵。农村合作金融组织一般以村庄、乡镇为单位，组织内部成员相互熟识或可以进行便捷沟通获得彼此财产、信用等信息，这种信息是农村合作金融组织的最大优势。

2. 农村社会规范功能

农村社会规范是指适用于农村特定地域、村民共同认可和遵守的道德规范。如果村民有违反社会规范的行为，会受到社区内舆论压力和良心的谴责，因此社会资本本身具有监督功能。社会资本作为一种资源，可以充当物质抵押品的替代品，成员间基于关系形成非正式规范，通过隐形的奖惩机制约束成员行为并实施有效监督。已有研究表明，典型的农村合作金融组织违约率通常较低，这是由于村民长期生活在一起，社区共同道德信念和价值标准形成很强的约束能力。一旦有人违约将受到惩罚，遭到其他村民的排斥，很难在熟人社会中立足，农村社会规范对借款人行为的约束力很大。

3. 农村社区信任功能

传统社会中的信任以个人为基础，社会信任停留在熟人和地域层面，形成特殊的社区信任。这种信任更多地体现为人际关系，而非人与制度的关系。依赖于社会网络形成的规范和准则，得到组织成员的共同遵守和认同，促进了社会信任的产生，提高了声誉水平，有利于集体行动协调。在关系更为紧密的传统社会中，社会资本能促进成员间人际信任的强化，从而降低交易成本。农村合作金融组织的优势在于资金供给者与资金需求者处于农村社区结构中，社会资本所聚合的社区信任能够有效维系组织运行，同时社区信任也有利于现代社会信用制度在农村地区的完善。

二　社会资本是农村合作金融组织生成的基础

农村合作金融机构的设立与运行需要成员间具有坚实的共同纽带，一般而言，共同纽带主要有三种类型：一是基于亲缘、地缘的社区型联结，二是基于业缘的职业型联结，三是基于各类社会团体组织的社团型联结，这三种纽带都来自社会资本。农村合作金融组织与其他类型金融机构的核心区别在于前者具有严格的边界性，原则上只为组织成员提供金融服务，因此设立农村合作金融组织的前提是成员间具有清晰的共同纽带联结。只有成员间经过长期互动，相互了解，建立足够的信任，才能在金融合作中进行有效的筛选和监督，从而维持农村合作金融组织的正常运行。当前我国大多数新型农村合作金融组织是一种内生性的自组织，社会资本对其生成与治理产生重要影响，农村合作金融组织通过农村社会网络获得借贷双方的信用状况、还款能力等软信息，可减少信息不对称、引导成员主观行为，从而对农村合作金融组织的发展起到促进作用（廖媛红，2012）。另外，社会资本有助于金融机构识别贷款对象的信用状况，对客户进行筛选，是正规金融机构在农村金融市场上的有效风控手段，社会资本的利用有利于缓解农户融资困境。

从农村合作金融组织的发起人角度考察，社会资本也具有重要的影响。实践表明，目前我国农村合作金融组织的发起人一般是拥有特殊资源的乡村精英，如村干部、技术人员、专业大户等，他们具有丰富的社会资本。在政策允许的范围内，他们通过组建农村合作金融组织或在专业合作社内部进行资金互助，在一定范围内将农民组织起来，调剂资金余缺，也为自己寻找正当的获利机会（朱乾宇等，2015）。这些发起人通常拥有金融组织设立所需的物质资本，同时具有比较广泛的社会网络和较高的个人威信，有助于建立发起人与社员之间的信任关系。项目组对吉林省合作社的调查数据显示，合作社发起领办人多为乡村精英或种养大户，农民合作社由种养大户领办的占 56.12%，乡村干部牵头领办的占 20.12%，[①] 这些乡村精英或种养大户相较于普通农户具有更多的社会资本。从调查数据可以看出，发起人社会资本是合作社形成的重要基础，农村合作金融组织的发起设立与社会资本有紧密联系。

三　社会资本影响合作金融意愿的分析

本节考察社会资本对农户参与合作金融意愿的影响。从理性人角度来看，农户参与合作金融的动机当然是获得经济利益，农户是否愿意加入农村合作金融组织，取决于成本收益等经济因素（董晓林等，2013）。农户对不同渠道资金成本（利率、使用时间、可获得性等）的比较，决定了其对融资渠道的选择；楼栋等（2013）从经济因素出发，认为合作社社员经营规模、资金需求缺口、入社时间、资金互助认知度及其感知到的当地资金互助成熟度等因素会显著影响社员参与合作金融的意愿。但仅从理性人的经济因素角度分析农户参与合作金融的意愿并不充分，因为农村合作金融组织作为一种特殊的组织形式，内嵌于特定的社区和网络，不能忽视非经济因素的血缘、地缘等社会资本对农户行为的影响。

社会资本产生于特定的社会网络，社会网络的稳定性和封闭性有助于交易信息的传播，减少农户在正规信贷市场常见的信息不对称，提升农户参与合作金融的意愿；人们在社会网络中的长期频繁互动，形成了良好的人际信任和共同信念，消除传统借贷对抵押担保品的依赖，提高

---

① 数据来自项目组 2019 年在吉林省进行的调研。

了交易效率，降低了交易成本；长期内网络成员互动会形成共同认可的规范和制度，组织成员重复博弈会形成声誉机制和失信惩罚机制，降低借贷风险；个体农户参与合作金融的行为通过多种关系形成示范效应，对其他农户产生影响进而实现合作的集体行动。综合而言，社会资本通过抵押替代、信息传递和示范效应对农户参与合作金融的意愿产生影响（见图 3-4）。

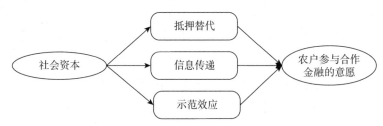

图 3-4　社会资本影响农户参与合作金融意愿的机理

社会资本的影响也同样发生在私人借贷市场，农户拥有特定的社会资本，也可能选择进入私人借贷市场，因此民间借贷长期以来一直是我国农村地区的重要融资形式。但是我国农村社会资本的变迁，改变了传统以"家庭""家族""亲缘"关系为纽带的强关系社会资本结构，在市场交易中建立起相对松散的"弱关系"社会资本结构。"弱关系"相较于"强关系"的不确定性更强，导致私人借款市场的交易难以达成，借贷双方搜寻匹配成本提高，对贷款人的监督成本提高，私人借贷市场的成本和风险同时上升。这种变化将部分农户排除在私人借贷市场外，提升了其加入新型农村合作金融组织的意愿，激发了农户进行资金互助的需求，这是我国新型农村合作金融组织产生和规模扩大的重要原因（李廷等，2018）。

四　农村合作金融组织运行的社会资本机理

在农村地区的金融抑制作用下，一方面，农户达不到正规金融机构所要求的准入条件，农村金融市场被认为是高风险和高交易成本的市场；另一方面，严重的市场分割和信息不对称被认为是农村金融市场的基本特征，商业性金融机构的经营目标无法在农村金融市场上实现，导致正规金融机构纷纷撤离农村地区。在当代农村产权形式残缺和正规金融机构缺位的现实条件下，资金互助等形式的民间金融在农村金融市场发展过程中扮演了非常重要的角色（杨汝岱等，2011）。

过去被排斥在正规金融之外的农民信贷需求，往往通过民间借贷的形式得到满足。但随着农村经营主体发生变化，单一农户生产逐渐被农民专业合作社取代，在生产联合的基础上，内生性地产生了成员间的信用联合。在农民资金互助组织的产生过程中，除经济因素外，农户在长期交往中所形成的社会资本也起到了非常重要的作用。由于社会资本对于农户具有类抵押品的功能，能帮助农户从资金互助组织内部获得融资，而充分的信息传递能在增加农户收益的同时降低融资成本，羊群效应则会促使个体决策与集体行动保持一致。农村合作金融组织的运行机制也不同于其他类型金融机构：一是信任机制，资金互助行为主要依赖群体成员的相互信任和个人品行、声誉等软信息；二是互惠机制，合作社是成员自愿联合、共同拥有的组织，彼此合作、风险共担、利益共享的关系，使得成员间行为表现更易呈现互惠性动机；三是声誉机制，组织治理主要依赖道德等社会规范而非制度规范，失信惩戒来自群体压力而较少诉诸法律制度规范。

以上分析表明，社会资本是农村合作金融组织生成与运行的基础，只有充分发挥社会资本功能的合作形式，才有更强的生命力。因此，关于农村合作金融组织的具体形式，众多研究都认为建立在专业合作基础上的资金互助或信用合作更能体现合作金融的特点和优势。农民专业合作社是基于生产联合的新型农村经济组织，合作社具有共同利益的组织特性使社员存在互惠性偏好，乡村社区紧密的人际信任，进一步奠定了社员间信用互助的微观基础（张德元和潘纬，2016）。长期的生产合作强化了成员间的信任，信任水平越高，相应的同伴压力越大，进而为农户借贷行为的发生奠定基础（周小刚和陈熹，2017），同时降低成员的违约风险。农户加入农民专业合作社后，相互之间的经济联系频繁，在此基础上进行的资金互助可以有效发挥社会资本的优势（董晓林等，2018）。

第五节　社会资本对农户参与合作金融
意愿影响的实证分析

为进一步分析农户参与合作金融意愿的影响因素，明确社会资本对农户参与合作金融意愿产生的影响，我们利用调研数据进行实证分析，通过定量分析揭示农户参与合作金融意愿的影响因素，以期为农村合作金融发展相关政策制定提供更有力的证据。

一　指标体系

本节农户参与合作金融意愿，是指有组织地进行资金互助或信用合作，不包括民间的私人借贷。众多研究表明，农户参与合作金融的主要影响因素包括农户个人及家庭特征、家庭经营情况、家庭财富以及正规信贷获得情况等，同时区域经济发展水平、政府扶持政策和区位因素也会影响农户参与合作金融的意愿。宏观经济、政策和区位因素是农户共同面对的因素，本节我们仅考察个体特征对参与意愿的影响，结合数据可得性因素，指标体系仅选择以下三类信息。

1. 农户家庭社会资本

农村合作金融组织是一种依赖于社会资本组成和运行的组织，社会资本与农户参与合作金融的意愿有非常密切的关系。通常如果农户拥有广泛的社会网络资源，他们更愿意参与同一社区内农民自组织的合作金融，并从社会网络中获取资源；另外，农户加入各类农业经营组织（如农民专业合作社）能够有效拓展其社会资本，加入合作社代表其具有更高的信任水平和合作意愿，因此更愿意参与合作金融。选取网络型社会资本和组织型社会资本两项指标来反映农户家庭社会资本。

2. 农户个人及家庭特征

农户个人及家庭特征对合作金融参与起到重要作用，主要包括户主年龄、户主政治面貌、户主受教育程度、家庭成员担任公职情况、家庭农业经营规模、家庭收入及家庭财富状况等。户主年龄可能对合作金融意愿有影响,年龄较小的户主受环境影响,整体具有更高的金融素养,可能更倾向于向正规金融机构贷款;但同时年龄较小更容易接受新生事物,可能愿意参与合作金融,因此户主年龄对参与合作金融意愿的影响不确定。户主政治面貌则体现了户主在当地的声望和社会关系情况,在农村地区党员身份往往代表了较高的诚信度和良好的社会关系,这种户主更倾向于与人合作,愿意参与合作金融。户主受教育程度和参与合作金融的意愿也密切相关,受教育程度高通常代表其具有更高的金融素养,更倾向于也更容易获得正规金融机构融资,对参与合作金融的意愿不强。家庭成员担任公职情况与参与农村合作金融意愿也有关联,一般家庭成员中有担任公职的,在正规金融机构的信用评级较高,比较符合银行贷款的准入门槛,因此往往不需要通过参与合作金融获得融资。家庭农业经营规模通常反映了农户融资需求,经营规模较大时对资金的需求量更大,合作金融的小额资金互助很难满足其需求,其更倾向于寻求正规金融机构的支持。家庭收入及家庭财富状况影响参与合作金融的意愿,家庭收入较高,代表有富余资金进行投资借贷,同时收入较高可能融资意愿更低,对参与合作金融的影响不确定;家庭财富状况较好的农户,即农村的富裕农户,其融资需求往往较低,不需要通过合作金融进行借贷,参与意愿不高。

3. 农户金融服务获得情况

农户金融服务获得情况包括借贷渠道和借贷成本两项指标。借贷渠道对农户参与合作金融意愿的影响不确定,农户如果能够获得正规金融机构的贷款,可能不需要通过其他渠道获得融资,但也可能其融资需求不能全部满足,仍然需要通过参与合作金融进行补充。借贷成本与参与合作金融意愿有直接关联,合作金融组织不以营利为目标,其目标在于满足成员融资需求,当农户借贷成本较高时,他们更愿意通过参与合作金融资金互助获取便利的低成本融资。变量定义及其赋值如表 3-12 所示。

表 3-12 变量定义及其赋值

变量名称	变量定义	预期符号
Y 农户参与合作金融的意愿	农户参与合作金融的意愿积极赋值 1，农户参与意愿低赋值 0	
X_1 网络型社会资本	农户家庭年礼金支出（万元）	正向
X_2 组织型社会资本	农户参加合作社赋值 1，没有参加赋值 0	正向
X_3 户主年龄	户主实际年龄（岁）	不确定
X_4 户主政治面貌	户主政治面貌为党员赋值 0，其他赋值 1	负向
X_5 户主受教育程度	小学/文盲/半文盲赋值 3；初中赋值 2；高中/中专赋值 1；大专及以上赋值 0	负向
X_6 家庭成员担任公职情况	担任村级及以上部门公职赋值 0，其他赋值 1	负向
X_7 家庭农业经营规模	农户家庭土地耕种面积	负向
X_8 家庭收入	家庭年收入（万元）	不确定
X_9 家庭财富状况	家庭净资产（万元）	负向
X_{10} 借贷渠道	在正规金融机构获得贷款赋值 1，没有赋值 0	不确定
X_{11} 借贷成本	借贷年利率水平	正向

二　数据来源

本部分实证所用数据来源于项目组 2019 年在吉林省白城市、松原市、四平市、辽源市下辖的 13 个县市进行的实地调查。上述四个地区是吉林省在实施农村金融综合改革试验后，金融基础服务体系先行覆盖的试验地区，目前已经基本建立起农村金融基础服务网络，并建立起农户信用信息采集体系。调研地区既包括吉林中部粮食主产区，也包括西部土地盐碱化地区和东南部半山区，具有较好的代表性。调研依托吉林农村金融服务有限公司建立在四地的村级农村金融服务站开展，调查共发放 550 份问卷，最终得到 510 份有效样本。

三　实证分析及结果

被解释变量 Y 为农户是否愿意参与合作金融，是二值变量，若被解释变量 Y 取值 1，表明农户参与合作金融的意愿较强；若 Y 取值 0，则表明农户参与意愿较弱。因此，本文采用二值响应模型进行分析，矩阵形式的模型设定如下：

$$Y=\beta_0+\beta X \qquad (13)$$

其中，Y 为观测值为 0 和 1 的列向量，X 为解释变量观测值矩阵，β 为待估系数，β_0 为常数项。常用的二值响应模型有 Probit 和 Logit 模型，两种模型相似，我们采用 Logit 模型，应用 Stata 软件给出模型的估计结果。变量描述性统计结果如表 3-13 所示。由表 3-13 可知，农户参与合作金融的整体意愿较高，均值显示有 52% 的农户愿意参与资金互助，表明合作金融组织在农村地区有较高的认同度。

表 3-13　变量描述性统计结果

	最大值	最小值	均值	标准差
Y 农户参与合作金融的意愿	1	0	0.52	0.5
X_1 网络型社会资本	3	0	0.45	0.47
X_2 组织型社会资本	1	0	0.44	0.26
X_3 户主年龄	73	20	42	12.76
X_4 户主政治面貌	1	0	0.96	0.03
X_5 户主受教育程度	3	0	2.08	0.37
X_6 家庭成员担任公职情况	1	0	0.92	0.08
X_7 家庭农业经营规模	96	0	2.84	61.87
X_8 家庭收入	36.88	0	7.48	45.15
X_9 家庭财富状况	44.79	0	8.47	76.23
X_{10} 借贷渠道	1	0	0.71	0.43
X_{11} 借贷成本	12.75	0	4.07	19.17

农户参与合作金融意愿的 Logit 回归结果如表 3-14 所示。实证结果表明，农户社会资本与参与合作金融的意愿密切相关，"网络型社会资本"与"组织型社会资本"均在 1% 的显著性水平上对农户参与合作金融的意愿产生正向影响，与分析假设高度一致，表明农户拥有的社会网络越广泛，越倾向于参与合作金融，获得融资便利；农户加入合作社对其参与合

作金融的意愿有积极影响，通过加入合作社促进合作行为，提升合作和信任意识，有助于农户参与合作金融，也说明依托农民专业合作社进行资金互助是重要的基础，具有可行性。农户个人和家庭特征方面，"户主政治面貌"在5%的显著性水平上对参与合作金融产生积极影响，表明具有党员身份的农户具有较高的诚信度和良好社会关系，人际信任和制度信任水平更高，更倾向于与人合作，所以更有意愿参与合作金融。家庭财富状况与农户参与合作金融的意愿呈负向相关，表明家庭净资产较多、富裕程度较高的农户一方面融资需求不高，可以通过家庭资产予以支持，另一方面更容易获得正规金融机构的贷款，所以对参与合作金融意愿不高。这说明现阶段我国合作金融的本质仍然是主要为经济弱势群体提供服务，同时农村合作金融的持续发展需要扩充其原有内涵和功能。

表 3-14　农户参与合作金融意愿的 Logit 回归结果

变量名称	B	标准误
X_1 网络型社会资本	5.091***	1.319
X_2 组织型社会资本	2.221***	0.394
X_3 户主年龄	−0.090	0.227
X_4 户主政治面貌	−1.710**	0.718
X_5 户主受教育程度	−0.337	0.437
X_6 家庭成员担任公职	1.284	0.783
X_7 家庭农业经营规模	−0.039	0.0443
X_8 家庭收入	0.012	0.082
X_9 家庭财富状况	−0.062**	0.032
X_{10} 借贷渠道	0.166	0.6813
X_{11} 借贷成本	−0.273	0.306

注：***、**、* 分别表示在 1%、5%、10% 的统计水平上显著。

|第四章|

成员异质性对我国农村合作金融发展的影响

合作金融组织的核心特征是特定群体的联合，传统理论强调合作金融组织只有具有成员同质性才能保证组织的可持续发展。但当前我国农村正在经历从传统乡土社会向现代市民社会的快速转型过程，工业化和城镇化使我国农村人口流动和就业结构出现多元化趋势，农村合作金融组织内部成员异质性问题越来越突出。随着农村市场化的发展，农村分工体系将进一步细化，成员异质性会不断加大。农村合作金融异化主要是由于现有制度安排仍未能对其内部利益冲突和外部影响做出有针对性的应对，实现异质性成员激励相容是保持合作金融属性的根本前提。

第一节 我国农村合作金融组织成员
异质性的内涵及表现

一 成员异质性的内涵

我国新型合作金融组织出现的时间不长，在实务工作中遇到了各种问题，各地试点没有形成可推广、可复制的经验，以至于近年来农村合作金融的发展陷入停滞，要实现农村合作金融的持续发展，防止合作金融出现异化是重中之重。已有研究普遍认为成员异质性是合作金融功能异化的主要原因，也是合作金融组织供给不足的重要原因。因此从微观角度剖析农村合作金融组织的运行，揭示中国合作金融的现实困境和主要障碍，成员异质性是需要重点分析的视角。

合作金融组织区别于其他类型金融组织的主要特征在于，合作金融组织是人的结合而非资本的结合，因此合作社的治理形式是"一人一票"的民主治理，而非"一股一票"的股份治理，这种治理形式能够最大限度地保证合作社成员的共同利益。传统的农村合作金融组织中，成员主动参与资金或信用合作的动机基本相同，成员利益通过民主管理才能得到最大限度的保护。因此合作金融组织形成的基础和合作金融功能实现的一个严格前提是成员同质性，成员同质性会促进成员之间的相互认同，达成契约；同质性越高，成员采取统一行动或程序的可能性越高（黄胜忠和徐旭初，2008）。如果缺乏这一前置条件，合作金融的交易效率将下降，也不能保证合作性和互助性，合作金融可能异化为少数人控制谋取利益的工具。

美国社会学家彼特·布劳在《不平等和异质性》一书中指出，异质性是由某个特定类别参数表示的差异性以及这些参数之间的关系，如种族、宗教、性别、职业等参数的情况。在合作金融研究中，已有很多学者对成员异质性的内涵进行了解释。雷鹏等（2017）认为组织成员间的资源禀赋、角色作用以及利益偏好显著差异，导致合作社成员的异质性。李明贤和周蓉（2016）认为，社员的资源禀赋、要素投入、入社动机、对合作社的贡献各不相同，所承担的风险也各不相同，从而导致了组织成员的异质性，引起合作金融组织治理结构上的民主管理及利益分配上的惠顾原则受到挑战。资源禀赋的差异性使得社员加入农村合作经济组织后分化为核心社员和普通社员两大类，利益分配不断向上聚集，农村合作金融组织的社员异质性特征日益强化。成员异质性主要表现为成员之间的年龄、受教育程度、资源禀赋（收入、资产、社会关系、人力资本）等方面存在的显著差异（Cook，1995；潘婷等，2015）。成员异质性带来合作金融组织在所有权、控制权、管理权和收益分配权上的变化，是当前探讨合作金融组织建立和运行的核心要素之一。

二　成员异质性的表现

合作金融组织运行的决定因素包括人员配置、内部治理、资产组合等，而这些因素结合而成的效果取决于互助社核心社员与普通社员资源禀赋的差异（Goddard et al.，2008；Bijman，2005）。成员异质性可以表现在不同方面。

一是组织成员资源禀赋的差异性，这是合作金融组织成员异质性的核心表现。资源禀赋一般包括自然资源、金融资源、人力资本和社会资本等。当前我国的合作金融组织很大一部分是由专业大户、村党支部书记等乡村精英或能人发起组建而成的，合作社成员自组织建立初始就呈现了资源禀赋的高度差异性。从自然资源禀赋来看，随着农村土地流转的加速，土地规模化经营的趋势明显，一部分农户流转大量土地进行专业化和规模化生产，成为专业大户，进而发起组建专业合作社。从金融资源来看，城镇化发展使得农村居民收入与财富水平发生重大变化，农户投资于农村合作金融组织的资本金数量会有显著差异，作为合作金融组织最为稀缺的资本资源的差别，直接导致组织成员异质性。从人力资本来看，农村社会变迁、城乡互动使得农民的受教育程度、经历阅历、技术水平、经营管理能力等存在很大差异，那些受教育程度高、具有丰富经营管理经验、掌握专业技术的乡村精英更有可能成为合作金融组织的核心力量。从社会资本角度分析，我国传统的、较为封闭的乡村社会已经发生重大改变，农村社会网络大大扩展，建立在熟人社会和乡规民约基础上的特殊信任与建立在制度、规则基础上的普遍信任相互补充，农民社会资本也呈现较大差异。合作金融组织本质上是依靠熟人社会组建的互利性组织，其运行更依赖社会资本。具有广泛的社会网络、良好的社会关系、丰富的社会阅历和出色的经营管理能力的乡村精英，可以获得社员的更多信任，在组织中占据更优势的地位。

二是组织成员参与目的的异质性。组织成员在资源禀赋上的差异决定了其参与合作金融组织的目的不同。通常，那些拥有更多资源禀赋的乡村精英参与合作金融的目的除了获得调剂资金余缺、满足融资需求，更主要的是获得组织的控制权和管理权，在资金使用权上能够获得更大的便利性，也能够得到更多的组织盈利。而资源禀赋较差的成员参与目的主要是得到融资便利，应对临时性资金需求，降低流动性风险造成的生产和生活压力。在一些专业合作社内部进行资金互助的组织类型中，乡村精英参与合作金融的目的还会延伸到专业合作社的管理，通过资金互助获得的威望和声誉有利于管理控制合作社，便于长期的生产合作；普通社员参与目的仅在于便捷地获得合作组织各类服务，较少参与合作社的管理运营。

三是组织成员参与行为的异质性。成员资源禀赋的不同会导致参与合作金融组织的行为以及角色分工不同。资源投入较高的成员倾向于承担起组织所有者的角色，普通社员则仅为惠顾者角色，角色不同自然引起参与行为的差异。资源禀赋较好的成员由于组织的利益相关性更高，会更关注合作组织的日常运营，参与合作社的民主管理与重要事项的决策；普通成员很少参与组织管理与决策。参与行为的异质性还体现在组织成员的合作程度上，资源禀赋较好的参与者通常合作程度较高。

四是组织成员利益偏好的异质性。普通成员由于在合作组织中投入的资源较少，仅投入少量股金，与组织的利益及风险相关性均不高，其利益偏好单一，主要关注自身获得相关社会化服务和金融服务的便利性。核心成员的利益偏好可能完全相反，他们发起建立和参与合作组织的利益偏好更为多元，除了合作组织长期运营的经济利益，还包括集体利益和社会利益，同时要对组织运行所带来的风险与利益进行权衡。

三　异质性成员的构成

成员异质性的直接结果是合作金融组织成员构成发生分化，一般分为核心社员和普通社员两类，核心社员和普通社员对于合作金融组织的所有权、控制权和剩余收益分配权存在显著差别。

合作金融组织核心社员一般是对组织投入较多资源的个人，包括组织的发起创建者和核心管理层。合作金融组织的理事长是最主要的发起人，出资最多，对合作金融组织具有举足轻重的影响。他们一般拥有较高的财富水平和收入水平，社会资本丰富，有开拓创新意识，具有较高的声望，受当地农户普遍信任。合作金融组织的理事长兼具投资人和管理者的双重身份。合作金融组织的发起人除理事长外，还包括少数关系紧密的人员，他们共同出资组建，这些人一般在合作社中担任理事会、监事会成员，负责组织的日常运营，与理事长一起组成组织的核心管理层，同时他们也兼具惠顾者身份，参与资金互助的意愿较高。理事长与核心管理层构成了异质性社员中居于上层地位的核心社员，在合作金融组织中他们提供主要的初始入股资本。核心社员除了能在合作社中获得原材料和劳动力供给，还能通过资金互助以较低成本获得大额生产性、经营性融资，同时获得生产周期间隙闲置资金的剩余收益。核心社员和普通社员的信息并不是对称的，核心社员对普通社员有更大的影响力。

普通社员在合作金融组织中占比最大，是合作金融组织最主要的参与者。他们在参与资金互助业务时，一般只需缴纳最低限度的股金即可入社，主要的目的是满足小额生产性、生活性临时资金需求，融资额度有限。普通社员的收入水平较低，融资渠道有限，对进行合作金融较为积极。但普通社员一般不参与合作社的运营管理，受信息和自身知识水平所限，对组织运行的民主管理并不熟悉，很难行使"一人一票"的管理权和监督权，事实上普通社员与核心社员的地位并不平等。

第二节　成员异质性对农村合作金融组织影响的理论分析

自 2003 年以来，我国新型农村合作金融组织的探索已有 20 余年，从初期的官方政策支持、民间踊跃创新到近年来的逐渐式微，合作金融在我国的探索并不顺利，长期困扰农村合作金融发展的组织异化问题没有得到有效解决，各地的农村资金互助组织和合作社内的信用互助被普遍视作"翻牌银行""假合作""变相集资"等，背离了最初设立农村合作金融组织的构想和初衷，被各地金融监管部门视为风险来源之一，导致政策层面逐渐转变了大力支持的态度。已有研究从不同角度对我国农村合作金融组织的生存困境及成因进行了大量探讨。农民资金互助社由于监管过严而发展缓慢，没有正规金融牌照的资金互助组织则由于缺乏有效监管而风险频发（王刚贞，2015）。立法缺失也是农村合作金融组织异化的因素之一，缺少相关法律的明确规定导致合作金融市场混乱（王杨，2019）。董晓林

（2012）等认为，由于农村资金互助社存款利率的严格规定，社员存款与贷款利益严重不匹配，社员主要为了便利获取成本相对较低的融资而加入合作金融组织，造成互助社资金缺乏，甚至发生组织性质异化，发展不可持续。

众多研究表明，成员异质性是农村合作金融组织发生异化的主要根源，但成员异质性在促成合作金融供给方面具有一定的效率优势。在当前我国农村社会快速变迁、成员异质性十分突出的背景下，实现异质性成员的激励相容是我国农村合作金融健康发展必须解决的问题。

一 成员异质性与合作金融属性

从合作社或合作金融的传统理论角度分析，合作社的本质含义是劳动者自愿联合起来进行合作生产、合作经营的一种合作金融组织形式，是经济弱势群体自愿结成的、以社员财产关系为纽带的利益共同体。当生产、消费等合作扩展到信用领域，合作金融组织就产生了。合作金融组织是按照合作制原则组建起来的一种特殊的金融组织形式，它主要是集合经济弱势群体的资金，向成员提供互助融资，由成员自主管理、自担风险的内生性金融组织形式。合作金融的本质属性是自愿性、互助性、民主管理和非营利性（谢平，2001），其功能是通过互助途径为受到金融排斥的弱势群体（例如农户）提供便捷的、低成本的融资服务。合作金融的本质属性要求组织成员的相对同质性，因为同质性社员间更容易达成合作，进行民主管理，平等分配收益，避免合作金融组织被少数人控制成为牟利的工具。2007 年我国开始探索新型农村合作金融组织，监管层发布的各类文件均强调农村合作金融组织的属性是"合作制"、"谋求社员共同利益"以及"一人一票"民主管理，隐含的要求是成员同质性。

但是现实中，我国新型农村合作金融的实践是在农村经济社会发生持续变迁的背景下展开的。20 世纪 90 年代开始，我国农村社会和经济转型加快，城镇化、工业化、信息化、农业产业化和现代化快速推进。一方面，农村土地流转加速，农业专业化、社会化水平逐步提高，农业兼业化和传统小农户分化成为大趋势，出现了大量的生产与运销等专业大户、家庭农场等新型农业经营主体，与传统小农户同时构成了合作金融组织的社员基础。另一方面，农村大量剩余劳动力向城市转移，农村居民就业结构和收入结构发生变化，非农收入成为农户收入的重要来源，农户的经济地位、收入水平、社会关系、受教育程度等资源禀赋状况产生较大的差异。资源禀赋的差异自然影响了合作金融组织社员的构成基础，成员异质性成为我国农村合作金融组织的现实基础和必然趋势。

已有研究普遍认为，成员异质性导致合作金融异化。经典互助社模式中的"一人一票""同票同权"等治理机制使社员的控制权与其提供的生产要素之间失去一一对应的关系，无法保证社内信贷资源与盈余的合理分配，不可避免地会出现异化（陈东平和周振，2012）。成员异质性使得组织逐渐成为少数人通过吸收存款、发放贷款获利的"杠杆工具"（陈东平和任芃兴，2013）。成员异质性使合作组织成员分化出核心社员和普通社员两类不同主体（徐旭初和邵科，2014），核心社员入股和融资积极性远高于普通社员，而普通社员选择"入社不入股"。成员异质性使富有农户与普通农户之间不能实现"互助"，金融合作丧失基础，且随着农村市场化的发展趋势，农村分工体系将进一步细化，成员异质性会不断增强。2007 年以来，新型农村合作金融组织大量存在"发起人控制"现象，普通社员被顾客化，股份被存款化，社员民主管理、民主决策的机制丧失（朱乾宇等，2015）。未来探索我国农村合作金融发展的新路径，在无法消除成员异质性的现实背景下，如何避免合作金融异化、降低组织风险、发挥合作金融功能、实现可持续发展，成为重中之重。

二 成员异质性对农村合作金融组织供给的影响

成员异质性对于合作金融组织的形成具有积极的影响。Olson（1965）认为，在存在异质性成员的组织中，成员禀赋不同或者参与组织获益不等时，作为群体组织的公共品最有可能被提供。相对较大的收益将使付出资源更多的成员愿意承担成本和风险，来提供这种集体公共品。崔宝玉和李晓明（2008）认为，组织成员之间的资源互补性对合作社的建立具有重要意义，核心成员的资源禀赋优势与普通成员的需求刚好形成很好的匹配，因此能够让这两类成员相互合作并各自获益。

产权理论揭示，金融组织可以利用自身规模优势降低交易成本，通过专业化降低信息不对称从而对借贷双方进行更优的匹配和风险转化。但任何组织的发起设立均要支付组织成本，通常组织成本需要组织发起人进行"一次性预付"，并在组织运行过程中由组织惠及的消费者进行分摊。组织成本的高低受成员合作意识、信息完备程度以及成员间共同纽带强弱的影响。根据经典的市场经济理论，组织创始人之所以愿意支付组织成本，主要是因为其所受到的激励，即通过成立组织获得的预期回报。以小农为主体的乡土社会传统以及城乡二元结构的发展现实都表明，农民的合作意识不强，农村社会并不是完全建立在制度规则基础上的信用社会，而是大量依靠社会资本运行的半熟人社会。这说明在农村发起设立合作金融组织的组织成本更为高昂，普通农户难以负担，通常由那些能够负担成本的精英农户进行支付。不仅如此，精英农户更有可能接触到新生事物，对合作金融组织的设立、管理、功能作用和收益有更多的了解，更可能发现和利用政策机会。发起设立合作金融组织不仅需要预付一定的物质资本，其吸收社员入股或存款还需要有足够的信用，要能够获得熟人社会的广泛认可；资金互助或信用合作业务的风险管理也主要来自充分的信息对称和社会资本形成的监督机制。上述合作金融组织发起人所需要的信用能力、广泛紧密的熟人社会网络以及初始资本投入，将发起人限定为乡村精英或乡村能人（朱乾宇等，2015；罗兴和马九杰，2019）。除了政府参与设立的合作金融组织，各地新型合作金融组织的发起人基本为此模式。2003年以来，我国农村地区开始的新型农村合作金融探索，与新中国成立初期广泛建立的农村信用社合作金融体系的本质区别，在于前者是由农民自发成立并运营的内生性合作金融组织。这种探索得益于我国农村社会变迁和城镇化发展所带来的农民异质性的日益突出。在农村生产要素流动受限和农民资源禀赋严重缺乏的同质化时期，只有政府有能力支付组织成本并且高效建立合作金融组织，这是我国农村合作金融长期官办的理论逻辑。所以从合作金融组织的供给角度来看，成员异质性是必要条件，核心成员与普通成员各自的资源禀赋与利益诉求形成互补，促进合作金融组织的生成。

2023 年项目组联合吉林省农村信用联社开展了农民专业合作社信用信息调查，在吉林省梨树、长岭、大安、通榆等 6 县（市）共采集 120 家农民合作社的有效问卷数据。调查样本选取的标准为域内经营状况比较好的、有代表性的农民专业合作社。调研发现，合作社的领办主体主要包括乡村干部、乡村精英能人、龙头企业、基层政府和农业部门供销社、科协、企业或其他经济实体。

从发起人类型来看，尽管多数合作社的发起人为普通农户（占比约 54%），但进一步访谈可知，这部分发起人大多数属于乡村能人范畴。除普通农户外，种植大户、家庭农场和合作组织发起设立的比例为 31%，说明合作社与其他新型主体之间的关系比较紧密。值得注意的是，企业发起成立的合作社在全部样本中的比例不足 10%，说明以企业为核心的合作生产组织形式不足，企业同合作社之间合作的联系仍不紧密。

在目前的乡村治理体系中，村干部是连接政府与农户的纽带，在乡村中具有举足轻重的作用。村干部也具有较高的乡村资源动员能力，可以动用行政手段和非行政手段来组织乡村资源，开展经济活动或其他活动。合作社理事长如果同时也是村干部（包括村党支部书记、村民委员会主任等），那么他们无论是在政策制度把握上，还是在经济资源获取上，甚至是在社会网络资源的整合上，都将占据优势地位，因此，合作社理事长是否为村干部对于合作社的信用也具有重要意义。从样本统计结果看，全部样本合作社中，理事长是村干部的占 29%（见图 4-1），能人领办合作社占有一定的比例。考虑到还有一部分合作社理事长虽然不是村干部，但其家庭成员可能是村干部，以及理事长并非村干部，但村干部参与合作社经营的情况，这一比例可能会有所提高。

与是否为村干部类似，合作社理事长是否为党员也是判断其资源掌控能力的一项重要信号来源。农村地区党员比例小，能够入党的都具有良好群众基础、能够在乡村起到带头作用，因此合作社理事长如果是党员，其带领农民群众组织生产、从事经营的意愿与能力都会更强。从样本统计结果看，全部样本中，党员作为合作社理事长是有较高比例的。全部样本合作社中，有 46% 的合作社理事长是党员（见图 4-2），说明党员在乡村基

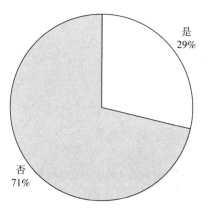

图 4-1　合作社理事长是否为村干部

层带领群众生产致富方面的带头作用是比较显著的。同时，党员也是较高人力资本的信号，乡村党员是乡村能人的概率更高，统计数据也证实了这一点。

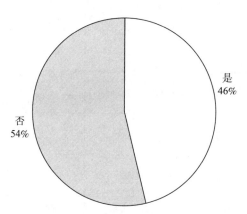

图 4-2　合作社理事长是否为党员

理事长家庭资产分布情况是合作社经营能力和抗风险能力的直接体现。理事长家庭资产水平越高，说明其个人经营能力越强，获取社会资源的能力也越强，可以用于合作社投资的资金也越充足。理事长家庭资产情况也直接影响融资能力，家庭资产中可以用于抵押的资产占比较高，如房产、汽车等，是理事长融资能力较强的体现。较多的家庭资产也会间接地提高合作社管理的效率。从样本统计情况看，全部样本合作社理事长家庭资产的均值是 121.3 万元，但中位数为 50 万元，两者差距较大，说明极端值的影响显著。从分布看,资产分布在 20 万 ~ 199 万元的比较集中,说明合作社领办者具有一定的经济实力。

吉林省 4 家资金互助社基本情况如表 4-1 所示。4 家资金互助社的核心发起人全部为乡村精英,他们或有领办合作社、担任银行营业所主任的经历,或者是养殖大户。其他发起人背景也基本相似,同属于乡村精英。普通社员均不参与组织机构的运营决策。

表 4-1 吉林省 4 家资金互助社基本情况

项目	百信互助社	普惠互助社	盛源互助社	利信互助社
发起人数量(人)	5	11	15	10
核心发起人身份	以前领办过专业合作社	村内养殖大户	曾是农业银行营业所主任	曾是农业银行营业所主任
其他发起人身份	村干部、养殖大户、农资经销商	养殖大户、种植大户	采石场企业主、养殖大户	种植养殖大户、农村信用社工作人员
股金占比(%)	30.3	55	35.4	17.5
核心发起人是否为乡村精英	是	是	是	是
管理人员是否为发起人	是	是	是	是
管理人员是否参与股金分红	是	是	是	是
普通社员是否参与机构决策	否	否	否	否
分红方式	按股分红	按股分红	按股分红	按股分红

资料来源:根据调研资料整理。

实践案例表明,成员异质性对于现阶段合作金融组织的生成具有积极影响。由此产生了合作金融组织的一个悖论:成员异质性对于组织生成不可或缺,但同时成员异质性又是合作金融组织异化的主要原因,如果没有良好的内部治理与外部监督机制,合作金融组织难以获得持续发展。

三 成员异质性对合作金融组织运行的影响

农村合作金融组织异化严重阻碍了合作金融的发展进程,异化造成了农民入社积极性不高，金融风险加大等，导致农村合作金融前途未卜。相当一部分研究从合作金融组织内部治理角度对异化成因进行了剖析。刘西川（2017）认为合作制的产权共有和民主管理决定了其高组织成本的特性，这种自身的治理缺陷导致"搭便车""内部人控制"难以避免。高组织成本造成了合作金融组织的形成与发展必然依赖于乡村精英组成的核心成员，社员民主控制虚化（程恩江等，2014）。合作社的治理机制使社员控制权和信贷及收益分配权不能合理匹配，导致出现了某种程度的功能异化（陈东平和周振，2012）；明显的营利性与"内部人控制"代替民主管理（金瓯，2014）。随着农村社会变迁，组织成员的异质性日益突出，导致内部治理偏离"民主化"模式，无法有效管控风险，其可持续性受到质疑（王杨，2020）。从组织治理角度看，成员异质性是农村合作金融组织异化的根本原因。成员异质性与合作组织的同质参与、民主管理原则相背离，如何在成员异质性的客观现实下形成农村合作金融的可持续发展模式，是当前亟待解决的关键问题。

首先，成员异质性会影响组织剩余控制权、剩余索取权及其他利益的分配。在农村合作金融组织的生成过程中，由于组织发起人不仅投入了显性的组织成本，而且投入了包括企业家才能、广泛的社会资本、良好的个人信用以及出色的本地声誉等专有性资源，这些专有性资源是组织其他成员并不具备的，这使得合作金融组织发起人与普通社员具有显著的异质性。组织成本与专有资源的投入，使发起人相对于普通社员在组织中占据绝对优势地位，具有更大的话语权，在缺乏外部干预的情况下，容易产生"内部人控制"现象（陈东平和钱卓林，2015）。发起人与普通社员相比占据更强势地位，在合作金融组织入社自由的前提下，这一优势地位得到了所有社员的认可，组织运行的初始阶段通常不会产生异议，因此发起人倾向于占有组织剩余索取权及剩余控制权，甚至可以获得政府补贴等特殊利益作为支付组织成本和承担风险的补偿。普通社员不承担出资义务，而且不同于商业银行的存款，合作金融组织中缴纳股金要承担一定的风险，相对于剩余索取权与剩余控制权，普通社员更重视通过缴纳少量互助金来获得融资权利，因此普通社员往往会主动放弃组织剩余索取权和剩余控制权，特别是在合作金融组织运行的初期。成员异质性造成的"内部人控制"实际上是核心成员与普通成员博弈的均衡结果，核心成员占据更多利益的行为具有激励作用和合理性。但从长期来看，核心成员对组织利益的控制会形成不利影响。一方面，可能会促使核心成员出现高风险逐利行为，偏离合作金融的初衷；现实中部分地区出现的发起人非法集资、跑路、挪用贷款、刚性兑付破裂等一系列问题，形成合作金融组织的重大风险，导致政策层面上转变为负面态度。另一方面，可能导致普通社员激励不足，入股热情不高，合作金融组织由于资金不足难以为继。组织剩余索取权与利益分配的差异，取决于组织内部治理模式的差异，民主管理的分权治理与"内部人控制"的集权治理，使得组织剩余的分配方式完全不同。

其次，成员异质性是影响农村合作金融组织内部治理的主要因素。合作社治理对于任何一种合作制度安排而言，都是最为核心的问题，它决定了合作金融的性质以及合作金融功能能否实现。我国新型农村合作金融组织为了保证合作金融功能的顺利实现，充分吸取了原有农村信用社的教训，在组织架构和治理机制上建立了明确的"三会"制度，即社员大会、理事会和监事会，并对治理机制进行了清晰而严格的规定：发起人等核心成员组成理事会和监事会，理事会负责组织的日常决策和经营发展，监事会负责对理事会的决议进行监督，普通社员组成社员大会，不参与日常组织运行和业务经营管理，仅对重大事项进行表决。我国颁布的《农村资金互助社管理暂行规定》相关条款也明确指出，"合作制"、"谋求社员共同利益"以及"一人一票"民主管理是资金互助组织的本质特征。尽管制度设计的初衷是保障合作金融组织能够最大限度地服务全体成员，并实现收益共享，但实际上大部分合作金融组织难以按照制度设计运行，出现了不同程度的偏离甚至出现合作金融异化（雷鹏等，2017）。究其原因，制度设计建立在成员相对同质性的基础上，而合作金融组织基本上生成于成员异质的前提下，成员异质性带来的内部治理问题导致合作金融异化。根据契约理论，不同成员拥有的要素稀缺程度决定了其在组织中的地位，要素越稀缺，拥有者"谈判势力"越强，这种谈判势力的强弱直接对应组织控制权的大小。当内部控制权集中在少部分群体手中时，普通成员处于信息弱势地位，其对组织的监督效率减弱，组织就会趋向于"非民主治理"模式，且这一趋势会随着成员异质性增强更为明显。成员异质性条件下成立的合作金融组织，成员在入社目的、行为方式、利益诉求等方面必然不同。核心成员投入了较多的物质与人力资本，并以个人资本对合作金融组织的风险进行担保承诺，为了实现风险与收益相匹配和自身利益最大化，核心成员更愿意监督和参与合作金融组织的日常运营，努力强化对组织的实际控制。合作金融组织的核心成员通常是乡村精英，他们通过强化组织控制，也有能力实现剩余利益最大化，进一步强化激励效应。普通成员众多、出资极少，仅以出资额承担损失风险，基本不参与组织剩余分配。因此普通成员既不愿意过度参与组织运营，也没有动力相互监督，他们入社的目的主要是获得融资便利，甚至会主动让渡组织的民主管理权和监督权以获得生产、供销、金融服务方面的便利，普遍存在"搭便车"行为。在缺乏有效的内部民主监督管理的情况下，"内部人控制"将进一步凸显，经营逐利化、贷款关系化，合作金融功能严重异化。

最后，成员异质性对合作金融可持续性和合作程度产生影响。合作金融组织建立初期，异质性成员通过贡献稀缺性要素来促进组织的形成，成员各方具有强烈的合作意愿以及明确的合作利益诉求。这意味着单次博弈的情形下，核心成员和普通成员能够达成一致，通过合作实现各自利益的提升。但在重复博弈情形下，成员异质性对合作金融组织的稳定运行和可持续发展带来的负面效应将逐渐显现。随着成员异质性的提升和核心社员控制权的增强，合作金融组织可能发生"使命漂移"，普通社员对利益分配和业务便利不再满意，合作意愿降低，合作组织将不可持续。即使严格遵守合作金融组织章程，实行"一人一票"的民主管理与监督，小股东的投票权和管理权与其投入的资源和承担的风险不匹配，造成小股东侵占大股东利益，双方的合作行为同样难以继续。另外，合作金融组织属于成员主导型的自发组织，其日常运行和风险管理依赖于社会资本，但成员异质性提升会导致组织监督效率下降，组织边界扩展，超出社会资本作用的合理规模，最终导致合作程度降低。

第三节　成员异质性的博弈分析

一　成员异质性影响农村资金互助社成立与运营的理论模型

本节构建了一个农村资金互助社内部寻租理论模型，即资源禀赋所有权的不均等影响了不同成员群体的相对控制权。模型有两个关键假设：一是对普通成员一次性转移的限制，二是核心成员拥有不成比例的控制权。向核心成员转移租金是通过压低普通成员投入资金的利率和转移由此产生的留存收益来实现的。理论模型预测，资源禀赋异质性的增强通过降低投入资金利率来使得效率下降。

1. 技术与禀赋

假设农民的收入由固定的资源禀赋（当农民做出参与决定时，假定资源禀赋固定不变）和可变投入（劳动力）决定，对应的生产技术在资源禀赋上具有规模报酬不变的特征，并且每单位劳动力的工资固定。用 l 表示每单位资源禀赋的劳动投入，$f(l)$ 表示每单位资源禀赋的连续生产函数，并且对于所有 $l>0$ 满足 $f'(l)>0$ 和 $f''(l)<0$。假设资源禀赋被两种类型的农民拥有：普通成员（资源禀赋较稀缺的农民）拥有 T 单位的资源，而核心成员（资源禀赋较丰富的农民）拥有 E 单位的资源（$E>T$）。用 M 表示该地区普通成员的数量，用 N 表示该地区核心成员的数量，并且当前农村资金互助社由 m 个普通成员和 n 个核心成员参与组成。在现阶段，假定是否参与农村资金互助社的决策是外生给定的。用 β 表示普通成员与核心成员实际参与数量的比值 m/n，用 $\hat{\beta}$ 表示该地区两种类型农民潜在参与者数量的比值 M/N。因此该地区总的资源禀赋 $\hat{W}\equiv MT+NE$，农村资金互助社当前整体的资源禀赋 $W\equiv mT+nE$。假定在初始阶段 m、n 和 W 是外生给定的。

农村资金互助社汇集参与者的收入资金，并通过发放贷款等方式运营该资金，资产收益率为 r^*，且为外生给定的。参与者之间共同纽带的强弱用 K 来表示，参与者之间的共同纽带关系越强，其合作意识越强烈，则农村资金互助社的组织成本 c 就越低，因此假设 $c=c(K)$ 为严格递减函数。

假定农村资金互助社运营成本为 G。

2. 个人决策

每个成员只需要做出一个决策：将多少生产收入交付给农村资金互助社。用 r 来表示成员投入资金能够获得的利率，用 ωl 表示单位劳动投入的工资，那么对于每单位资源禀赋，通过选择劳动投入来最大化 $rf(l) - \omega l$。

3. 集体决策

用 A 来表示所有农村资金互助社成员付出的资金总量，则资金的总收益等于 $r^* A$。这些收益的一部分用于按照约定利率 r 支付成员投入资金的利息，一部分用于支付互助社的组织成本（$c(K)A$）和运营成本 G。留存收益如下所示。

$$R \equiv [r^* - c(K) - r]A - G \tag{1}$$

留存收益以各种方式被转移，直接或间接地使成员受益。为了简化分析，假设这些转移留存收益的方式相当于将留存收益以（差异性的）一次性支付的形式直接分配给农村资金互助社的两类成员。因此，留存收益 R 按照一次性支付 R^T 和 R^E 的形式分配给农村资金互助社里的每个普通成员和核心成员，并且 $R = mR^T + nR^E$。

农村资金互助社需要做出以下集体选择：成员投入资金的利率 r 和留存收益 R^T 和 R^E 的分配。成员的最终收益为 $u^\theta = \theta\pi(r) + R^\theta$，其中 θ 为 T 或 E，$\pi(r)$ 表示利息收入。事实上，互助社为每一类成员选择了两阶段定价。接下来给出模型的第一个关键假设，假定相关制度将两类成员的利率限制为相同，对普通成员的一次性转移的限制如下所示。

$$R^T \geqslant 0 \tag{2}$$

4. 效率结果

用 ρ 来表示资产收益率扣除组织成本的差值，即 $\rho = r^* - c(K)$。互助社每单位资源禀赋的收益 $\sigma(\rho, r) \equiv \rho f[l(r)] - \omega l(r)$，其中 $l(r)$ 表示对应利率 r 的劳动需求量。农村资金互助社内所有成员的总收益可以表示为 $W\sigma(r^* - c(K), r) - G$。由此可见，$r$ 的效率值应该精确地等于 $r^* - c(K)$。这是具有效率的结果。然而存在由式（2）表示的对一次性转移的约束，有效率的结果通常不是均衡结果。接下来对均衡结果进行描述。

5. 控制权与均衡结果

农村资金互助社中的大多数成员是普通成员，正式权力（例如董事会）往往掌握在核心成员手中，这可能是很多因素造成的。首先，体量庞大本身就会削弱民主进程。例如，拥有足够的资源禀赋，就有可能使一个人的整个家庭都成为农村资金互助社的成员，从而不再是一个家庭一票。其次，农村资金互助社通常不是由普通成员管理的，即使在普通成员占绝大多数的情况下也是如此，当选的领导者基本上是核心成员。经营农村资金互助社必须与外界交流，当农村资金互助社成立或试图扩大规模时，拥有更多财富、关系的核心成员更适合管理农村资金互助社。因此，农村资金互助社的决策权可以看作对核心成员贡献的奖励。最后，进入理事会的"门票"是很昂贵的，只有核心成员才能负担确保选举所需的资金和其他资源。因此，核心成员的议价能力很可能与他们的数量不成比例。

此外，形式上的权威并不总能转化为真正的权威。互助社的理事要经过定期选举，这一过程使管理层在某种意义上对农村资金互助社的普通成员负责。选举过程在一定程度上限制了核心成员的自由裁量权，从而削弱了核心成员的有效控制。因此，在普通成员数量较多的农村资金互助社中，这种情况发生的频率更高。

农村资金互助社内的决策过程平衡了核心成员（通常控制互助社管理）和普通成员（可能控制互助社大多数选票）的需求。假设这一结果可以用福利函数的最大化来表示：

$$U = u^E + \lambda u^T \tag{3}$$

其中，权重 λ 表示普通成员相对于核心成员的控制权。假设农村资金互助社中普通成员的相对控制权随着其相对数量的增加而提高，$\lambda = \lambda(\beta)$ 是一个连续的递增函数，并且 $\lambda(0) = 0$。模型的第二个关键假设是不成比例控制假设，即

$$\lambda(\beta) < \beta \qquad 对于所有 \beta 成立 \tag{4}$$

观点1：在式（2）和式（4）的条件下，必然情况是 $R^T = 0$（所有留存收益归核心成员所有）。理由很简单，如果普通成员享有正的留存收益，这些收益可以按照人均转化率 β 从普通成员转移到核心成员，这个比率大于普通成员在福利函数中的权重。

由此可见，普通成员的净收益仅仅是其向互助社投入资金而获得的利润：$u^T = T\pi(r)$。对于一个具有代表性的核心成员而言，净收益是私人利润 $E\pi(r)$ 加上分享的互助社留存收益 R^E。用 $\mu(r, r^*; K)$ 表示 $[r^* - c(K) - r]f(l(r))$，即对每单位资源禀赋产生资金收取的租金。那么核心成员的收益可以写成：

$$u^E = E\sigma(r^* - c(K), r) + \beta T\mu(r, r^*; K) - \frac{G}{n} \tag{5}$$

核心成员的收益等于自身投入资金产生的收益加上对普通成员投入资金收取的租金，再减去运营成本。式（5）右侧第二项是模型中的关键寻租项，并在外生收益率 r^* 的条件下达到最大值。如果农村资金互助社将利率 r 设置为效率水平 $r^* - c(K)$，式（5）右侧第二项将不存在，意味着核心成员不能赚取租金。为了能够从普通成员投资的资产中获取租金，他们需要将利率降低到效率水平以下，用从普通成员群体投入资金收取的租金增加来抵消自身投入资金利润的损失。

将 u^E 和 u^T 的表达式相加，后者的权重系数为 λ，可以得到农村资金互助社的目标函数表达式：

$$U = E\sigma(r^* - c(K), r) + \beta T\mu(r, r^*; K) + \lambda T\pi(r) - \frac{G}{n} \tag{6}$$

在资金利率的选择上，核心成员与普通成员的利益之间明显存在着紧张关系：前者倾向于将资金利率压低到效率水平以下来获取租金，而后者倾向于将资金利率设定得尽可能高。式（6）中右侧第二项和第三项之间的矛盾冲突体现了这一点。这两项的相对权重分别为 β 和 λ（β）；它们体现了寻租效应和控制转移效应的相对强度。

为了体现这两种效应之间冲突的结果，使用 U 的相关表达式是十分方便的。u^E 也可以表示为如下公式：

$$u^E = \left[(E+\beta T)\sigma(r^*-c(K),r) - \frac{G}{n} \right] - \beta T\pi(r) \tag{7}$$

也就是用农村资金互助社经营得到的整体收益减去流入普通成员手中的利润。利用这个表达式，可以得到：

$$U = (E+\beta T)\sigma(r^*-c(K),r) - [\beta-\lambda(\beta)]T\pi(r) - \frac{G}{n} \tag{8}$$

因此，这个表达式中右侧第二项体现了互助社目标偏离效率收益的全部原因，即寻租和控制权转移效应之间的冲突。

二 农村合作金融组织两类成员的博弈分析

基于上一节基本模型的构建，可以在农村资金互助社成立和运营阶段进行博弈分析，博弈的参与方为核心成员和普通成员。两类参与方分别基于能够在农村资金互助社成立和运营中获得的预期收益展开完全信息动态博弈。博弈参与方相互了解，能够通过掌握的信息预期对方的策略。

在成立阶段，核心成员有两种选择策略：发起成立农村资金互助社；不发起成立农村资金互助社。普通成员也有两种选择策略：当核心成员发起成立时，选择参与或者不参与；当核心成员不发起成立时，选择自行发起成立或不发起成立。

如果农村资金互助社成功发起成立并运营，即核心成员和普通成员均发起和参与农村资金互助社，此时核心成员有两种选择策略：控制农村资金互助社或不控制农村资金互助社。这里的控制是指核心成员占有农村资金互助社的剩余索取权和剩余控制权。普通成员在这个阶段同样有两种选择策略：继续留在农村资金互助社或离开农村资金互助社（见图 4-3）。

在第一阶段，核心成员选择是否发起成立农村资金互助社；在第二阶段，如果核心成员发起成立，普通成员选择是否参与，如果核心成员不发起成立，普通成员选择是否自行发起成立；在第三阶段，如果农村资金互助社顺利成立，核心成员选择是否控制农村资金互助社；在第四阶段，普

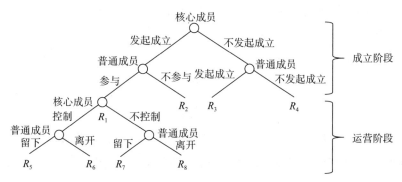

图 4-3 核心成员与普通成员的博弈过程

通成员选择是否离开农村资金互助社。根据前文的设定和分析，普通成员和核心成员的纯策略收益值如表 4-2 所示。

表 4-2 普通成员和核心成员的纯策略收益值

序号	纯策略收益值
R_1	$T\pi\ (r)\ +R^T,\ E\pi\ (r)\ +R^E$
R_2	$0,\ E\sigma\ (r^*-c\ (K),\ r)\ -G/n$
R_3	$T\sigma\ (r^*-c\ (K),\ r)\ -G/m,\ 0$
R_4	$0,\ 0$
R_5	$T\pi\ (r),\ [\ (E+\beta T)\ \sigma\ (r^*-c\ (K),\ r)\ -G/n]\ -\beta T\pi\ (r)$
R_6	$0,\ E\sigma\ (r^*-c\ (K),\ r)\ -G/n$
R_7	$T\sigma\ (r^*-c\ (K),\ r),\ E\sigma\ (r^*-c\ (K),\ r)\ -G/n$
R_8	$0,\ E\sigma\ (r^*-c\ (K),\ r)\ -G/n$

农村资金互助社成立阶段普通成员和核心成员的博弈支付矩阵如表 4-3 所示。

表 4-3 农村资金互助社成立阶段普通成员和核心成员的博弈支付矩阵

项目		核心成员	
		不发起成立	发起成立
普通成员	不参与或不自行发起	$0,\ 0$	$0,\ E\sigma\ (r^*-c\ (K),\ r)\ -G/n$
	参与或自行发起	$T\sigma\ (r^*-c\ (K),\ r)\ -G/m,\ 0$	$T\pi\ (r)\ +R^T,\ E\pi\ (r)\ +R^E$

若核心成员不发起成立且普通成员也不参与，此时农村资金互助社不能设立，核心成员和普通成员的收益均为0。

若核心成员不发起成立且普通成员自行发起成立，由于其资源禀赋 T 较小，并且运营成本 G 较大，净收益 $T\sigma$ $(r^*-c$ (K)，$r)$ $-G/m$ 大概率为负值。因此，在这种情况下普通成员也不会发起成立资金互助社。但如果组织成本和运营成本足够低，即互助行为发生在小范围的亲戚朋友之间，小规模互助是有可能实现的。但是在区域范围或人口规模较大时，则很难组织形成农村资金互助社。

若核心成员发起成立且普通成员不参与，核心成员的收益为 $E\sigma$ $(r^*-c$ (K)，$r)$ $-G/n$，普通成员的收益为0。核心成员的收益可能为正，但考虑到有其他收益更高的外部选择，农村资金互助社可能解散。对于普通成员来说，不参与是一种非理性的行为，因为参与农村资金互助社的收益更高。

若核心成员发起成立且普通成员参与，那么核心成员的收益为 $E\pi$ (r) $+R^E$，普通成员的收益为 $T\pi$ (r) $+R^T$。在这种情况下，互助社两类成员的收益均为正，并且获得的收益包括各自投入资金的利息和分配的营业盈余两部分。通过分析可以得出，成立阶段博弈的均衡解是核心成员发起成立且普通成员参与。

农村资金互助社运营阶段普通成员和核心成员的博弈支付矩阵如表4-4所示。

表4-4　农村资金互助社运营阶段普通成员和核心成员的博弈支付矩阵

项目		核心成员	
		不控制	控制
普通成员	离开	0, $E\sigma$ $(r^*-c$ (K)，$r)$ $-G/n$	0, $E\sigma$ $(r^*-c$ (K)，$r)$ $-G/n$
	留下	$T\sigma$ $(r^*-c$ (K)，$r)$, $E\sigma$ $(r^*-c$ (K)，$r)$ $-G/n$	$T\pi$ (r), $[$ $(E+\beta T)$ σ $(r^*-c$ (K)，$r)$ $-G/n]$ $-\beta T\pi$ (r)

在农村资金互助社运营阶段，普通成员选择留下是占优策略，因为无论核心成员选择控制还是不控制剩余索取权，普通成员都能够获得正的收益。而对于核心成员而言，在确定普通成员不会离开的前提下，完全控制

农村资金互助社并获得剩余索取权是占优策略，因此博弈的均衡结果是核心成员控制农村资金互助社全部的剩余索取权，获得 $[(E+\beta T)\,\sigma\,(r^*-c\,(K),\,r)\,-G/n]\,-\beta T\pi\,(r)$ 的收益，普通成员留下并获得投入资金的利息 $T\pi\,(r)$。但是，如果有外部制度条件约束剩余分配时，核心成员则不能控制全部的剩余索取权，此时农村资金互助社核心成员的收益减少为 $E\sigma$ $(r^*-c\,(K),\,r)\,-G/n$，普通成员的收益增加为 $T\sigma\,(r^*-c\,(K),\,r)$，即此时利率为效率水平 $r^*-c\,(K)$。此时若成本 c 较高，核心成员的收益相较于控制剩余索取权的情况大幅下降，考虑到有其他收益更高的外部选择，农村资金互助社将有解散风险。接下来分析在博弈最终均衡结果下，即核心成员控制全部剩余索取权时，农村资金互助社如何选择其利率水平。

三　利率行为取决于社会关系和参与决策

假定参与者之间共同纽带的强弱 K 是外生给定的。这样能够简化阐述，描述农村资金互助社的给定组成 β 所产生的利率。当 β 和 K 为外生变量时，产生的利率表示为 $r\,(\beta,\,K)$，并作为式（8）关于 r 求最大化的解。可以将运营净收益率 ρ 表示为 $\rho\equiv r^*-c\,(K)$，用 $\eta\equiv E/T$ 来衡量核心成员与普通成员资源禀赋的相对不均等。将等式（8）除以 $E+\beta T$，并从最大化问题中去掉涉及运营成本的第三项，设定：

$$\gamma(\beta)\equiv\frac{\beta-\lambda(\beta)}{\beta+\eta} \tag{9}$$

可以看到，资金互助社设定的利率 $r\,(\beta,\,K)$ 是为了最大化：

$$\sigma(\rho,r)-\gamma(\beta)\pi(r) \tag{10}$$

通过式（10）可以方便地了解均衡利率。首先可以注意到，如果 $\gamma\,(\beta)=0$，将选择最大化每单位资源禀赋收益（σ）的效率利率水平，即利率等于 ρ。那么在等式（4）的假设下，对于 β 的任意有限正值，$\gamma\,(\beta)$ 肯定是正的。但是当 $\beta=0$ 时，$\gamma\,(\beta)$ 为零。并且当 $\beta\to\infty$ 时，$\gamma\,(\beta)$ 也为零，前提是在极限情况下，β 的边际增加带来相等的边际控制增加。也就是说，当 $\beta\to\infty$ 时，$\lambda'\,(\beta)\to1$。因此，当农村资金互助社整体成员变得更加同质化时，利率设定行为变得有效。

然而，农村资金互助社的成员异质性使得效率下降。从式（10）可以看到，在 $r=\rho$ 处估值时，第二项 $-\gamma（\beta）\pi（r）$ 继续产生利率上升带来的负边际影响。因此，利率水平必须从 ρ 以下选择。并且直观地来说，γ（β）越大，这种影响就越大。由此可见，均衡利率与 γ（β）的值负相关。

事实上，γ（β）很好地反映了寻租效应和控制转移效应的共同影响。试想一下随着 β 的增加，λ 增加得很少或根本不增加。此时寻租效应强于控制转移效应，γ（β）上升并导致均衡利率下降。同样地，假设在某个范围内，λ（β）随着 β 的增加而"足够急剧"上升。在这种情况下，控制转移效应超过寻租效应，这意味着 γ（β）下降以及由此引起的利率上升。

可以将前一段的论点再推进一步。如果最初寻租占主导地位，而后来控制转移效应占主导地位，利率将随 β 的变化呈现 U 形变化，在 β 取值范围的两端收敛于效率值。接下来对这些结果进行总结。

观点2：假设式（2）和式（4）成立，β 和 K 是外生给定的，那么下列论述将是正确的。

（1）在任何具有 $0<\beta<\infty$ 的"异质性"农村资金互助社中，农村资金互助社选择的利率水平 r（β，K）被严格设定为低于其效率水平 $\rho=r^*-c$（K）。

（2）随着普通成员的比例变得可以忽略不计（$\beta\rightarrow0$），利率趋于效率水平。当核心成员的比例变得可以忽略不计时情况也是如此，只要当 $\beta\rightarrow\infty$ 时，λ'（β）$\rightarrow1$。

（3）当且仅当普通成员控制权的边际增加足够大时，均衡利率在 β 上是局部非递减的：

$$\lambda'(\beta)\geqslant\frac{\eta+\lambda(\beta)}{\eta+\beta} \tag{11}$$

（4）如果 λ（β）是凸性的，并且当 $\beta\rightarrow\infty$ 时，λ'（β）$\rightarrow1$，那么利率 r（β）在 β 取值范围内是呈 U 形变化的，这意味着存在 β^*，使得 r（β）在 $\beta<\beta^*$ 时不递增，并且在 $\beta>\beta^*$ 时不递减。

在供给函数弹性不变的情况下（农民生产收入函数的形式为 f（l）$=l^\alpha$，且 $0<\alpha<1$），可以得到利率的封闭表达式：

$$r(\beta, K) = \frac{\alpha\rho}{\alpha + (1-\alpha)\gamma(\beta)} \tag{12}$$

在这种特殊情况下，利率函数清楚地刻画了观点 2 的论断。

四　内生参与下的利率行为

现在继续假设在一个新成立的农村资金互助社中，社会关系强弱是外生给定的，但允许农民决定是否加入农村资金互助社。假设农民可以理性地预期在给定互助社成员组成成分的条件下产生的利率（用函数 r（β，K）表示）。各类代表性的农民是否应该将收入资金投入互助社，明显取决于资金的其他用途。假设每种类型的农民的外部选择是异质性的，对于每种类型 θ，令 H^θ（·）表示外部选择的某个（连续）分布函数，当外部选择为正值时函数为正。假设每个农民将其所有的收入资金用于投入农村资金互助社或从事其他活动。

现在需要区分该地区内的潜在参与者和实际参加农村资金互助社的农民。普通成员和核心成员的潜在参与者数量分别是 M 和 N，它们都是外生给定的。实际参与互助社的农民数量（m 和 n）将由内生因素决定。设 u^T 和 u^E 为每一类农民加入农村资金互助社的（理性预期）收益。那么 θ 类的参与率就是 $H^\theta(u^\theta)$，所以：

$$m = MH^T(u^T)$$
$$n = NH^E(u^E) \tag{13}$$

这些收益取决于农村资金互助社内部普通成员与核心成员的预期比例 β：

$$u^T = u^T(\beta) = T\pi(r(\beta, K))$$

$$u^E = u^E(\beta) = (E + \beta T)\sigma(r^* - c(K), r(\beta, K)) - \beta u^T(\beta) - \frac{G}{n}$$

因此，在不考虑社会关系 K 的影响时，可以将均衡参与率 φ^T 和 φ^E 的方程写为以下形式：

$$\varphi^T \equiv \frac{m}{M} = H^T\left(u^T\left(\frac{m}{n}\right)\right)$$

$$\varphi^E \equiv \frac{n}{N} = H^E\left(u^E\left(\frac{m}{n}\right)\right) \tag{14}$$

为了分析这种均衡的性质，首先检验两种类型的收益如何随 $\beta \equiv m/n$ 变化。普通成员的收益随利率单调变化，因此遵循与利率函数完全相同的 U 形模式。当 β 趋向于任何一个极端值时，普通成员的参与率向相同的极限 $H^T(T\pi(r^*-c(K)))$ 接近。核心成员收益的变化方式比较难以描述。其在利率函数下降的区间内随 β 增加而增加。然而，在利率函数增加的区间内，核心成员的收益可能会减少，也可能不会减少。但是在 $\beta \to \infty$，$\lambda/\beta \to 1$ 的情况下，所选择的利率收敛于 $r^*-c(K)$，核心成员的收益必然收敛到 $\beta=0$ 时的水平。因此随着普通成员获得控制权，其收益最终一定会下降。

现在定义一个预测相对参与率的函数：

$$h\left(\frac{m}{n}\right) \equiv \frac{H^T(u^T(m/n))}{H^E(u^E(m/n))} \tag{15}$$

对式（13）、式（14）和式（15）的检验表明，均衡组成 β 由下式给出：

$$\beta = h(\beta)\hat{\beta} \tag{16}$$

其中，$\hat{\beta}$ 表示 M/N，即该地区普通成员和核心成员的潜在参与者数量之比。接下来研究 h 的变化情况。考虑到前文的分析，h 首先减少，然后随着普通成员获得足够的控制权而增加。并且其总是具有以下性质：h 在 $\beta=0$ 处取得最大值。在该点处，普通成员的收益取得最大值（利率 $r=r^*-c(K)$），而核心成员的收益为最小值。因此函数 h 是连续的，并且在 0 处的函数值为其上界，这意味着参与决策总是存在一个均衡。然而这样的均衡可能不止一个。普通成员在协调其参与决策时可能会面临一个问题：如果他们每个人都预期只有一小部分人加入，他们对加入的预期收益就会很低，因为核心成员将获得大部分的控制权。

考虑任意（局部稳定）的均衡（例如 h 函数递减时与 45 度线相交的点），如果此时普通成员和核心成员的潜在参与者数量之比 β 增加，那么

曲线 $h(\beta)\hat{\beta} \equiv h\left(\dfrac{m}{n}\right)\dfrac{M}{N}$ 上面的每个点都以相同的比例向上移动。因此，均衡 β 也必须上升。观点 2 可以转换成关于 $\hat{\beta}$ 变化影响的陈述。换句话说，可以用地区内潜在普通成员的比例来代替互助社内普通成员的比例，作为寻租程度的主要决定因素。

θ 类成员的参与率 φ^θ 可以用 $\varphi^\theta = H^\theta\left(u^\theta(\beta)\right)$ 表示。由于 H^θ 是给定的单调函数，收益的变化反映在相应的参与率上。换句话说，可以通过检验参与率的相应变化来推断租金模式的变化。当 β 在 $\hat{\beta}$ 上呈现单调递增时，从前文的讨论可以得出，理论上预测普通成员的参与率 φ^T 关于 $\hat{\beta}$ 呈现 U 形分布，与利率的变化模式完全一致。另外，核心成员参与率最初关于 $\hat{\beta}$ 是增加的，并且在利率函数下降的范围内继续增加。此后，尽管预计其最终会关于 β 下降，其行为就不那么容易确定了。

第四节　合作金融组织成员异质性的案例解析

一　案例背景

20 世纪 70 年代初，吉林省蛟河市富强村四社生态环境比较差，东面环山，山高草木稀少，植被覆盖率低，耕地坡度大，每逢大雨必会发生泥石流，泥石俱下涌向村内，埋没了耕地，毁坏了家园。在这种情况下，富强村四社社员认识到，要想长期可持续发展，必须忍痛割爱，放弃一部分耕地，植树造林，并对荒山秃岭进行大规模植树。1973 年，时任生产队队长的邵泽林带领农民展开了一场大规模持续的植树造林活动。当时，他们提出口号"林茂粮丰"。首先，退耕还林，在水土流失严重的耕地上种植树木，放弃 20 多公顷坡度比较大的耕地，栽种各种经济林木。其次，对树木稀少的荒地荒山进行植树造林。20 世纪 90 年代初，村集体植树造林成果显现，树木已经成材，但开始出现乱砍盗伐森林现象，个别村民也开始偷伐树木自己家用。面对上述局面，村党支部书记大力推动富强村开启了自发的林权改革。第一，选举成立林权改革小组。根据村民推荐，经公开选举产生了由 11 人组成的改革小组。第二，对林地进行分类确权。对纳入林权改革的 60 公顷林木进行分类，并按照树种、树木粗细、树龄情况进行分片。第三，召开村民大会，全社社员参加，宣传林权改革的原则及其意义，广泛征求村民的意见。第四，制定林权改革方案，以抓阄的方式，按照有偿分配的原则，转让林权到农户，明晰了产权。林权改革推行成功以后，共收入林权转让费近 17 万元。围绕这部分资金，村民一致同意由村党支部书记牵头成立一个专项资金管理小组，用这部分集体资金开展资金互助，帮助农民解决生产生活中的资金需求问题。

二 案例基本情况

早在 1997 年，富强村四社即开展了资金互助业务，在时任村支书和生产队队长的带领下，制定了资金互助管理的基本原则和管理制度。设立资金管理红线：初始股金保持不变，即当时对外借款规模不能超过全部股金 17 万元，借款只限于本社村民。资金互助的宗旨是为本社社员服务，用资金发展生产，有偿互助。采取的管理措施包括：每年末 12 月 20 日必须还本付息，绝不延期，过期不还者，加罚违约利息；日常管理费每年只有 50 元补助，其余由经办人自己承担；采用联保制度，村民相互担保借款，利率与当地信用社持平；借据格式规范，手续简便。在村民的共同参与和监督下，富强村四社农民自发地组织起来，将资金互助组织管理得井井有条，于 2008 年形成了基本成熟的管理制度。

（一）资金互助社的组织架构及治理机制

富强村资金互助社自成立起，即形成了比较规范的业务管理流程。2007 年银监会公布《农村资金互助社管理暂行规定》，对农村资金互助社的组织机构等进行了详细规定，富强村资金互助社据此进一步修订了组织章程，形成了互助资金管理条例，明确了互助社的组织架构。富强村资金互助社组织架构如图 4-4 所示。互助社的最高权力机构是社员代表大会，由富强村四社全体社员共同推举，每年召开一次会议，负责讨论、审议并决议有关互助社发展的重大问题。社员代表大会下设具体执行机构理事会，选举会长 1 人，会员由 8 人组成，理事会每年至少召开两次全员理事会议，审查监督资金发放、回收的情况，按照管理条例检查办事工作，帮助办事员处理疑难问题。设立了资金管理小组，负责互助金的发放、收回和保管等日常业务处理，小组三名成员有明确分工，组长负责审批，一名组员负责审核、发放现金，另一名组员负责审查；小组保证账目健全，定期向社员大会和理事会公布账目，超过一万元的资金借贷必须由理事会讨论通过。

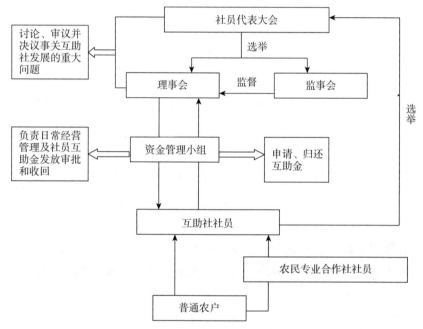

图 4-4　富强村资金互助社组织架构

随着农村经济的发展，农民规模化养殖种植业、对外承包工程劳务以及各种经商活动对资金的需求越来越旺盛，原有的互助资金规模远远不能满足农民生产规模日益扩大的资金需求。鉴于此种情况，在村委会的支持下，互助社理事长决定在富强四社资金互助的基础上，将资金互助的范围扩大到全村，全村农民可自愿入股，通过吸收互助金，扩大资金规模，让全村百姓人人有平等参与资金互助的机会。2013 年 12 月 30 日，富强村召开了农民专业合作社联合社成立暨资金互助社员代表大会，顺利地全票通过合作社章程和资金互助章程，选举产生了理事会、理事长和监事会，实现了资金互助管理的组织化、制度化、规范化。经过各方的共同努力，广大社员踊跃入社，参与资金互助，一次性吸收入股互助金近 600 万元，全村 500 户农民，入股户数达到 300 户，入社率为 60%。入股起点为 100 元，入股资金最多的为 100 万元，最少的为 100 元。社员入股资金支付的利息为月息 6 厘，年息 7.2%。社员借款支付利息参照当地信用社贷款利率水平执行，一般起点为 1 分利，即年息 10%。借款利率高低取决于社员信用状况、借款规模和借款时间。

（二）资金互助社的业务运营管理

资金互助社的日常运营由资金管理小组严格按照章程办理，由借款户提出借款目的和计划，合理有效地利用资金，做到有偿出借、按时偿还，一旦出现村民违约超期，将取消后续的融资资格。借款只限本社社员，用有价证券、财产等抵押，也可以用借款人和有信誉的人担保的财产抵押（现居房屋除外）。借款额度一般为每户限额 2000 元之内（后期扩展至 20000 元），如超过限额，必须找有抵押能力的担保人进行担保，在借款户还清借款前，本户和担保抵押财产限制处理。借款期限一般从 1 月 1 日至当年 12 月 20 日前归还，按归还期的利率和信用社同档次利率水平，未还清的部分，处以一定比例罚息，同时向人民法院申请执行。受到损失时，由资金管理小组成员承担一定的经济损失。

调查统计结果显示，1997 年开展资金互助业务以来，四社累计为社员解决生产生活用钱千万余元，资助千余人次，覆盖率达到 90% 以上，帮助农民实现了增收的目标。与此同时，互助资金不断增值，促进了集体福利事业的发展，到 2013 年末资金规模已经由当初的 17 万元增加到了 60 万元。2013 年互助社扩展为农民合作社内部的信用互助部以来，股本总额及借贷总额大幅度增长，资金互助的范围扩大了，由原来的四社扩大到全村十一个社，互助资金的规模也扩大了 10 倍，但仍然按照过去四社资金互助管理的经营模式以及资金互助章程严格管理，村民自愿参加，资金互助的范围只限于本村村民。互助社还将一部分增值资金作为公共积累，用于集体福利，修建了文化活动室、水泥路、自来水供水设施等，取之于民用之于民。

三 案例分析

富强村现已形成对外承包工程劳务、种植业和养殖业三大支柱产业，农业组织化、规模化、集约化发展初具规模，新农村建设不断展现出新的面貌，被吉林省政府命名为"新农村建设省级示范村"。富强村资金互助社在成员异质性不断增强的条件下稳健运行，实现了资金与收益的可持续发展。这表明强化组织治理的有效性可以在一定程度上避免合作金融组织的异化和"使命漂移"。富强村资金互助社的组织治理特点主要有以下六个方面。

1. 初始组织成本集体支付

富强村资金互助社在集体林权改革的基础上，利用"有偿转让"林权改革收取的资金进行资金互助，实质上是使用集体资产开展资金互助，使集体资产不但没有损失流失，反而不断增值，创造了集体资产管理的新模式，这在吉林省乃至全国也属于首创。组织成本集体支付有效减弱了发起人对组织的控制权，避免了核心成员控制组织的剩余索取权导致的合作性下降。组织成本集体支付有助于增强成员间的共同纽带联系，提高成员的参与意识，提升成员的合作意愿，从而减弱普通成员对核心成员的依赖，强化民主监督与管理的自觉性和有效性，避免合作金融功能异化。

2. 组织架构健全，治理机制完善

调查发现，富强村资金互助社能够成功地开展资金互助，并且能够安全稳健运行多年，关键在于其资金互助管理机制健全完善，成立了专门的集体资金管理小组，并且制定了集体资金管理条例以及完善的会计管理制度。富强村资金互助社在决定扩大合作范围后，依托农民专业合作社开展信用合作，参照之前的管理体系，进一步完善组织架构和管理机制，通过农户的专业合作奠定更扎实的合作基础。在农村集体资产管理普遍混乱的情况下，富强村资金互助社集体资产账目十分清晰。调研小组专门查阅了互助社的会计记账凭证，一本本厚厚的、装订整齐的会计记账凭证，详细清晰完整地记录了每一笔资金的来源及用途。

3. 乡村能人带动和社员广泛参与相互促进

富强村资金互助社成功的关键原因，还在于有思想水平高、领导能力强的农村带头人和致富带头人。富强村几任村领导全心全意为大家谋福利，带领农民发家致富共同奔小康，这一点是群众公认的，时任村支书左书记为此付出了许多心血，时任生产队队长邵泽林长期以来对资金互助社运行管理起到了关键性作用。据调查，最初的"集体资金互助管理制度"是由村党支部书记制定的，经过多年的实践和修改，已形成完善的资金互助管理制度。资金互助管理的核心人物属于乡村精英，是当地最早富裕起来的农户，经济实力雄厚，家族在当地具有很强的影响力，长期担任资金互助管理负责人角色，具有丰富的社会资本，受到组织成员的普遍信任。

4. 明确的合作目标及共同愿景

互助社在原来富强村四社资金互助的基础上，扩大资金互助的范围到全村十一个社，展现了富强人共同致富的胸襟和愿望。资金互助首先从四社开始，经过17年的运行，成功帮助一批农民先富裕起来，资金的规模不断扩大。互助社理事长具有浓厚的乡土情怀，动员富裕农户树立先富帮后富的共同愿景。富裕起来的四社农民自愿扩大资金互助的范围到全村家家户户，目的是让先富起来的农民带动全村农民共同致富。据调查，成立农民专业合作社联合社，并在此基础上扩大资金互助范围，富强村四社的贡献最大，表现在以下两个方面。一是四社将原来的互助资金带到了全村，与全村村民共享；二是四社农民交纳的入股资金最多，占了70%，几大主要股东来自几个家族。

5. 依托强大的集体经济和良好的村域治理生态

富强村资金互助社的基础是村集体经济发展壮大，新型农村经济体、农民专业合作社发展状态良好。脱离了实体经济，脱离了产业，新型农村合作金融发展就成为无源之水、无本之木，不会持续发展。发展新型农村合作金融离不开良好的村域治理生态。富强村村级领导班子始终战斗力强，作风优良。富强村是吉林省级先进村文明村，村域文化建设良好，经济发展、社会生态优良，这些都是新型农村合作金融发展的基本条件。

6. 社会资本提高了社员之间的连接度

富强村资金互助社成立于1997年，当时东北农村社会还处于比较稳定的状态，人员流动性较低，因此成立之初社会资本的连接度就很高。互助社社员均为本村域的农户，村民间知根知底，长期共同生产生活、相似的价值观念等形成了高度认同的社会规范，社员之间的相互信任程度很高。互助社发起人担任过村党支部书记，核心管理人员和参与者是当地第一批富裕起来的农户，社会资本十分丰厚，对周围农户的带动能力很强，社员对核心成员的信任度也较高。互助社初始资金来自集体资产，社员对组织具有强烈的认同感，民主治理参与度高。这些社会资本和社会资源为互助社提供了必要的信任、规范和网络，互助社业务开展和组织的良好运行又进一步为推进社会资本良性循环、内部治理均衡提供了必要条件。互助社内部的社会资本通过"动态"连接作用，提升了社员的参与度和互信度，有助于保障组织有效治理，防止互助社"使命漂移"。

| 第五章 |
农村合作金融的国际经验借鉴

农村合作金融发展至今已经有150多年的历史，国际上形成了一些相对成熟的农村合作金融发展模式，其中主要包括德国模式、美国模式、日本模式、韩国模式等。这些模式的特征及经验对于我国农村合作金融发展具有一定的启发和借鉴意义。农村合作金融没有放之四海皆准的固定成功模式，我国幅员辽阔，农业农村发展模式具有复杂性和鲜明的地域差别，应在吸收他国经验的基础上，探索出具有中国特色的农村合作金融发展路径。

第一节 德国模式

德国是农村合作金融的发源地。农村合作金融可以看作德国农村改革运动的产物，旨在通过农民自组合作社的方式解决农村金融困境，促进农村经济的发展。德国农村合作金融的历史可以追溯到19世纪末至20世纪初的农村金融危机和农民贫困问题，农民面临着严重的债务问题和高利贷盘剥，难以获得正规金融机构的贷款和金融服务，农业生产和农村经济发展受到严重限制。在此背景下，德国政府开始推动农民自组合作社，旨在改善农民生活条件，提高农业生产效率，促进农村经济发展，提高农民经济地位，发展农村金融合作成为德国农村改革的重要组成部分。德国最早的信用合作社由赫尔曼·舒尔茨·德立兹（Hermann Schulze-Delitzsch）于

1850年创办，舒尔茨是德国的社会改革者和合作运动倡导者，他提出了自愿、自助、自治的合作社理念和原则，把城市小生产者组织起来进行资金互助，使其免受高利贷的盘剥，并在德国各地推广这一模式。1864年雷发巽创办了农村信用社，这是世界上第一家农村信用社，不仅通过资金互助使得农民免受高利贷剥削，而且促进了农业生产。1889年德国《产业及经济合作社法》正式颁布，规定了合作社的组织形式、经营原则和监督机制，为农民合作社的成立和运营提供了法律依据。德国农村信用社以民主、互助和自助为原则，由农民自愿组成，共同出资和共同管理，为成员提供贷款、储蓄和其他金融服务。随着时间的推移，德国农村信用社的数量不断增长，规模不断扩大，成为德国农村金融体系的重要组成部分。

一　德国农村合作金融体系

（一）基本构成

德国的农村合作金融体系是世界上最早也是最成功的农村金融组织形式，被普遍认为是农村合作金融领域的典范，深刻影响了其他国家农村合作金融的发展，印度农村合作金融组织发展模式就主要借鉴了德国模式。德国农村合作金融体系有三个层次，呈现典型的金字塔结构：底层是地方性合作银行与农村信用社，中间层是三家地区性合作银行，顶层是中央合作银行。

地方性合作银行也称为雷发巽银行，是德国农村合作金融体系的底层和基础，也是建立在农村社区基础上的金融机构。由于农村社区的紧密关联，地方性合作银行与农民建立了密切的关系，能够更好地了解农民的经济活动、农业生产和金融需求。农村信用社的成员是当地社区的农村居民，他们共同出资组成合作社，采取民主管理方式，每个成员都有投票权，农村信用社的主要任务是为成员提供贷款、储蓄、支付和其他金融服务。

地区性合作银行是农村合作金融体系的第二层级，由地方性合作银行入股形成，负责与农村社区的直接接触和服务。地区性合作银行与农民建立紧密的联系，通过提供贷款、储蓄、支付和保险等各种金融服务满足农民的金融需求。地区性合作银行还负责监督和管理农村信用社的运作，确保其合规性和稳定性。

中央合作银行是农村合作金融体系的顶层机构，负责为农村信用社提供资金和其他支持。中央合作银行与农村信用社之间建立紧密的合作关系，通过提供贷款、资金调剂和风险分担等方式支持农村信用社的运作。中央合作银行具有较强的资金实力和专业化的金融服务能力，通过提供更多、更灵活的金融产品和服务来满足地区性合作银行的需求。

德国农村合作金融体系的金字塔结构，具有资金流动、客户导向服务、风险分散和促进地方经济发展等优势。一是资金流动。由于金字塔结构的存在，资金可以从中央合作银行向下流动，迅速满足地区性合作银行、地方性合作银行和农村信用社的资金需求。这种高效的资金流动确保了农村金融体系的稳定和可持续发展。二是客户导向服务。地区性合作银行、地方性合作银行和农村信用社在与农民的接触中，能够更好地了解他们的需求，这种导向型的服务能为农民提供个性化的金融产品和服务，提高金融服务的质量和效果。三是风险分散。由于农村合作金融体系由多个层次的银行机构组成，风险得到了分散。即使某个地方性合作银行出现问题，整个体系也不会受到严重影响，其他合作银行可以互相支持和帮助，保持整个体系的稳定。四是促进地方经济发展。农村合作金融体系的金字塔结构使得资金能够更好地流向农村社区，支持当地农业和农村经济的发展。地方性合作银行与农村社区的紧密联系，使得金融资源能够更好地投入当地的农业和农村产业中，促进地方经济繁荣。

（二）资金构成

农村信用社是德国农村合作金融体系的基础组成部分，也是最接近农民和农业企业的金融机构。农村信用社的资金主要来自农民和农业企业的入股，农民和农业企业将资金投入合作社中，成为合作社的股东。农村信用社的资金主要用于满足农民和农业企业的贷款需求，支持农业生产和农村发展。

地区性合作银行的资金主要来自农村信用社的一部分资金入股和其他机构的入股。其他机构（城市居民、个人投资者、合作社企业和其他中小企业）也可以通过购买地区性合作银行的股票或其他金融产品，将自己的资金投入合作银行中。地区性合作银行的资金主要用于为地区内的农民、农业企业和其他中小企业提供贷款和其他金融服务。

中央合作银行的资金主要来自地区性合作银行的资金入股和其他机构的入股。其他机构（城市居民、个人投资者、合作社企业和其他中小企业）可通过购买中央合作银行的股票或其他金融产品，将自己的资金投入中央合作银行。作为金字塔的顶层机构与资金枢纽，中央合作银行的主要职责是为地区性合作银行提供资金支持和结算服务，以确保整个农村合作金融体系的稳定运行。

综上所述，这种多层次的资金形成机制使得资金能够从基层到中央进行流动，满足不同层次和规模的客户的金融需求，同时也有助于分散风险，提高整个体系的稳定性和可持续发展能力。

（三）经营业务

农村信用社作为德国农村合作金融体系的基础组成部分，其经营业务范围主要包括以下几个方面：通过吸收农民和农业企业的入股资金，为其提供股权融资；接受农民和农业企业的存款，并为其提供储蓄和结算服务；为农民和农业企业提供贷款与信贷服务；为农民和农业企业提供风险保障和保险服务；为农民和农业企业提供支付和转账服务，方便其日常交易；为基层社区提供金融教育和咨询服务，提升金融素养。

地区性合作银行在德国农村合作金融体系中扮演着承上启下的中间角色，其经营业务范围主要包括以下几个方面：吸收农村信用社和其他机构的入股资金，为其提供股权融资；提供风险管理和保险服务，为客户提供风险保障；提供国际金融服务，支持国际贸易和投资；向农民、农业企业和其他中小企业提供贷款和信贷服务；为地区内的居民和企业提供投资渠道等金融服务。

中央合作银行是德国农村合作金融体系中的顶层机构，其经营业务范围主要包括以下几个方面：提供国际金融服务，支持国际贸易和投资；提供风险管理和保险服务，为客户提供风险保障；为地区性合作银行和其他机构提供技术支持和培训服务；接受地区性合作银行和其他机构的入股资金，为其提供股权融资，提供资金支持和融资服务，提供流动性和资本补充；参与国内外金融市场的交易和投资，实现资金的增值和运作。

综上所述，这种多层次的经营业务范围使得德国农村合作金融体系能够提供全方位的金融服务，进而促进农村经济发展和社区繁荣。

（四）监督管理

德国农村合作金融体系的监督管理由德国联邦金融监管局、农村信用社联合会、审计机构、监事会以及合作金融机构自身的内部控制和风险管理部门共同负责。这些机构和部门通过监督和管理，确保合作金融机构依法合规运营，保护成员和利益相关方的权益，维护整个金融体系的稳定和安全。

德国联邦金融监管局负责制定监管政策和规则，监督合作金融机构的经营行为，确保其合法合规运营。德国农村信用社联合会作为农村信用社的行业协会，负责协助监督和管理农村合作金融体系。审计机构定期审查农村信用社，确保其财务状况与经营的合规性；监事会通过监督机制，确保合作金融机构依法合规运营，保护成员和利益相关方的权益；合作金融机构内部设立专门的内部控制和风险管理部门，负责监督和管理合作金融机构的内部运营，确保合规性。

二 德国农村合作金融特点

（一）始终坚持合作制原则

德国农村合作金融体系坚持合作制原则，即成员共同拥有和经营金融机构，并共享利益和共担风险。这种合作机制促使金融机构更加注重长期稳定的发展，而不是追求短期利润。在德国农村合作金融体系中，基层的农村信用社由当地农民和企业共同出资组建，成员有权参与机构的决策和管理，并分享机构的经济利益。

（1）成员共同拥有和经营。合作金融机构的所有权归属于其成员，而不是个人或股东。成员共同拥有机构股份，并参与机构的经营和管理，这种模式确保了机构的民主性和公平性，避免了权力过于集中和私人利益的干扰。

（2）共享利益和共担风险。成员共享利益、共同承担机构的风险和责任，包括利润的分配和红利的发放、可能的亏损和债务。这种共享利益和共担风险的机制促使成员更加注重机构的长期稳定发展，而不是追求短期利润。

（3）民主决策和管理。决策和管理由成员共同参与和决定，包括选举董事会成员和监事会成员，这种民主决策和管理的机制确保了组织的公平性和透明度，有助于保护成员的权益。

（二）自下而上的入股

德国农村合作金融体系采用自下而上的入股模式，即基层农村信用社由当地农民和企业共同出资组建。而合作金融机构则以合作银行为中心，在上级合作银行指导下提供金融服务。成员以个人或企业形式参与金融机构入股，并通过持有股份来共同拥有和经营。这种模式与传统的股份制金融机构不同，后者通常是通过集中的股东来控制和经营机构。这种模式有助于合作金融机构更好地了解和满足当地居民和企业的需求，提供个性化的金融解决方案。

（1）分散的股东结构。德国农村合作金融机构的股东通常是当地的农民和企业，农民以个人或家庭的形式参与入股。这种分散的股东结构使得机构的所有权更加广泛和多样化，避免了权力过于集中和个别股东的操控。

（2）自愿入股。成员以自愿方式参与机构的入股，没有强制性要求或限制，每个成员根据自己的意愿和能力选择是否入股以及入股的数量和金额。这种自愿的入股机制确保了成员的主动性和自由选择权。

（3）以人为本的服务模式。自下而上的入股模式使得德国农村合作金融机构更加注重以人为本的服务，成员作为股东有权参与机构的决策和管理，可以对机构的服务质量和经营方向提出建议和要求。这种服务模式使得机构更加关注成员的需求和利益，为成员提供个性化和定制化的金融服务。

（4）注重地方经济发展。自下而上的入股模式使得金融机构更加贴近当地农民和企业，能够更好地了解和满足他们的金融需求。机构的经营和发展也更加注重地方经济的发展，因为成员是当地的农民和企业，他们的利益与地方经济的繁荣紧密相关。

（三） 先进的管理体制和管理方式

德国农村合作金融体系采用先进的管理体制和管理方式，保证了合作金融机构的高效运营和长期稳定发展。具体来看，包括以下几个方面。

（1）民主决策和管理。德国农村合作金融机构遵循民主决策和管理的原则，成员作为股东有权参与机构的决策和管理，这种民主决策和管理的机制确保了机构的公平性和透明度，有助于保护成员的权益。

（2）董事会和监事会的角色。德国农村合作金融机构设立了董事会和监事会，分别负责机构的日常经营和监督，董事会和监事会的角色分工明确，相互制衡，确保机构决策和管理的合理性和公正性。

（3）风险管理、内部控制与人力资源管理。一方面，德国农村合作金融机构非常重视风险管理和内部控制，采取了一系列措施来确保机构的稳健经营。另一方面，机构重视员工的培训和职业发展，为其提供良好的工作环境和福利待遇，激励员工的积极性和创造力。机构还注重团队合作和沟通，建立了良好的内部沟通机制，以促进信息共享和协作。

（4）技术创新与数字化转型。德国农村合作金融机构积极推动技术创新和数字化转型，以提升服务质量和效率。机构投资大量资源用于信息技术的研发和应用，推出了一系列在线和移动金融服务，方便成员随时随地进行交易和查询。技术创新和数字化转型使得机构能够更好地满足成员的需求，为成员提供更加便捷和个性化的金融服务。

（四） 完善的风险防范与监管机制

德国农村合作金融体系在风险防范方面采取了一系列措施，以确保机构的稳健经营和风险控制。第一，通过设立专门的风险管理部门负责识别、测量、监控和报告机构所面临的市场风险、信用风险、操作风险等各类风险，并提出相应的对策和控制措施。第二，德国农村合作金融机构建立了完善的风险控制制度，包括制定风险管理政策和流程、设定风险限额和风险指标、建立风险监测和报告机制等。机构通过严格的风险控制制度，确保各项业务和活动在风险可控范围内进行，避免风险集中和超过承受能力。第三，德国农村合作金融机构设立了合规审查和内部审计部门，负责监督和评估机构的合规性和内部控制制度的有效性。合规审查部门负责审查机构的业务和操作是否符合法律法规和内部规定，防止违规行为的发生。内部审计部门负责对机构的内部控制制度和风险管理措施进行审计和评估，发现和解决存在的问题和风险。第四，机构通过购买各类保险（信用保险、财产保险等）减少不可预见的风险事件导致的损失。此外，机构还通过与其他金融机构进行风险转移，例如通过参与金融衍生品市场进行对冲操作，降低市场风险。第五，德国农村合作金融体系具有完备的监管体制，以确保机构的合规性和稳健经营，包括监管规则和要求、监管评估和审查、监管报告和信息披露、监管处罚和制裁等。这些监管机制确保了机构的合规性和稳健经营，为成员提供安全可靠的金融服务。例如，德国农村合作金融机构需要向监管机构提交定期的监管报告，内容包括机构的财务状况、风险管理情况、内部控制制度情况，机构也需要按照监管要求进行信息披露，向公众和投资者公开机构的相关信息，提升透明度和公信力。

三　德国农村合作金融模式对我国的启示

（一）借鉴德国自下而上的入股控股方式

在德国的农村合作金融模式中，农村合作银行和农村信用社是以合作社形式组织的，农民通过购买合作社的股份，成为合作社的股东，享有相应的权益。这种方式能够使农民更加积极地参与金融机构的经营决策，提高金融机构的透明度和效率。我们可以借鉴这种模式，通过推动农民入股农村合作金融机构，实行自下而上的控股方式，在农村合作金融机构中引入股份制，建立现代产权制度，让农民成为合作金融机构的股东，实现农民对合作金融机构的参与和监督，增强农民对合作金融机构的话语权。

为确保自下而上的入股控股方式的有效运作，需要特别加强农村合作金融机构的治理和监管。一方面，机构应建立健全内部治理机制，包括股东大会、董事会和监事会等，确保股东的权益得到保护、决策程序公正和透明，确保农民在决策和监督中发挥应有的作用。另一方面，制定和完善相关法律法规，明确农村合作金融机构的产权归属、权益保护和转让等规定，确保农民在农村合作金融机构中的股权得到法律保护，鼓励农民参与机构的股权投资。

（二）借鉴德国现代管理方式，完善法人治理结构

在德国的农村合作金融模式中，合作社是以法人组织形式存在的，拥有独立的法人地位。合作社的法人治理结构包括股东大会、董事会和监事会等，确保合作社的决策和管理具有科学性和规范性。我们可以借鉴这种模式，进一步完善农村合作金融机构的法人治理结构，建立起科学、规范的决策和管理机制，提高农村金融机构的决策效率和管理水平。借鉴德国的经验，引入现代管理方式，如大数据分析、人工智能、信息技术、互联网金融等，优化农村合作金融机构的业务流程，提高金融服务的质量、效率与便利性。

我国的农村合作金融机构在经营管理方面存在较多问题，如决策过程不透明、管理水平不高等。为了实现经营管理的逐步转型，应推动农村合作金融机构引入现代管理理念和方法，加强内部管理和外部监督，提高决策的科学性和透明度。同时，还需要培养和引进专业化的管理人才，提升农村金融机构的管理水平和能力。

（三）借鉴德国监管措施，完善风险防范机制

德国农村合作金融体系注重信息披露和公众监督，向公众和投资者公开机构的相关信息，提升透明度和公信力。我国可以进一步明确金融机构的信息披露要求，提高信息披露的质量和透明度，通过信息披露，加强公众对金融机构的监督，促进金融机构的规范运作和风险防范。要拓宽公众对金融机构的监督和投诉渠道，保护投资者和公众的利益，规范对农村合作金融机构的注册、备案和审批等监管措施，确保金融机构的合法性和稳健性。通过制定和完善农村合作金融相关的法律法规，明确金融机构的监管职责和权限，规范金融业务的操作和管理。

第二节 美国模式

美国遵循为农业发展供资的方针，形成了多层次、全方位的农村金融体系。美国农村金融体系具有复合信用型模式的特点，其实质是农业信贷资金混合供给，既有农村专业金融机构又有其他种类金融机构。美国农村金融体系是政府主导型农村政策性金融体系、农村合作性金融体系和农村商业性金融体系三种形式并存的体系。其中，商业性金融占比40%，合作性金融占比31%，政策性金融占比29%。此外，联邦银行贷款体系、美国进出口银行和小企业管理局也各自在相应层面上对农村政策性业务进行补充。

美国作为农业发达国家，其农村合作金融经过长期的发展和完善，形成了较为成熟的体系，为美国农业和农村经济发展提供了有力的支持。19世纪末，美国农业面临着市场不稳定、农民负债高企等问题。为了解决这些问题，一些农民开始自发组织起来，成立了早期的农村信用社，主要以互助合作的形式为成员提供贷款服务，资金来源主要是成员的存款和股金。随着美国农业经济的发展和农村金融需求的增加，农村信用社的数量不断增多。同时，政府也开始认识到农村合作金融的重要性，并出台了一系列支持政策。在政府的支持下，农村信用社逐渐发展壮大，业务范围不断扩大，不仅提供贷款服务，还开始提供储蓄、结算等金融服务。经过几十年的发展，美国农村合作金融体系逐渐成熟。

一 美国农村合作金融体系

美国农村合作金融体系主要由联邦土地银行系统、联邦中期信贷银行系统和合作银行系统组成。美国依据农作物的种植规律，将全国分为12个农业信用区，各自成立专业的农业信贷银行，在联邦农业信贷管理局的领导下自成一体，有效防止商业银行为追逐利润最大化而对农业生产产生不利影响，是典型的多元化复合模式。这些金融机构相互协作，为美国农业和农村经济发展提供了全方位的金融服务。

（一）联邦土地银行系统

联邦土地银行系统是美国农村合作金融体系的重要组成部分，该系统由 12 个联邦土地银行及其下属的合作社组成，主要为农民提供长期的不动产抵押贷款服务。1916 年，美国《联邦农业贷款法案》将美国分为 12 个农业信用区，每个地区都建立了联邦土地银行，联邦土地银行联合起来形成联邦土地银行系统。联邦土地银行由政府出资设立，合作社则由农民自愿入股组成。农民通过合作社向联邦土地银行申请贷款，联邦土地银行再将贷款发放给农民。从联邦土地银行的运作层面看，它所奉行的原则是"谁出资、谁享有所有权"，它主要为农场主和农业生产者提供服务。联邦土地银行资金投向以耕地建设和房屋施工为主，贷款期限最长不超过 40 年，一般为 5 年。

（二）联邦中期信贷银行系统

1923 年以后，美国政府为了推动农业发展，满足农业金融需求，相继在 12 个农业信用区成立了联邦中期信贷银行。联邦中期信贷银行系统由 12 个联邦中期信贷银行和所在区域的生产信用合作社组成。联邦中期信贷银行系统主要为农民和农业企业提供中短期的贷款服务。联邦中期信贷银行由政府出资设立，生产信用合作社则由农民和农业企业自愿入股组成。农民和农业企业通过生产信用合作社向联邦中期信贷银行申请贷款，联邦中期信贷银行再将贷款发放给农民和农业企业。生产信用合作社是专门办理贷款业务的合作社，仅对内部社员进行融资以解决社员金融需求，金额根据持股比例确定。信用社贷款主要用于购买种子和生产设备，通常需将一定的财产作抵押。

（三）合作银行系统

1933 年，美国政府分别在 12 个农业信用区内建立了 12 家合作银行，为农村生产合作机构的可持续发展提供金融支持。1988 年，美国又成立了中央合作银行，该银行起初由政府控制，后来通过股份收购掌握在农民生产合作组织手中。合作银行系统主要为农村信用社提供资金支持和金融服务。该系统由中央合作银行及其下属的州立中央合作银行组成。中央合作银行由政府出资设立，州立中央合作银行则由农村信用社自愿入股组成。区域合作银行最突出的特点是核算和风险承担主要委托理事会进行业务决策，并具有独立性。

二　美国农村合作金融机构运行机制

（一）资金来源

美国农村合作金融机构的资金来源主要包括成员存款、股金、政府借款、发行债券等。其中，成员存款是最主要的资金来源。农村信用社通过为成员提供优质的金融服务，吸引成员存款，为机构的发展提供资金支持。

（二）贷款业务

美国农村合作金融机构的贷款业务主要包括不动产抵押贷款、中短期贷款、消费贷款等。贷款对象主要是农民、农业企业。在贷款审批过程中，农村合作金融机构注重对借款人的信用评估和还款能力分析，确保贷款的安全性和可持续性。

（三）风险管理

美国农村合作金融机构非常重视风险管理，建立了完善的风险管理体系，主要包括信用风险、市场风险、操作风险等方面的管理。在信用风险管理方面，农村合作金融机构通过建立严格的信用评估体系和贷款审批制度，降低信用风险。在市场风险管理方面，农村合作金融机构通过合理的资产负债管理和投资组合策略，降低市场风险。在操作风险管理方面，农村合作金融机构通过加强内部控制和风险管理文化建设，降低操作风险。

（四）利益分配

美国农村合作金融机构实行合作制原则，按照成员的交易量和股金比例进行利益分配。机构的盈利主要用于提取公积金、分配红利和发展业务等。合理的利益分配机制调动了成员的积极性，促进了机构的可持续发展。

三 美国农村合作金融体系特点

(一)体系完善

美国的农村合作金融体系包括联邦土地银行、联邦中期信贷银行和合作银行三大系统,它们彼此独立,上下无行政隶属关系。联邦土地银行系统负责抵押贷款,联邦中期信贷银行系统主要为农民和农业企业提供中短期的贷款服务,合作银行系统主要为农村信用社提供资金支持和金融服务,三大系统各司其职,保证了整个体系的高效运转。美国政府建立了完善的农村合作金融监管体系,对农村合作金融机构进行严格的监管。监管机构主要包括联邦储备系统、联邦存款保险公司、农业信贷管理局等。这些监管机构通过制定监管政策、实施现场检查、加强风险监测等方式,确保农村合作金融机构的安全稳健运行。

(二)政府扶持

一是法律支持。美国对农村合作金融的扶持主要表现为立法支持。1916 年,美国国会通过历史上第一个农业信贷法,要求在全国建立 12 家合作性质的联邦土地银行以及私人资本性质的合资土地银行体系。1923 年,通过中期信贷法,要求 12 个农业信用区各设联邦中期信贷银行,向农场主提供各种中短期贷款。1933 年,通过新农业信贷法,成立合作社银行和生产信贷协会,目的是为合作社和农场主提供贷款。完善的法律体系明确了农村合作金融机构的法律地位、业务范围、监管要求等方面的内容,为农村合作金融的发展创造了良好的法律环境。

二是财政支持。美国政府通过财政补贴、税收优惠等方式,为农村合作金融机构提供了财政支持。例如,在美国农业信贷机构设立之初,政府就投入了大量经费予以支持,联邦土地银行最初的股份多数来自政府拨款(占 80%)。政府为联邦土地银行和联邦中期信贷银行提供了资本金支持,为农村信用社提供了税收优惠等;美国政府针对农业信贷机构采取各种免税政策(包括联邦所得税和债券利息地方所得税),此外还免收合作金融机构的存款准备金;政府还通过担保的方式鼓励农村合作金融机构发行农贷债券筹集资金,以及对私人贷款机构给予补贴支持等。财政支持降低了农村合作金融机构的经营成本，提高了其可持续发展能力。

三是信用保险。政府通过信用保证和贷款保险的方式，便利农业融资和防范农业信贷风险；当农业贷款发生违约后，贷款中的一部分或者全部风险可转移给政府。

四 美国农村合作金融对我国的启示

（一）农村合作金融的发展离不开法律和财政扶持

第一，发展合作金融需要有清晰的法律保障机制。美国法律体系对合作金融机构的建立和管理有详尽规定，如《农业信贷法案》和《联邦农业贷款法案》用来规定生产信用合作社和合作银行的法律地位、作用和经营管理。我国农村合作金融相关立法未能跟上农村金融发展的步伐，具有明显的缺失与滞后性。我国应加快制定专门针对农村合作金融的法律法规，明确农村合作金融机构的法律地位、业务范围、监管要求等方面的内容。通过完善法律法规，为农村合作金融的发展提供法律保障，降低法律风险。

第二，市场经济的大环境使农村合作金融机构面临着竞争挑战，政府的财政扶持必不可少。美国政府对信用合作社的资金融通和税收减免优惠等扶持措施，对农村合作金融的发展具有重要意义，值得借鉴。我国政府应加大对农村合作金融的支持力度，完善财政补贴、税收优惠等政策措施。例如，增加对农村合作金融机构的资本金投入，提高其抗风险能力；对农村合作金融机构发放的涉农贷款给予财政贴息，降低农民和农业企业的融资成本。

（二）农村合作金融应向多层次多元化方向发展

美国合作金融是内嵌于完善的农村金融体系的。美国农村金融体系包括政府信贷机构、商业金融机构的个人信贷，农业经营主体间的合作金融等多元复合型模式，这种多元化的体系能够满足不同层次的金融需求。对中国而言，构建一个包含政策性金融、商业性金融和合作金融的多元化农村金融服务体系是必要的，农村合作金融能够与政策性金融和商业性金融形成补充。在美国多元化、多层次的农村金融组织体系下，金融组织各司其职、各尽所能，形成了对农村经济的互补性金融支持。这对于我国大力发展农村合作金融、解决"三农"领域多层次多元化的金融服务需求具有借鉴意义。

第三节 日本模式

日本作为亚洲发达国家，其农村合作金融体系经过长期发展已较为成熟。我国与日本在农业发展方面存在一定的相似性，深入研究日本农村合作金融特点，对我国农村合作金融发展具有重要启示意义。日本农协的历史可以上溯至江户时代，由"赖母子"和"报德社"组成。"赖母子"是以互助为目的的社会救助组织；"报德社"的业务更广泛，它不仅提供资金借贷、改善生产，而且承担着教育和辅导的任务。在明治后期，作为从西欧引入的一种组织形式，农协制度在日本已基本成形。"二战"后，日本建成了以合作性金融和政策性金融为主、商业性金融为辅的农村金融模式，共同推动日本农业农村发展。其中，合作性金融是农村居民最主要的融资渠道。日本政府于1947年通过了《农业协同组合法》，在农户自愿、自主的基础上，设立农业协同组合，日本农协体系正式建立。1958年底，日本自上而下地建立起一个完备的农业合作社体系，吸纳了绝大部分农村居民。基层农协为会员提供大量生产及金融服务，如生产资料供给、农产品加工、农产品的流通销售，如果会员有融资需求，基层农协还能为其办理信用服务和保险。日本构建了一个全面的农协体系，几乎涵盖"三农"的各个方面。在政府扶持下，农协向农户提供全面的服务，产生了以农协为载体的日本农协合作金融体系。

一 日本农协合作金融体系构成

日本农协合作金融体系采用功能清晰、架构完整的三级组织模式，包括基层农业信用协同组合（农协）、信用协同组合联合会（信农联）和农林中央金库。各层级自下而上入股，自主经营、独立核算、自负盈亏。基层农协以市、町、村的入股农户为主，还包括其他居民和团体。与其他金融机构和世界各国农村信用社相比，日本基层农协除了主营信用业务，还兼营保险、农产品供销业务，可以从事吸取存款和发放贷款业务，存款主要来自会员的活期和定期存款，贷款不以营利为目的，原则上不需要任何担保，主要为会员生产和生活提供方便。

中间层的信农联由辖区内的各基层农协共同出资入股组成，最高权力机构是各农协成员大会。信农联在体系中发挥承上启下的作用，是连接基层农协和农林中央金库的桥梁，负责协调和管理辖区内农协合作金融的资金，对从事农业、林业、渔业的相关企业给予财政支持，也可向部分资金需求大、周期长、当地基层农协无法支持的农民提供贷款。

最高层的农林中央金库由各信农联出资入股成立。全国共有 36 个分支机构，主要设立在大阪、札幌和名古屋等地，入股的是各地信农联及有关农林水产团体，资金来源于信农联的存款和国家批准发行的农村债券。农林中央金库主要负责从国家宏观层面在全国系统内调度、分配、融通资金，协调各信农联的金融业务，承担信息咨询业务，指导信农联的工作。资金主要投向信农联的需求方向，此外也向农业、林业、渔业相关大型企业，以及农村配套设施建设和促进农村经济发展的公共组织发放贷款。

二　日本农村合作金融特点

(一) 组织架构明确，业务范围广泛

日本农村合作金融架构不具有上下级的行政隶属关系，而是责任十分明确的三级运营模式，上级对下级进行督导时，不会干预下级的正常经营活动，从而在经营中避免互相推诿。在竞争能力上，农协具备一定优势，其存款利率相较于一般银行的存款利率高出 1 个百分点左右，具有较好的吸收储蓄能力；其贷款业务利率较低，可降低农户的借贷成本，保证正常的农业生产。日本农村合作金融系统业务范围十分广泛，农协除了存贷款业务，还兼营保险和农产品供销业务，为会员提供更全面的服务；信农联除了协调管理资金、为相关企业和农民提供贷款，还参与日本国内债券及集合投资计划等，进一步拓展业务范围；农林中央金库大量投向海外债券，开展范围较广的海内外证券投资。这种多元化的业务模式提高了农协

合作金融的经济收益。

（二）合作金融组织成员资格的封闭性

《农业协同组合法》规定只有具备成员资格的人员才能使用农协金融服务，日本农协合作金融体系的封闭性有助于确保金融资本始终为成员、为农业服务。为了避免成员存款资金被挪为他用，日本对非成员使用农协金融服务进行了严格限制，要求对非成员提供的金融服务总金额不得超过农协总营业金额的 20%。这种封闭性保障了农民资金留在农村、服务农业形成内循环，有利于促进农业农村的内生性发展。同时，封闭性也使得农协合作金融体系能够更好地了解成员家庭的经济情况，有效解决农村金融市场中广泛存在的信息不对称、逆向选择和道德风险等问题。将合作金融内嵌于综合农协，使之成为农协的子系统，具备了一定的"商社金融"属性。这种属性使得农协合作金融体系更加了解农民的需求，能够为农民提供更加精准的金融服务。

（三）建立完善的风险防范机制

第一，实行强制性存款保险制度，以保障存款人的利益。日本农村合作金融体系中的强制存款保险制度是由信用合作组织共同出资建立的。储户在农协系统内存款时，储户、农协、保险机构间的保险关系自动生成，确保了存款人的利益，即使在金融风险发生时，存款人的资金也能得到一定程度的保障。

第二，信贷担保保险和存款保险互补。为加强信贷管理，规定各合作社应将储蓄金额的 10% 作为预备资金交给农协，并将其作为合作社间互助的资金。农业合作社在出现经营困难时，可以利用这一储备金获取低息贷款，以防止出现风险失控等问题。

第三，建立农业信用保证制度。农业信用保证制度由政府直接参与建立，具体出资比例为政府出资 1/3，农协、信农联、农林中央金库共出资 2/3。农业信用保证制度是目前日本农村信用保险体系中综合性最强、规模最大的部分。为了降低代为清偿风险，其获得的保费上交国家农协担保中心，由国家农协担保中心来承担责任，减轻信用保障中的供给不足。

（四）坚持非营利性原则和"以需为本"策略

日本农协合作金融遵循平等、自愿、互助和民主要求，坚持群众性、灵活性和民主管理三个经营原则，在保证成员基本利益的情况下，有效地实现对资金的专业化利用，并通过一定的合理途径将利润回馈到成员身上，具备了具有内生发展动力的非营利金融组织的特点。此外，日本农协一直以来都坚持"以需为本"策略，采取自下而上、差异化的经营策略，来满足农民差异化融资的需要，从而促进了农业经济的快速发展。

三　日本农村合作金融对我国的启示

（一）建立专业机构与加大政府扶持力度

与我国的农村信用社不同，日本农协有与之相适应的专业机构加强对农业合作组织的指导。另外，日本政府还为农协经营提供了大量资助，政府对农业合作组织的一系列扶持政策为农村合作金融的健康发展奠定了基础。我国农村金融市场相对薄弱，更要求政府发挥作用弥补市场失灵，推动我国农村合作金融事业健康发展。

（二）积极发展内生性合作金融模式

日本农村合作金融是内嵌于农协的一个子系统，既依附于农协，同时也是其内部具有独立融资功能的一个部门，服务范围涉及农业全产业链，提供差异化的多元金融服务，农业生产者参与广泛。日本农协制度是典型的内生性合作金融模式，基层农协是自下而上以市、町、村的入股农户为主组织起来的，基层农协除了进行信用合作，还兼营保险、农产品供销、成员培训等业务。基层农协不仅满足了成员在生产和生活中的资金需求，促进了农产品的流通，提高了农户的收入水平，而且增强了农户之间的合作与交流，促进了农村经济的发展和社会的稳定。从合作金融角度来看，日本农协制度有利于降低信息不对称导致的风险，而且成员在长期的生产、信用、供销等合作中建立了紧密而稳定的关系和高度信任，促进合作金融的长期发展。

（三）建立良好的防范风险机制

日本农协金融非常注意风险防范，有一整套针对农协存款及贷款业务的信用补全制度，对保障日本农村合作金融稳定发展起到重要作用。在我国农村合作金融体系改革完善过程中，有必要引入存款保险、信用保证和信用担保制度等理念。政府可指导农村合作金融机构根据其存款数额，提取存款风险准备金，并将其交由存款风险保证机构来管理，在成员机构发生不能承兑存款的情况下，由存款风险保证机构来偿付。此外还可以借鉴日本经验，建立农村信用社间的信贷担保保险体系，对存款保险体系起到补充作用。

（四）坚持合作金融基本原则

日本农协系统比较好地坚持了合作金融的基本原则，一直以客户和服务为先，在风险与利益之间寻找平衡，开展了多层次、全方位的业务，与客户一起成长，在促进自身的可持续发展与为农户提供服务之间寻找平衡。同时，日本农协比较好地坚持了成员封闭性的原则，我国可借鉴日本经验，坚持封闭性、群众性、民主管理、灵活经营等合作金融原则，加强对农户信用互助的督导，解决农户的资金需求，构建一个良好的、可持续的农业合作金融生态。

第四节　韩国模式

1958 年，韩国依法成立农协中央会，开始对农村金融进行全面的改革，对农村地区的高利贷进行了严厉打击，并将农村金融问题列入政府重点工作范围。1961 年，韩国制定了具有重大意义的《农业协同组合法》。在此之前，韩国的农业协会和农业银行处于分离状态，农业协会主要负责农产品的生产、销售等经济活动以及为农民提供农业生产指导和服务、组织农产品流通等工作；农业银行则专门承担为农业生产提供资金支持的任务，包括向农民发放贷款、办理农业相关金融业务等。然而，这种分离状态使得农业生产和金融支持未能有效协同，在一定程度上制约了韩国农业的整体发展。1961 年的《农业协同组合法》将农业协会和农业银行整合为全国性农业合作组织——韩国农协。这一举措标志着韩国农业合作进入了一个新的阶段，是韩国农村合作金融体系构建中的一个关键节点。根据该法，韩国农协成为一个综合型组织，具备了更强大的实力和更广泛的职能，能够为农民提供全方位的服务。从 1976 年起，韩国农村金融体系出现了巨大的变革，大规模农社和互惠融资迅速发展。2000 年以来，以互助融资和政策性融资为主导的农村金融模式，成为支持农业发展的重要形式。

一　韩国农村合作金融体系构成

韩国农协制度与日本农协制度具有高度的相似性，早期分为三层结构：顶层是农协中央会，底层是基层农协，中间层是市郡农协。但基层农协与市郡农协业务重复且情况越来越严重，1980 年农协中央会决定，废除市郡农协，编入农协中央会市郡分部，形成维系至今的基层农协和农协中央会的两层结构。

基层农协是韩国农村合作金融体系的重要组成部分。在组织架构方面，韩国基层农协设理事会，理事会由社长、常务理事、外聘理事组成，实行社长负责制。常务理事和外聘理事要分担社长的业务。部分农协还设有指导员，指导农民进行生产经营活动。基层农协的社长由选举产生，农协中央会可进行监督。农民可自由入会，但入会六个月内没有投票权，防止出现为选举而入会的现象。在业务开展方面，基层农协涉及储蓄、贷款等金融业务和农业生产指导等多个领域。基层农协的金融业务为农民提供了资金支持，促进了农业生产的发展；基层农协组织农产品的流通、加工、销售等活动，为农民提供全方位的服务；基层农协还通过开展务农指导、组合员教育等活动，提高农民的生产技能和经营管理水平。基层农协与农户关系密切，政府通常通过农协提供农业管理发展基金和发放政策贷款。

韩国农协中央会在韩国农村合作金融体系中发挥着至关重要的作用。农协中央会对基层农协进行统一管理，制定各项规章制度和业务标准，对基层农协的业务活动进行严格监督，确保基层农协的运营规范有序。中央会综合协调各基层农协之间的关系，避免业务重复和资源浪费。农协中央会成立农协经济控股和金融控股企业，开展农产品销售、金融服务等业务，为基层农协提供资金等全方位支持。此外，农协中央会还代表基层农协进行维护农民利益的农政活动等。韩国农协的金融事业由农协银行和信用合作业务两部分组成，农协银行由农协中央会出资成立。2012 年，韩国农协进行战略调整，将农协银行彻底从农协中央会剥离，成为一家独立的商业银行，目的是借助商业银行的经营机制，提高农协的竞争力。农协的信用合作业务继续保留，并以基层农协信用部为载体，为社员提供金融服务。

二　韩国农村合作金融特点

(一) 组织结构灵活多变，适应性强

现代企业理论认为，企业组织架构设计需要不断与外部环境相适应，并通过主动的组织变革，增强灵活性和适应性，从而降低交易费用。韩国农协在 60 多年的发展历程中，随着内部和外部条件的改变，不断地调整自己的组织结构，增强对外界环境的适应能力，从而实现自身的成长。在农协创建初期，组织结构表现为一个典型的"金字塔"结构；1969 年开始进行改革，废除了省级农村合作协会，将原来的四级体制改为基层农协、市郡农协和农协中央会三层体系，分工和职责更明确；1980 年又将三层体系变成两层体系，把市郡农协并入农协中央会，以进一步降低经营成本，提高运作效率。

(二) 治理结构不断优化，科学决策水平提高

韩国农协在发展过程中，根据实际情况不断优化治理结构，确保科学和正确地进行决策。早期韩国农协与政府组织相似，主席是农业部委派的，农协的年度经营计划、资金预算等都要经过政府审批。2000 年 1 月《农业协同组合法（修订）》通过后，韩国农协加速了管理架构的标准化工作。在最高权力机构方面，韩国农协代表大会起到了类似于股东大会的作用，由代表大会选举成立董事会；在公司内部成立直接隶属于公司董事会的审计委员会，对公司内部审计进行统一管理，以加强内部审计的独立性；设立了合作银行存款保障基金理事会及遵纪守法处，以加强内控。通过不断的改革，韩国农协的治理结构得以改善，形成相对独立的决策、执

行和监督机制，起到了"合理分权、有效制衡、科学决策"的作用。

（三）业务多元化，经营范围广

韩国农协自建立以来，一直是业务多元化的综合性组织。农协的业务范围较为广泛，主要包括农产品的销售和加工、农业生产资料的供应、互助贷款、互助保险等。韩国农协还会根据客户的需求，拓展一些新兴业务。2008年，韩国农协银行的存贷款、信用卡服务、投资银行业务等4项金融指标位列韩国银行业之首，保险业务在韩国银行业中排名第4。

（四）重视现代信息技术的开发与应用

韩国农协重视现代信息技术的开发与应用，并把它作为推动农协发展的一个主要途径。组织架构中增设IT部门，全面管理整个系统的信息技术，农协的各种业务都完成了全国实时网络化管理。韩国农协与各分支机构和会员协会之间的网上银行联网，成为目前韩国最大的银行网络。韩国农协的电子信息网建设，使农协的业务水平和服务能力得到了极大的提升。韩国农协中央会与基层农协虽为独立法人，各自独立核算，但共用一个计算机网络，基于此网络韩国农协大力开发信用卡业务，成为一种常见的支付手段。依托这种系统化、网络化的运营方式，农协将生产者、供货商、消费者三者紧密联结起来，实现了资源共享，提高了市场竞争力。

三 韩国农村合作金融对我国的启示

（一）健全的运行机制是农村合作金融组织健康发展的基础

从农村合作金融组织可持续性角度来看，保证机构有效运作，提高运作效率，就必须有一个好的运作机制。韩国农协经历60多年的发展，已经成为世界范围内享有盛名的农村合作金融机构。其成功的关键在于形成了一套适合韩国国情的管理体制，并随着内外部环境的变化不断地做出调整，从而始终保持着旺盛的生命力和运作的高效性。另外，韩国农协也十分注重各种经营机制的完善，不断进行流程改造，提高工作效率。

（二）政府政策扶持是农村合作金融稳健发展的后盾

韩国政府一直以来都坚持以政策扶持的方式促进农村合作金融事业的

发展，韩国农协从小到大、从弱到强，同国家对农协的法律保障及政府对农协的大力支持是分不开的。政府通过多种政策措施支持韩国农协银行的发展。在税收方面，对于符合条件的农村合作金融业务，政府会减免相关税收，降低其运营成本。在利率政策方面，政府为农业部门提供金融资本金以及优惠化的利息。接受资金资助和优惠利息的农业领域，同时还能享受到民间金融资金支持的待遇。此外，政府还通过财政预算和基金的形式，为韩国农协银行等农村合作金融机构提供融资支持，鼓励和引导金融机构加大对农村地区的投入，为韩国农协银行提供更多的融资渠道。

（三）扎根农村是合作金融组织可持续发展的根本

合作金融不同于商业金融，有着自己独有的特征，韩国合作金融组织充分考虑农村金融的需求特征，不断创造出符合农村实际的金融产品与服务。韩国农协在建立初期相继开办互助贷款、互助保险等业务，满足农村金融发展的需要；后出于韩国农村经济发展变化的需求，农协逐渐将一些业务（如互助人寿保险、中短期贷款等）委托给基层农协组织。程万鹏（2013）认为韩国农协正是因为将命运与农业、农村、农民捆绑在一起，才真正实现了可持续发展、收获了社会认同。

|第六章|
农村合作金融发展路径的典型案例

农村合作金融作为中国农村金融市场体系的重要组成部分，是对农村金融服务的有效补充。纵观其发展历程，农村合作金融在支持农村经济发展、丰富农村金融市场供给、缓解农户和农村中小企业融资难等方面发挥着重要的作用。虽然整体来看，我国农村合作金融发展路径较为曲折，其组织发展的有效模式还没有统一的定论，但是各地也因地制宜地进行了有益探索，并形成了一些特色化的典型案例，虽然这些案例发展结果不尽相同，但对于探索中国特色的农村合作金融发展路径具有很好的借鉴意义。

第一节　农民自发组织合作金融模式
——以全国首家农村资金互助社为例

梨树县闫家村百信农民专业合作社成立于 2003 年 11 月，该社由梨树县闫家村姜志国等 5 个农民发起成立，成立之初主要为当地农民提供金融服务。2007 年 3 月 9 日，由吉林四平人姜志国任理事长的梨树县闫家村百信农村资金互助社经过注册，取得合法身份正式开业，发起人共计 32 户，资本金 10.18 万元。[①] 该社成为国家调整放宽农村地区金融机构准入政策以来，在行政村一级批准设立的第一家农村资金互助社。[②] 2021 年 12 月，

---

① 程汝，张新东. 首家农村资金互助社的 90 天 ［N］. 金融时报，2007-06-14 （009）.
② 资料来源：https://www.gov.cn/govweb/jrzg/2007-03/09/content_546706.htm.

经过吉林银保监局同意，百信农村资金互助社解散，解散工作平稳进行。自此，经过 18 年的经营探索，全国首家获批的农村资金互助社以解散告终。虽然百信农村资金互助社的实践失败，但是这种典型的农民自发组织合作金融发展模式也积累了丰富的实践经验。以百信农村资金互助社为案例，解剖麻雀、找寻规律，对我国农村合作金融发展路径探索具有很好的借鉴意义。

一　农村资金互助社的基本内涵与政策背景

在农村金融市场中，信息不对称、交易费用过高和信用等级不高导致有效抵质押物不足，是制约传统小农户获取正规信贷的因素。长期以来，由于农业受自然条件和市场条件影响较大，传统小农户面临更高的经营风险。而且传统小农户的资金需求具有多笔、小额、分散、季节性强等特征，且欠缺规范的财务报表和有效抵质押物等客观条件，小农户天然不属于正规金融机构的优质客户。在信息不对称的条件下，正规金融机构在小农户贷前信息搜集与甄别、贷中业务审批和贷后监督管理各环节需要承担高昂的交易成本（郭连强等，2020）。基于成本收益的考虑，正规金融机构往往将传统小农户排斥在外，而将信贷资源向优质大客户倾斜。因此，传统农户容易遭受信贷配给问题，也就是面临"融资难""融资贵""融资慢"等问题。

农村资金互助组织最贴近农村基层的农户和微型企业，其信息获取成本自然比较低，农村资金互助社的社员往往都来自同一乡镇，甚至同一村庄，具有相似的经济背景，信息失真的概率较低，因此与客户之间的信息比较对称，在农村金融市场上拥有比较优势（王曙光，2010），能够有效破解信息不对称、交易费用过高等诸多问题。农村资金互助组织的运行和风险约束机制主要依赖于社会资本，在解决农民借款难问题上起着独特的作用。2004 年以来，中央一号文件多次要求积极兴办直接为"三农"服务的多种所有制的金融组织。2006 年 12 月 12 日，《中国银行业监督管理委员会关于调整放宽农村地区银行业金融机构准入政策更好支持社会主义新农村建设的若干意见》明确提出："农村地区的农民和农村小企业也可按照自愿原则，发起设立为入股社员服务、实行社员民主管理的社区性信用合作组织"，"在行政村新设立的信用合作组织，其注册资本不得低于人民币 10 万元"。2007 年中共中央一号文件进一步明确："加快制定农村金融整体改革方案，努力形成商业金融、合作金融、政策性金融和小额贷款组织互为补充、功能齐备的农村金融体系。"在政策引导下，学界开始对农民专业合作社内部开展资金互助行为进行理论研究。薛桂霞和孙炜琳（2013）认为农民专业合作社开展资金互助是指经社员（代表）大会决议通过，以产业为纽带，以成员信用为基础，由合作社全部或部分成员自愿出资筹集互助资金，为本社成员发展专业化生产提供互助资金借款业务的资金互助性业务活动。根据此定义，合作社内部资金互助活动应是封闭性熟人圈层条件下基于社员需求而内生存在的产物。一方面，资金互助活动的范围限制于封闭性熟人圈层，既有利于充分利用社员间相互了解的软信息对社员的贷前信用情况进行甄别，也有利于通过熟人圈层内声誉机制对贷后资金的偿还发挥软约束作用，促使资金在不同社员间滚动循环使用。另一方面，资金互助是社员为满足闲散资金配置需求和促进产业发展的借款需求而自发形成的互助性、非营利性活动，有利于缓解被商业性正规金融排斥在外的弱势群体的"融资难"问题（董晓林等，2012）。

与此同时，政府层面从促进农村资金互助活动发展的角度对其概念进行了合理界定。2007 年，中国银监会颁布的《农村资金互助社管理暂行规定》中对农村资金互助社的定义进行了界定："指经银行业监督管理机构批准，由乡（镇）、行政村农民和农村小企业自愿入股组成，为社员提供存款、贷款、结算等业务的社区互助型银行业金融机构。"《农村资金互助社管理暂行规定》是事关我国农村资金互助社发展的第一部也是截至目前唯一一部法律法规，它的颁布极大地促进了全国农村资金互助社的规范发展。此后，党的十七届三中全会提出允许有条件的合作社开展信用合作，开展农民合作社内部信用合作试点，推动了吉林省等地区率先探索农民合作社内部信用合作的新型融资模式（何广文和刘甜，2018）。

二 梨树县闫家村百信农村资金互助社的成立与注册

（一）梨树县闫家村百信农村资金互助社的成立

百信农村资金互助社的前身是 2003 年 11 月成立的闫家村百信农民专业合作社。2003 年 11 月，吉林省梨树县榆树台镇闫家村姜志国等人采取"有钱帮助没钱，内部开展互助，调节资金余缺"的形式，发起成立了百信农民专业合作社。合作社不但为社员提供资金服务，还在供销领域为社员提供农资、日用消费品服务，减少了经销商中间环节的盘剥，节约了成本，增加了社员收入，提高了农民市场地位，增强了农民入社的积极性，使农民成为市场真正的主体。2004 年 7 月 10 日，合作社资金互助模式提出并正式付诸实践。合作社建立了基本的信用合作制度，采取"一股十贷"的形式，即社员入股 100 元，可借款 1000 元，入股 1000 元可借款 10000 元；单户借款不得超过总股本的 15%；前十大户不得超过总股本的 50%。2006 年末，合作社已经有 43 户农民参加，共计发放 66 笔贷款，累计贷款金额 21 万元，贷款期限最短的为一个月，最长的为一年，单笔金额最少的为 1000 元，最多的为 5000 元，资金均按时归还，没有逾期。

（二）梨树县闫家村百信农村资金互助社的正式注册

2007 年 3 月，百信农村资金互助社正式注册。根据银监会要求，百信农村资金互助社制定了《信贷管理办法》。百信农村资金互助社的基本模式是以农户入股的方式发起成立合作社组织，实行成员大会制度，推选理事会负责日常决策与管理，推选监事会日常监督，理事会与监事会实行一人一票制度。百信农村资金互助社在日常经营过程中坚持完善制度，坚持发起自我合格，坚持审慎经营合规，坚持发起程序合法。百信农村资金互助社重视风险控制，坚持封闭式运行，坚持合作成员制，坚持不对外吸储放贷，坚持不承诺固定回报。盈余分配方式包括按交易量返还、按贡献量返还、按股金分红。百信农村资金互助社鼓励社员短期借款，社员十日内免息只收取手续费，三个月内借款利率低于当地信用社，一年内借款利率与当地信用社持平或低于当地信用社，一年以上借款利率略高于当地信用社。灵活的贷款方式、简便的贷款手续使百信农村资金互助社受到了农户的热烈欢迎。例如，百信农村资金互助社规定，贷款方只需要 3 户社员担保，不超过入股资金的 10 倍就可以放贷，一周之内还款可免息，形式十分灵活。2007 年 6 月，百信农村资金互助社注册刚满 3 个月，入股社员的贷款面[①]就已经高达 80%左右，对解决入社会员"融资难"的问题有极大帮助。虽然整体来看，贷款总额不多，但对社员的农业生产经营有很大的推动作用，有效解决了社员的实际生活困难，如互助社小额贷款主要用于解决农户家庭对种子、化肥、抗旱浇水设备、小孩生病住院等小额资金需求。[②]此外，百信农村资金互助社对当地经济社会发展也起到了助推作用。当时闫家村有 9 个自然屯，共计 610 余户，约 2500 人口，共有土地面积 700 多公顷，常年以种植玉米为主，人均收入 7000 元左右，但是闫家村农户在生产经营中常常会遇到资金困境，资金需求与资金瓶颈极大阻碍了闫家村经济发展。百信农村资金互助社的设立，有效地解决了当地农民发展生产的资金难题，助力当地社会经济发展。

但是百信农村资金互助社在开始阶段也面临诸多问题，资金不足就是其发展过程中面临的"卡脖子"问题。据百信农村资金互助社理事长姜志国介绍，百信农村资金互助社在刚开业时，就花费了 76000 元，包括水电费、房租费、安保设施费用、会计工资等费用支出，其中资金互助社管理层一分钱也没有。虽然百信农村资金互助社刚开业有 10.18 万元的资本金，但这显然不够。由于社里存款有限，前三个月仅仅收到 3 户存款，存款余额仅为 1000 元。百信农村资金互助社开业三个月就已经出现亏损，保守估计，如果仅以十余万元的资本金运转，资金互助社每年将亏损六七千元，因此必须将资本金增至 50 万元，才能实现保本微利。一方面，提高社员存款难度较大，入社会员普遍缺乏余钱，入股互助社主要目的不是存款获利，而是能够及时贷到款。另一方面，其他资金来源十分有限。资金互助社成立之初，没有品牌效应，也就没有外部捐赠行为，各级财政支持则受财政资金预算使用约束，各级政府也不能随意支配。因此资金压力之下，百信农村资金互助社只能向当地银行拆借资金 20 万元，半年期利率 4.86%，缓解经营资

---

① 贷款面=入社会员贷款人/入社会员数量。

② 程汝，张新东. 首家农村资金互助社的 90 天［N］.金融时报，2007-06-14（009）.

金困境的燃眉之急。[1]

三 梨树县闫家村百信农村资金互助社的发展与壮大

百信农村资金互助社作为我国在农村行政村一级批准设立的第一家农村资金互助社，它的成立也标志着我国调整放宽农村地区银行类金融机构准入政策实践探索的开始。[2]而百信农村资金互助社的成功运营也为农村合作金融发展相关政策的制定提供了实践基础。自 2007 年以来，连续多年的中央一号文件都对农村合作金融的发展作出了明确指示。2009 年，《中共中央 国务院关于 2009 年促进农业稳定发展农民持续增收的若干意见》明确，要抓紧出台农民专业合作社开展信用合作试点的具体办法。2010 年，《中共中央 国务院关于加大统筹城乡发展力度进一步夯实农业农村发展基础的若干意见》要求加快培育农村资金互助社，有序发展小额贷款组织，引导社会资金投资设立适应"三农"需要的各类新型金融组织。2012 年，《中共中央 关于加快推进农业科技创新持续增强农产品供给保障能力的若干意见》明确要求，有序发展农村资金互助组织，积极引导农民专业合作社规范开展信用合作活动。同年，中国银监会发布了《农村资金互助社监管评级办法》，对农村资金互助社的监管评级进行了明确规定，进一步加强了对全国农村资金互助社的监管。在此基础上，2014 年和 2015 年的中央一号文件都对农村合作金融活动开展进行了进一步引导规范，农村资金互助社的发展要坚持社员制、封闭性原则，在不对外吸储放贷、不支付固定回报的前提下，推动社区性农村资金互助组织发展。2016 年，中国银监会发布了《农村资金互助社管理办法》，对农村资金互助社的设立、经营管理、监督管理等方面进行了更加详细和规范的规定，并要求在全国鼓励发展农业互助保险业务。

在政策引导和激励下，百信农村资金互助社得到了快速发展和壮大。百信农村资金互助社发展一览如表 6-1 所示。百信农村资金互助社资产总额由 2010 年的 57.46 万元增长到 2015 年的 253 万元，短短 5 年之间，增

---

[1] 程汝，张新东. 首家农村资金互助社的 90 天［N］. 金融时报，2007-06-14（009）.

[2] 资料来源：https://www. gov. cn/govweb/jrzg/2007-03/09/content_546706. htm.

长了 3 倍多。2015 年百信农村资金互助社个人存款也达到 120 万元，其中，个人活期存款为 47 万元、个人定期存款为 73 万元。同业存放款项和同业拆借合计 70 万元，百信农村资金互助社资金融通困境取得较大突破，金融服务能力得到较大提升。

表 6-1　百信农村资金互助社发展一览

单位：万元

项目	2010 年	2011 年	2012 年	2013 年	2014 年	2015 年
1. 资产总计	57.46	60.89	65.40	73.34	78.46	253
现金	7.68	13.17	25.02	19.83	15.11	22
银行存款	2.87		5.64	6.77	16.36	53
存放同业款项						
2. 贷款（短期贷款）	42.58	38.05	30.48	31.18	31.28	88
其中：个人贷款						88
3. 应收及预付款项						85
应收款项						85
应收账款			0.68			1
其中：应收利息						1
其中：应收贷款利息						1
其他应收款					14.58	84
4. 固定、无形及递延资产		7.48				5
固定资产	5.00	7.07	6.44	6.44	7.05	5
累计折旧（减）	1.03		2.69	3.87	4.72	6
固定资产净值	3.97	5.01	3.75	2.57	2.33	11
5. 负债及所有者权益类总计	57.46	60.89	65.41	73.34	78.46	253
存款（个人存款）						120
其中：个人活期存款	0	0	0	0	0	47
个人定期存款	0	20.40	1	2.60	8.50	73
同业存放款项						50
同业拆借	20	20	20	20	20	20
应付及暂收款	2.06	3.60	5.14	6.69	8.23	14

续表

项目	2010 年	2011 年	2012 年	2013 年	2014 年	2015 年
各项准备						2
其中贷款减值准备						2
所有者权益	12.35	13.65	16.22	21.01	18.69	2
实收资本	16.52	16.83	22.53	21.94	19.31	

注：根据吉林省四平市人民银行提供的数据资料整理。

百信农村资金互助社得到了较快发展，一方面得益于国家农村合作金融发展政策的激励、地方金融监管部门和地方政府的扶持以及四平市粮食产业发展的良好外部环境；另一方面得益于百信农村资金互助社在制度建设、业务导向、风控管理等方面采取的诸多举措。百信农村资金互助社依托吉林省粮食主产区的资源禀赋，积极开展粮食信托业务，并建立了一系列经营规则和风控管理制度。百信农村资金互助社建立和完善了"一体两社"制度，即以农民为主体，分别成立粮食信托合作社和农民资金互助社，各自独立核算。粮食信托合作社社员向农村资金互助社入股，成为农村资金互助社成员；农村资金互助社成员需自愿委托粮食信托合作社管理和经营粮食。[①] 但是总体来看，百信农村资金互助社存在的资金规模小、服务能力有限、资金流动性不足等固有矛盾并未得到根本解决。

四 梨树县闫家村百信农村资金互助社业务萎缩与解散

从百信农村资金互助社发展路径来看，它是强制性制度变迁和诱致性制度变迁两种情形相结合的模式。在 2007 年之前，百信农村资金互助社内部社员基于自身的需求，在社员间自发开展资金互助，这种由于自身需要而自发组织开展的资金互助活动属于诱致性制度变迁过程。2007年之后，在政府引导和改革试点推动下，百信农村资金互助社正式获批注册，正式取得合法身份，其之后的发展属于监管部门引导和监管下的产物（田杰等，2019）。2017 年的中央一号文件更是明确指出，地方政

---

① 资料来源：根据吉林省四平市人民银行提供的资料整理。

府要积极开展农民合作社内部信用合作试点工作，进一步规范发展农村资金互助组织，严格落实地方政府的监管主体和责任。但是，同年国家新修订的《农民专业合作社法》并未将资金互助的监管纳入明确规定的内容，这使得全国各地方的金融监管部门对农村资金互助活动的管理办法和支持力度存在较大差异（陈东平等，2017）。例如，山东省地方金融监管局发布的《山东省农民专业合作社信用互助业务试点管理办法》规定，农民专业合作社信用互助业务试点资格证书分别由地区金融监管局进行审批颁证和市场监督管理局负责变更登记，以行政村为经营地域范围的互助资金总额不超过500万元，确有需要将经营地域范围扩大到注册地所在乡镇的互助金总额不超过1000万元。江苏省政府明确发文规定，由县（市、区）及以上人民政府市场监督管理部门负责对农民资金互助合作社登记注册行为进行监管，并要求"股金不低于200万元人民币、不高于500万元人民币；吸收互助金总额不得超过股金的8倍，对单一社员发放的互助金总额不得超过股金的15%"。[①] 河北省唐山市国家农业科技园区管理委员会发布的《关于农民专业合作社信用合作试点的监督管理办法》将县农业园区管委会明确为监管部门，由县民政局负责登记，并要求"试点起步基础股金规模不低于200万元，吸收的互助金总额不超过3000万元，单笔和单户累计投放互助金最高不超过15万元（含）"。由此可见，这一阶段国家开始重视农村资金互助组织的规范发展，进一步强化地方政府在规范农村资金互助组织发展过程中的监管主体责任。

（一）百信农村资金互助社业务萎缩

在进一步规范发展农村资金互助组织、防控金融风险、严格落实地方监管责任的政策收紧背景下，百信农村资金互助社面临的资金困境问题进一步凸显，直接影响了其发展势头。在缺少融资支持的情况下，百信农村资金互助社仅依靠社员内部的股金和存款，不仅难以满足入社成员的贷款需求，难以保证资金临时性的需求，而且使得财务风险和支付风险增加。在当时的农村资金互助社监管条件下，百信农村资金互助社除吸收社员存

---

① 资料来源：《关于加强农民资金互助合作社规范管理的指导意见》（苏政办发〔2015〕112号）。

款外，只能从银行业金融机构融入资金。但因银行相关融资政策没有配套，缺乏有效抵押物，百信农村资金互助社还不能向银行业金融机构开展信用性融资。[①] 由于缺少资金，加之经营风险的积累，百信农村资金互助社业务逐步萎缩，甚至屡屡出现无钱可贷的局面。

造成百信农村资金互助社业务萎缩的原因，除了内外融资不足，违约纠纷的增加也带来了较大的财务风险，提高了农村资金互助社的经营成本，加剧了农村资金互助社的经营困境。以 2016 年百信农村资金互助社与孙某、卢某借款合同纠纷一案为例。

百信农村资金互助社与孙某、卢某借款合同纠纷一审民事判决书显示，孙某、卢某于 2015 年 1 月 23 日在百信农村资金互助社共贷款 27600 元。其中，在百信农村资金互助社的农资互保借字〔2015〕第 003 号社员保证担保借款合同、编号为 20150123001 的农村资金互助社贷款发放凭证中详细记载："贷款时间为 2015 年 1 月 23 日，贷款金额为 13800 元，贷款用途为养牛，月利率为 11.4‰，贷款期限为 1 年，借款人为卢某，保证人为孙某。"[②] 在梨树县闫家村百信农村资金互助社的农资互保借字〔2015〕第 004 号社员保证担保借款合同、编号为 20150123002 的农村资金互助社贷款发放凭证中详细记载："贷款时间为 2015 年 1 月 23 日，贷款金额为 13800 元，贷款用途为养猪，月利率为 11.4‰，贷款期限为 1 年，借款人为孙某，保证人为卢某。"[③] 但是，贷款到期后，百信农村资金互助社多次催要，借款人仍然拒不偿还，故诉至法院要求被告偿还贷款本金及利息共计 35492.80 元。法院认为，借款人孙某、卢某与原告百信农村资金互助社签订的贷款合同真实有效，双方应按合同的约定履行权利义务。

从上述纠纷案例中可以看出，社员贷款的违约纠纷对百信农村资金互助社的经营造成重大打击。首先，社员贷款违约纠纷造成百信农村资金互助社信贷不良率提高，财务风险加大，直接影响资金互助社稳健经营。其

---

① 白琳. 全国首家农村资金互助社无钱可贷［N］. 中国商报，2011-01-11（008）.

② 资料来源：梨树县闫家村百信农村资金互助社的农资互保借字〔2015〕第 003 号社员担保借款合同.

③ 资料来源：梨树县闫家村百信农村资金互助社的农资互保借字〔2015〕第 004 号社员担保借款合同.

次，频发的社员贷款违约纠纷也使得百信农村资金互助社的社会声誉和品牌受到损害，在当地造成不良影响，产生不好的示范效应，直接影响其进一步融资的能力。再次，频发的社员贷款违约纠纷也凸显了百信农村资金互助社自身风控管理中的诸多问题，如上述纠纷案例中，孙某和卢某是夫妻关系，两笔贷款相互担保，养猪和养牛同时进行，本身就失去了抵押担保的意义，信贷风险管控形同虚设。最后，频发的社员贷款违约纠纷也说明百信农村资金互助社对农户经营的风险问题并未足够重视。此外，自然风险、市场风险、政策风险等风险冲击造成部分农户自身经营陷入困境，无力偿还贷款只能"被动"违约。如2016年东三省玉米收储政策临时取消，调整为"市场化收购"加"补贴"的新机制，梨树县作为产粮大县，受政策调整和市场价格波动影响，玉米种植农户集约化经营收入普遍较2015年亏损10%~20%。① 2009年梨树县出现干旱的极端天气，罕见的伏旱造成全县农作物受灾面积23.3万公顷，占全县总播种面积的92.1%。2014年旱灾使梨树县等10个产粮大县降水量创1951年以来新低，部分地区粮食甚至出现绝产现象。由此可见，农户经营面临多重风险冲击，违约多数是出于"被动"而非"主动"，在此情况下，百信农村资金互助社在信贷发放时应当充分考虑各种风险因素，从而确保本金安全，保障正常运营。显然，百信农村资金互助社并未采取有效举措规避风险，最终使得自身经营陷入困境，不可避免地逐步走向解散的结局。

（二）百信农村资金互助社被迫解散

资金困境、无钱可贷、违约风险等一系列问题使得百信农村资金互助社的经营能力持续下降，社会声誉也受到极大破坏，经营陷入困境。雪上加霜的是，2019年，吉林银行股份有限公司四平海丰支行一纸诉状将百信农村资金互助社告上法庭。根据吉林省四平市铁西区人民法院民事判决书〔2019〕吉0302民初352号资料，2007年4月2日、5月18日，原告吉林银行股份有限公司四平海丰支行和被告百信农村资金互助社签订了两份有价证券质押借款合同，均约定被告从原告处借款10万元，借款期限分别

---

① 孙禹.临储收购政策取消　玉米重回市场定价［J］.黑龙江粮食，2017（1）.

为 2007 年 4 月 2 日至 2007 年 9 月 28 日、2007 年 5 月 18 日至 2007 年 11 月 16 日;借款利率为 4.875‰ 月息,还息方式为利随本清;对逾期贷款在逾期期间按人民银行有关利率规定计收加罚利息。合同签订当日,原告向被告发放两笔贷款共计 20 万元。[①] 法院认为,百信农村资金互助社承认吉林银行股份有限公司四平海丰支行在本案中主张的事实,故对吉林银行股份有限公司四平海丰支行主张的事实予以确认。因此,2019 年 5 月 7 日,法院判决被告百信农村资金互助社自本判决书生效之日起十日内偿还原告吉林银行股份有限公司四平海丰支行 2007 年 4 月 2 日借款本金 10 万元、合同期内利息 2925 元及逾期利息(逾期利息自 2007 年 9 月 29 日起按 6.3375‰ 月息支付至实际清偿完毕之日止);判决被告百信农村资金互助社自本判决书生效之日起十日内偿还原告吉林银行股份有限公司四平海丰支行 2007 年 5 月 18 日借款本金 10 万元、合同期内利息 2957.50 元及逾期利息(逾期利息自 2007 年 11 月 17 日起按 6.3375‰ 月息支付至实际清偿完毕之日止);判决案件受理费 2194 元,由被告百信农村资金互助社负担。[②]

百信农村资金互助社败诉,需要在规定时间内偿还借款本金、合同期内利息以及长达 12 年的高额逾期利息,但是这一阶段百信农村资金互助社已经无力偿还吉林银行股份有限公司四平海丰支行的本息。为此,吉林银行股份有限公司四平海丰支行又向吉林省四平市铁西区人民法院申请财产保全。2021 年 8 月 31 日,吉林省四平市铁西区人民法院下发的结案通知书(〔2021〕吉 0302 执保 588 号)显示,关于吉林银行股份有限公司四平海丰支行与百信农村资金互助社纠纷一案,法院未查到被申请人有财产可供保全。[③] 2022 年 4 月 20 日,吉林省四平市铁西区人民法院再次下发的结案通知书(〔2022〕吉 0302 执 135 号)显示,申请执行人吉林银行股份有限公司四平海丰支行与被执行人百信农村资金互助社借款合同纠纷一案,法院于 2021 年 3 月 1 日立案后,向金融房产、工商、车管等部门查询

---

① 资料来源:吉林省四平市铁西区人民法院民事判决书〔2019〕吉 0302 民初 352 号。
② 资料来源:吉林省四平市铁西区人民法院民事判决书〔2019〕吉 0302 民初 352 号。
③ 资料来源:吉林省四平市铁西区人民法院下发的结案通知书(〔2021〕吉 0302 执保 588 号)。

了被执行人的财产，未发现被执行人有财产可供执行。① 以上信息说明，百信农村资金互助社已无任何有效资产，走向破产解散也就在所难免了。

2021 年 11 月 30 日，吉林银保监局在《关于同意梨树县闫家村百信农村资金互助社解散的批复》中明确指出，同意解散百信农村资金互助社，并立即停止一切业务活动，将金融许可证上缴至四平银保监分局，妥善分流安置人员，确保解散工作平稳进行。② 至此，百信农村资金互助社经过 18 年的运营，最终解散。

五　百信农村资金互助社发展的经验总结

作为全国第一家被政府认可注册的农村资金互助社，虽然百信农村资金互助社的实践探索以失败告终，但是这种典型的农民自发组织的合作金融发展模式也积累了丰富的实践经验与教训，对我国农村合作金融发展路径探索具有借鉴意义。

第一，促进农村合作金融发展的法律制度不健全不完善是导致百信农村资金互助社失败的基本原因。我国仅在 2007 年颁布实施了《农村资金互助社管理暂行规定》，但是对监管问题并未进行明确，而且在 2017 版的《农民专业合作社法》中也并未将资金互助的监管纳入明确规定的内容（陈东平等，2017）。因此，应当从立法角度，进一步明确农民合作社内部开展资金互助的合法条件、监管主体及其权责关系，以避免出现地方政府不同部门在资金互助业务审批过程中态度不统一、权责不对等和相互推诿的现象。国家立法要明晰农民合作社内部开展资金互助业务的合法条件，提高地方监管部门对资金互助业务合法经营的甄别能力，进而避免"一刀切"的过度监管态度，赋予合法经营的资金互助业务持续发展的生命力，增强资金供给者和使用者对不同合作社资金互助业务合规风险的识别能力，通过筛选机制倒逼信用合作业务的合法经营。国家立法要进一步确定资金互助业务的监管主体及其权责关系，尤其需梳理政府部门中的权责关

---

① 资料来源：吉林省四平市铁西区人民法院下发的结案通知书（〔2022〕吉 0302 执 135 号）。

② 资料来源：《吉林银保监局关于同意梨树县闫家村百信农村资金互助社解散的批复》（吉银保监复〔2021〕380 号）。

系，如农村金融管理部门和农业农村厅等涉农部门在信用合作业务范围注册登记、审批、颁证、监督全过程中的职责，在发挥各部门的专业性优势的同时，提高信用合作业务审批的效率。

第二，从百信农村资金互助社失败的教训来看，应当根据农业经营主体的实际融资需求，适度放宽对互助金存入规模和单户投放规模的限制。百信农村资金互助社虽然成立时间最早，也是全国第一家正式获批的农村资金互助社，但是发展规模特别小，其主要原因是该资金互助社一直处于村级行政区域内，服务人口较少，且产业发展不足，尤其缺乏产业化作为支撑，发展后劲不足。现阶段，在全面推进乡村振兴战略背景下，传统小农户逐步向规模化、集约化经营的新型农业经营主体转变。欠缺财务报表等硬信息和合格抵质押物的新型农业经营主体仍然面临正规金融机构的信贷资源排斥，对拓宽融资渠道的需求较大。但现有条件下，新型农业主体互助金存入规模和单户投放规模较小，与其较大额度的资金需求不相匹配，所以有必要适度放宽对互助金存入规模和单户投放规模的限制，这样才能使得农村资金互助社与当地的乡村特色产业保持良性互动，共同成长。

第三，应进一步优化风险管理措施，不忘初心，牢记服务"三农"发展使命，杜绝违法行为，提高互助金管理的专业性与规范性。一些农村资金互助社没有坚守法律底线，忘记了服务"三农"发展的初心使命，将农村资金互助社变成了一个"高利贷"的违法场所，严重损害了人民群众的利益，更造成了当地社会的不稳定。例如，2012年江苏省连云港市灌南县4家农村资金互助社的覆灭就凸显了农经合作的乱象，同时也揭露了政府在基层金融监管层面的无力和监管机制的缺失。警方初步查明，江苏省连云港市灌南县4家合作社的资金被挪用到外地获取高息回报，涉案资金达1.1亿元，在警方的打击下，4家合作社关门，借款人也被警方控制。① 因此，应强化合作社理事会成员的风险管理意识，严格规范互助金的吸收与使用方法，认真开展贷前调查、贷中审查和贷后监督，不断强化内控管理，降低经营风险和管理风险，保持经营稳定。

---

① 刘弘毅. 高利贷"掏空"资金互助社 [N]. 中国经营报，2012-11-26（A09）.

第四，应平衡资金供给者和使用者间的利益分配关系，保持资金互助业务的财务可持续。农村资金互助社业务的开展既有利于激发和满足社员的财富管理需求，也有利于满足社员的融资需求，同时能够通过资金交易的情况进行盈余返利从而降低资金需求者的融资成本，这说明资金互助业务对社员具有双重激励作用。但资金互助业务的财务可持续是该作用发挥的前提条件，资金管理者需平衡资金供给者和使用者间的利益分配关系，避免将资金提供给使用者所产生的收益难以覆盖资金供给者的预期回报而引致资金循环链断裂的问题。此外，在农村资金互助社的经营管理中，应当重点提高农村资金互助社的金融素养和经营管理能力，采取适当的风控工具，建立公平合理的利益分配机制，从而削弱利益分配关系不当对信用合作业务财务可持续的不利影响。

第二节　村集体组织的合作金融模式
——以四平双辽市村级担保基金为例

从各国农村金融发展经验来看，合作金融是集合经济弱势群体的资金，向成员提供互助融资，由成员自主管理、自担风险的内生性金融组织形式，具有扶贫扶弱的功能，其不以营利为目标，天然具有普惠性，是农村金融不可或缺的支柱之一。吉林省四平市近年来创新村集体组织的合作金融模式，通过村级担保基金和土地经营权抵押贷款相结合，运用信用合作担保与土地经营权抵押的"双保证结构"对信贷产品创新过程中的风险进行合理分担，在合作金融创新完善信贷产品方面进行了有益的探索。

一　四平双辽市村级担保基金模式产生的背景

长期以来，农村金融市场信息不对称、交易成本高和缺少有效的风险分担机制，是制约我国农村普惠金融发展的核心因素，造成了广大农民"融资难""融资贵"等一系列问题。传统的农村普惠金融模式通过健全农村金融基础设施、增加供给主体、创新金融产品或服务模式等手段，为农户提供成本可负担的金融服务，并实现商业可持续，然而农村金融排斥问题仍未得到系统性解决。

吉林省作为农业大省，是国家重要的商品粮基地，承担着保障国家粮食安全和率先实现农业现代化的重任。2015年，在中央金融改革创新试点的部署中，吉林省成为全国唯一一个省级农村金融综合改革的试验区，被赋予了探索以金融服务"三农"这个薄弱环节的国家任务。为圆满完成此项国家任务，吉林省委、省政府高度重视农村金融综合改革的相关工作，并于2016年下发《吉林省农村金融综合改革试验实施方案》，在全国率先提出构建基础服务、物权增信、信用信息三个支柱及产权交易市场"三支柱一市场"的新型农村融资服务体系。

二　四平双辽市村级担保基金模式的概况

早在2012年，吉林省就在全国首创了"土地收益保证贷款"，以未来土地收益现金流为保证，实现土地资源的资本化，为融资拓展了抵押物范围。农村土地"三权分置"改革后，吉林省开始了土地经营权抵押贷款的探索。但是由于农村土地在法律上的抵质押效力不足、产权交易市场不健全等原因，基于农村土地收益权、土地经营权等的信贷模式难以有效推广，促使土地经营权的有序流转成为解决农民融资问题的重要环节。

2017年，"村级担保基金+土地经营权抵押贷款"模式在吉林省双辽市开始试点，首家村级担保基金由双辽市红旗街义顺村村委会发起设立，该村村民自愿筹资入股成为基金会员，可申请优惠利率贷款，基金为入会村民提供贷款担保。截至2021年6月末，双辽市村级担保基金业务由原来的茂林、双山、卧虎等8家乡镇8个试点村向双辽市全辖14个乡镇的全部行政村推开，缴纳村级担保基金45万元，累计发放贷款505户，金额达1289万元。

（一）"村治+民治"的信用合作模式

村级担保基金由村委会设立，由村民选举的基金管理小组进行运营管理。基金存入所在地农经站在农村信用社开设的村级担保基金专用账户，实行封闭运行和动态管理。担保基金的担保额度由金融机构依据贷款申请人可抵押的土地面积和缴纳基金份额确定，最高不超过 5 万元；贷款期限原则上为 1 年，最长不超过 3 年；利率由农信社与村级担保基金小组协商确定。村级担保基金贷款业务实行自愿申请、严格审批、土地经营权抵押、逾期流转、基金担保的原则。村级担保基金业务流程如图 6-1 所示。

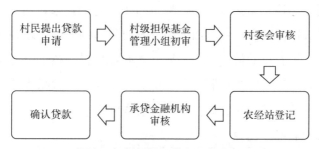

图6-1　村级担保基金业务流程

村级担保基金在承贷金融机构存满一年后，尚未贷款或已结清贷款的入保村民，可自愿取出其担保基金及利息；未还清贷款的村民在贷款还清前不得取回本金及利息。到期不能按期还款的村民，承贷金融机构委托村级担保基金管理小组对其土地经营权进行流转，流转收益用于偿还贷款本金及利息。若村级担保基金管理小组在 3 个月内未将土地流转出去，承贷金融机构有权扣划担保基金账户资金，用于代偿欠款村民所欠贷款本金和利息，代偿累计最高限额为村级担保基金总额的50%。当村级担保基金代偿达到最高限额时，承贷金融机构将停止发放新的贷款。

（二）"担保+抵押"的风险分担模式

"村级担保基金+土地经营权抵押贷款"模式有效解决了农村信贷风险分担不足的问题，降低了借款人的违约风险和融资成本，打通了金融机构敢贷与能贷的动力机制。

1. 打通信贷风险入口

"村级担保基金+土地经营权抵押贷款"模式较好地解决了风险入口问题。首先，村级担保基金在个人征信的基础上，对农户进行信用评级，并入股缴纳信用保证基金，建立了初步的信用保证基础；其次，在为土地经营权抵押贷款增信的基础上，将土地未来的收益作为第二信用保证。该模式从上述两个方面建立农户贷款风险分担机制，较好地解决了金融机构"不敢贷"和农户"贷不到"的问题。

2. 完善信贷风险出口

土地经营权抵押贷款是具有地方特色的农村信贷产品，但是信贷风险出口问题一直没有得到有效的解决。"村级担保基金+土地经营权抵押贷款"模式对于解决信贷风险出口问题进行了有益的探索，通过农户入股建立起来的村级担保基金，一方面增加了农户的违约成本，增强了农户的信用意识，约束了农户的信贷行为；另一方面在村民自治的基础上，以村治村，建立了农户互相监督机制，有效解决了土地经营权抵押贷款逾期或者违约之后的土地流转问题，确保了银行信贷风险无忧。

3. 提升农民信用意识

传统农村信贷融资模式以农户信用为保证，在农户信用体系不健全的现实条件下，对农户的约束力不强，不利于培养农户承担风险的意识。村级担保基金属于农村信用合作资金互助的范畴，农民通过入股加入村级担保基金，增强了合作意识、信用意识，降低了违约率。将村级担保基金与土地经营权抵押贷款捆绑在一起，一方面为经济弱势群体获得信贷服务提供了机会；另一方面在现有土地制度下，解决了农民抵押担保物不足的问题。

三　四平双辽市村级担保基金模式的价值与应用前景

信用合作本质上属于合作金融范畴（薛桂霞和孙炜琳，2013）。吉林省四平市在全国范围内较早开展新型农村合作金融试点，全国第一家获银监会正式批准的农村资金互助社就诞生在四平市梨树县，全国已准入的49家农村资金互助社中，吉林省4家全部位于四平市。除此之外，四平市在农民专业合作社内资金互助和信用合作方面也进行了有益探索，为农村经济弱势群体的信贷支持创新积累了宝贵经验。四平市自2017年起开展"村级担保基金+土地经营权抵押贷款"创新试验项目，纵向对比，该模式延续了四平市在新型农村合作金融领域的宝贵探索，进一步明确了信用合作是当前合作金融的最佳形式。横向对比，合作金融在全国各地进行了不同形式的探索，四平模式是基于当地农村经济基础与信用环境创造的本地模式，可以为全国合作金融的探索提供四平经验。

（一）四平双辽市村级担保基金模式的价值

1. 创造了"村治+民治"合作金融模式

"村级担保基金+土地经营权抵押贷款"模式运作的制度基础是农村土地承包制。在土地"三权分置"的基础上，村域内具有土地承包经营权的农户自愿出资共同组建村级担保基金，村级担保基金本质上是与农户进行信用合作，在遵循村民自治原则下，由村民选举产生村级担保基金管理委员会，与村民委员会、农业经营管理站、贷款金融机构联手共同运作。该模式运用"村治+民治"理念，利用农民信用合作关系进行内在约束，实现"实钱+实物"双重担保，解决信贷难题。

2. 创造了农户小额信贷模式

"村级担保基金+土地经营权抵押贷款"模式具有以下创新点：一是"风险分担+信贷产品"，村级担保基金是风险分担的基础，土地经营权抵押贷款为其增信；二是"双信用保证"融资模式，即村级担保基金提供的是基本的信用保证，土地经营权抵押是第二信用保证；三是杠杆性融资模式，即以村级担保基金为基础信用保证，放大倍数，扩大融资规模；四是融资模式创新定位于支农支小，帮助他们解决生产生活中的融资难借钱贵问题；五是因地制宜接地气，盘活农民手中最大的土地资产。村级担保基金管理小组加大村级担保基金的收缴力度，金融机构加大信贷支持力度，"村级担保基金+土地经营权抵押贷款"模式的推广解决了农民贷款难、金融机构放款难的问题，突破了土地经营权抵押贷款瓶颈，降低了金融机构信贷风险，减轻了农民负担，优化了农村信用环境，通过信用合作实现为农民增信。

3. 创造了风险分担模式

农村金融机构通常使用抵押、担保等方式作为风险管理手段，但由于我国农村土地在法律上的抵质押效力不足，产权交易市场不健全，基于农村土地收益权、土地经营权等抵押品的信贷产品创新难以推广。同时，我国农村地区信用体系建设滞后，农户的公共信用意识不强，现有征信系统在农村的覆盖度不高，农户信用贷款具有较高风险和成本。商业担保、政策性担保等担保方式准入条件高，风险分担能力有限，而且会增加信贷成本。

（二）四平双辽市村级担保基金模式的应用前景

"村级担保基金+土地经营权抵押贷款"是将互助担保与抵押风险分担方式相结合的创新模式，农户通过缴纳入股资金，建立村级信用担保基金，以此信用保证为土地经营权抵押贷款增信，打通风险入口，解决了融资模式运作过程中信贷入口的风险分担问题。同时，土地经营权抵押贷款将土地未来的收益，即土地产生的未来现金流，作为信用保证来解决风险出口问题。四平双辽市通过"村级担保基金+土地经营权抵押贷款"试验，探索出可复制可推广的新型农村合作金融模式，为从根本上解决农民融资难融资贵问题提供了可行的方案。此次试验也为农村普惠金融的供给方提供了可靠的风险分担新模式，有助于解决供给方"不敢贷"与"不愿贷"的问题，探索农村普惠金融供给方的商业可持续发展路径。

新一轮农村普惠金融改革试验已从重点围绕脱贫攻坚向支持乡村振兴和实现农业现代化方向转变，农村社会也随着全面建成小康社会发生深刻变迁。四平双辽市通过试验，探索在新型城镇化和乡村振兴的背景下，推进农村土地的有序流转、集约化经营和土地经营权融资价值实现的有效途径，探索通过信用合作方式提升农民信用能力的新路径，依托"双基共建"农村信用工程模式，实现农民信用意识提高与乡村治理有效的协同促进。

四平双辽市村级担保基金模式的应用，可以达成以下效果。

一是增强农民信用意识，改善农村信用环境。村级担保基金的设立，满足了农民信贷需求，增强了农民信用意识，解决了农民因缺乏有效抵押物而无法获得相应信贷支持的难题，提高了贷款获得率。土地经营权是农民最重要的财产权利，"村级担保基金+土地经营权抵押贷款"模式提高了农民违约成本，显著提升了农民的诚信意识。同时，农村社会网络的监督与乡村政府的协同治理增强了农民的信用意识，长期内对改善农村信用环境具有重要价值。

二是探索降低银行信贷风险和农民融资成本新路径。此项试验一方面推动了两权抵押贷款的进程，另一方面为金融机构有效防范风险提供了双重保险，村级担保基金管理小组、村委会、农经站等部门的多方联动，为金融机构降低风险提供了有效保障。同时，该模式有效降低了农民的融资成本。承贷金融机构在风险与成本可控的前提下，能够采取优惠利率向农民发放贷款。

三是探索解决农村土地经营权流转难题的新模式。土地经营权抵押贷款开展不顺的重要原因是，一旦发生违约，在缺少乡村治理有效支持的情况下，土地经营权难以有效流转，导致抵押形同虚设。该模式的价值在于构建了土地流转的基层机制，当出现不良贷款导致土地不能正常流转时，承贷金融机构将会扣划村内缴纳基金成员份额，使得本村村民可以有效克服人情障碍，有效破解了土地经营权抵押贷款中的土地流转难题。

四　四平双辽市村级担保基金模式的问题与挑战

虽然四平双辽市村级担保基金模式在实际应用中起到了一定的作用，但是也面临着一些问题与挑战，制约了该模式应用的广度与深度。

（一）缺少国家或省级制度层面的明确规范

从全国范围看，虽然中央一号文件近年来多次鼓励探索新型农村合作金融发展的有效路径，稳妥开展农民合作社内部信用合作试点，但国家层面缺少针对农村合作金融发展的统一制度规范，各地合作金融发展定位和路径尚不清晰，差异明显，与建立包容性农村金融体系和实现乡村振兴的目标相去甚远，这是我国农村合作金融的短板。我国先后出现了类似的村级担保基金，如2012年的福建沙县村级融资担保基金、2015年的山东省台儿庄区坝子村融资担保基金、2018年的新疆玛纳斯县村级融资担保基金担保贷款等。从全国范围内的村级担保基金发展情况来看，基金名称、资金来源与运用、运作模式、风险处置等各个方面没有标准模式，尚未形成系统的发展路径，存在不确定性。

（二）业务流程仍需要进一步规范

"村级担保基金+土地经营权抵押贷款"业务流程中，重要环节之一是土地确权登记。但目前土地确权登记手续仍然比较烦琐，无法一次性办结，特别是土地经营权抵押，在共有人数众多的情况下，手续签字确认工作是一个难题，办完一笔业务的时间较长，农经部门还没有完全将登记确权职能下放到乡镇。在农民金融素养普遍不高的情况下，手续烦琐在一定程度上影响了借款人融资的积极性。

（三）未能充分响应乡村振兴背景下农村金融的异质性需求

当前，农村金融需求正在从单一农户生产性需求向乡村振兴战略加速推进背景下的多元化需求转换。一方面，虽然农村基本的普惠金融需求将长期存在，但随着农民生活水平的不断提高，需求规模将扩大，需求形式日趋多样；另一方面，新型城镇化及农业生产方式的转变推动土地适度规模经营加速，新型农业经营主体日益成为农村金融需求的主体，其对资金的依赖更强。"村级担保基金+土地经营权抵押贷款"额度较低，期限较短，无法充分响应各类主体的多元化金融需求，制约了其作用的发挥。

（四）村级担保基金资金来源与治理机制面临农村社会变迁冲击

随着新型城镇化的推进，原有乡村结构发生了显著变化，农村常住人口减少，流动性增强，这使得以村民入股为主要资金来源的担保基金在规模上受到严重制约。人口净流出将限制村级基金规模的扩大，基金如果不能够达到一定规模，其普惠包容性的目标将难以保障，担保效力也将降低。近年来农村外出打工人员越来越多，甚至举家搬迁，导致贷款需求下降，业务推广缓慢。另外，人口流动也对村级担保基金民主管理、封闭运行等治理机制形成冲击，不利于信用合作的长期稳定。

五 四平双辽市村级担保基金模式的推广建议

（一）明确扶持政策，扩大宣传力度

通过政策或行政规章对村级担保基金予以明确界定和支持，保护和规范引导村民信用合作实践，充分结合当地现实情况，避免简单复制。可在试点成熟的基础上择优对村级担保基金进行升级改造并试行推广，制定出台相关的扶持政策，加大支持力度和宣传力度，提高农民的认可度。充分

发挥农村基层党组织的作用，联合当地农村信用社或商业银行开展"双基共建"，组织金融机构积极联系村委会，发挥村干部优势，扩大村级担保基金业务的影响力，为复制推广奠定基础。积极协调农经部门，规范土地经营权确权登记流程，简化流转手续。

（二）统筹整村授信与村级担保基金协同推进

鼓励银行业金融机构在成立村级担保基金的乡村优先开展整村授信，将村级担保基金纳入整村授信评价标准，促进信用评价标准统一和信用信息共享。推动村级担保基金与商业银行的有机衔接，鼓励商业银行在整村授信和村级担保基金的基础上开展信贷创新，通过竞争机制进一步降低村民的融资成本。村级党组织依托"双基共建"，积极配合金融机构开展整村授信，并对信用信息进行动态跟踪，保证农户利用村级担保基金贷款的连续性。

（三）有序扩大村级担保基金规模，拓宽资金来源渠道

推动巩固拓展脱贫攻坚成果与乡村振兴的有效衔接，利用好财政补贴等政策，发挥政府引导作用，有序扩大村级担保基金规模。探索集体产权改革与村级担保基金发展的协同机制，促进集体经济壮大，为村级担保基金发展构建长效机制。借鉴国内经验，拓宽资金来源渠道，建立财政补贴、社会捐赠、村社集体资产盈余累积等多元化资金来源形式以及多层次资金结构，扩大担保基金的规模，更好地满足农民增收、农业现代化、农村发展的资金需求。

（四）监督完善村级担保基金的内部治理机制

进一步明确村级担保基金委员会职责，落实村委会主体责任，促进乡村治理的有效升级。村级担保基金发展既要发挥村集体组织的作用，又要避免村级担保基金行政化，脱离合作金融发展轨道。可通过基层组织交流与经验推广等形式，促进村级担保基金健全内部规章制度，加强社员对合作金融组织的民主管理，真正落实合作金融特征，规避风险积聚。促进村级担保基金与乡村治理有效的双向互动。

（五）依托数字乡村建设推动村级担保基金发展

通过数字乡村建设，对土地经营主体行为数据、土地流转数据以及农

业生产数据等进行系统归集与整合，促使村级担保基金进一步提升服务能力，为新型农业经营主体提供必要的融资支持，不再局限于小农户的融资需求，为乡村振兴战略下合作金融发展提供更广阔的空间。依托大数据信息整合完善农村产权交易市场，在坚持土地集体所有制的前提下，促进信用主体公平参与产权市场公开交易，更充分地实现农村资源资产的金融化、市场化。通过数字技术实现业务流程线上化与规范化，通过人脸识别技术实现远程业务处理，简化业务手续。

第三节　企业领办的合作金融模式

——以阳光农业相互保险公司为例

　　阳光农业相互保险公司是在黑龙江垦区 14 年农业风险互助的基础上，经国务院同意、中国保监会批准、国家工商总局注册的我国首家也是目前唯一一家相互制保险公司，是黑龙江省唯一一家国家一级法人金融机构，于 2005 年 1 月 11 日正式开业。[①]虽然目前我国也存在一些其他形式的相互保险组织，但是相互制保险公司只此一家，因此阳光农业相互保险公司从成立之初就承载着探索我国农村合作金融发展道路和创新农业保险体制的历史使命。本节以阳光农业相互保险公司为例，探索企业领办的合作金融模式和发展路径。

一　相互保险组织模式的基本内涵与发展优势

　　相互保险通常是指具有同质风险保障需求的单位或个人，通过订立合同成为会员，并缴纳保费形成互助基金，由该基金对合同约定的事故发生所造成的损失承担赔偿责任，或者当被保险人死亡、伤残、疾病或者达到合同约定的年龄、期限等条件时承担给付保险金责任的保险活动。[②]相互保险组织一般是指在平等自愿、民主管理的基础上，由全体会员持有并以

---

① 阳光农业相互保险公司广东分公司：发挥专业农险优势 努力推动乡村振兴［J］.大社会，2020（9）.

② 资料来源：《相互保险组织监管试行办法》（保监发〔2015〕11 号）。

互助合作方式为会员提供保险服务的组织，包括一般相互保险公司、农民专业保险合作社、农业保险互助社、渔业互保协会与农机安全协会的互助社，以及其他专业性、区域性的相互保险等组织形式。[①]

相互保险组织模式与股份制保险组织模式存在较大的差异。一是组织形式不同。股份制保险公司一般由若干股东发起组成和设立，股东大会是其最高的权力机构。相互保险公司则没有股东，其保单持有人具有投资人和被保险人的双重身份，由所有会员组成的会员大会是其最高权力机构。二是组织架构不同。股份制保险公司按股份进行决策，效率通常较高，而相互保险的社员大会一般实行"一人一票"的表决方式，社员能够平等地参与公司治理。三是经营目标和分配机制存在明显的差异。股份制保险公司追求股东利益，按股份多少分配利润，以利润最大化为其经营目标。而相互保险组织在经营上对被保险人的利益更为重视，不追求股东利润，保费收入在支付赔款和经营费用之后，公司的盈余部分完全由会员共享。由此可见，与股份制保险公司相比，相互保险公司具有一些独特优势：一方面，相互保险公司保单持有人既是投资人又是被保险人的双重身份决定了相互保险公司的参保会员具有相互监督功能，更有利于防范信息不对称所导致的道德风险问题；另一方面，相互保险公司不以利润最大化为目标，可以发展有利于被保险人长期利益的险种，保护被保险人或投资人的利益，而且相互保险公司展业费用较低，可以最大限度地降低保险费率，从而惠及被保险人。正因为相互保险的特殊优势，相互保险在国外实践多年，已经成为国际上比较成熟的保险经营模式。

但是，相互保险组织模式在中国的实践较晚，而且目前我国运作较为规范的农民专业保险合作社数量更是有限。很多农民专业合作社主要在生产和销售环节进行互助合作，对生产、销售以外的其他服务，尤其是农村合作金融领域涉及不多。因此，以阳光农业相互保险公司为案例，研究其成立背景与组建基础、发展历程、成效与不足并提出发展建议，具有现实意义与实践价值。

[①]　资料来源：《相互保险组织监管试行办法》（保监发〔2015〕11 号）。

二 阳光农业相互保险公司的成立背景与组建基础

(一) 阳光农业相互保险公司组建的政策背景

作为国内首家也是目前唯一一家农业互助保险公司，阳光农业相互保险公司的成立具有一定的政策背景和实践基础。20 世纪 90 年代，中国的保险业逐步由计划经济向市场经济转型，1994 年开始，财政部明确要求保险公司在经营中一定要在盈利情况下开展新的保险业务，在农业险中原则上不承保旱灾、农业综合险或农业一切险等亏损险种（伍晓容和唐艳，2009）。尽管这一时期政府为了支持农业保险业务发展，给予了一定的税收优惠政策[①]，但政府的过少介入不可避免地使农业保险业务逐步萎缩。数据显示，我国农业保险保费收入由 1993 年的 8.3 亿元下降到 2001 年的 3 亿元。[②] 基于此，为了遏制农业保险市场下滑的趋势，提高农民抗风险能力，保护农民利益，2002 年修订的《农业法》中明确提出要建立完备的政策性农业保险体系，其中农业互助保险就是政策性农业保险体系的重要组成部分（庹国柱，2018）。

(二) 阳光农业相互保险公司组建的基础

各地从 20 世纪 90 年代就开始了农业互助保险的实践探索，为农业互助保险公司的成立奠定了基础。阳光农业相互保险公司在 2005 年成立之前经历了三个阶段。第一个阶段是 20 世纪 90 年代初的种植业风雹（龙卷风和冰雹）基金阶段，这一阶段黑龙江农垦总局辖区的农场按照每亩地 1 元提缴风雹基金，农作物发生风、雹灾害时，由专家对灾害损失进行评估，根据评估结果向农场兑现风雹灾害理赔款。第二个阶段是 20 世纪 90 年代中后期的农业风险互助阶段。这一阶段风险保障从风、雹灾拓展到旱、涝、风、雹、冻、病、虫七种责任，以黑龙江农垦总局辖区的农场为单位，组织农场内家庭经营农户筹措风险金，黑龙江农垦总局、黑龙江农垦分局、黑龙江农垦总局辖区农场建立三级风险互助专

---

① 国务院关于农村金融体制改革的决定 [J].陕西省人民政府公报，1996 (17)：3.

② 中国保险学会，《中国保险史》编审委员会．中国保险史 [M].北京：中国金融出版社，1998 (6).

业管理机构，灾害的查勘、定损、赔付由三级专业管理部门共同完成。简言之，这一阶段的农业风险互助模式是"统一组织、农户互助、三级分保、专业管理"[①]。第三个阶段是 21 世纪初的农业互助保险阶段。这一阶段，黑龙江农垦总局成立了农业保险互助局，统一办理全辖区的农业保险业务，形成了以黑龙江农垦总局农业保险互助局为主导、农场保险协会互助经营为基础的统分结合的双层经营体制。黑龙江农垦总局农业互助保险局和农场农业保险协会按 3：7 的比例分配保费收入和理赔支出，出险时由黑龙江农垦总局农业互助保险局和农场农业保险协会按相同比例赔付。2004 年，这种农业互助保险模式已经扩展到整个黑龙江农垦区下辖的全部 8 个分局的 54 个农场。[②] 阳光农业相互保险公司在上述政策背景下和实践基础上，于 2005 年 1 月，经国务院同意、中国保监会批准设立（许梦博等，2016）。

三　阳光农业相互保险公司的发展历程

作为一家以合作制为基础的保险公司，阳光农业相互保险公司承担着探索中国农村合作金融发展道路和创新农业保险体制的历史使命。阳光农业相互保险公司发展历程具体可以分为以下三个阶段。

第一阶段，阳光农业相互保险公司起步阶段（2005~2007 年）。2004~2007 年中共中央连续 4 年将农业保险相关内容写入中央一号文件，除了阳光农业相互保险公司，全国还成立了吉林安华、上海安信、四川安盟等专业农险公司经营农业保险业务。在政策的引导支持下，阳光农业相互保险公司的农业保险业务稳步提升，数据显示，2005 年阳光农业相互保险公司的农业保险业务额为 2.28 亿元，2006 年农业保险业务额为 3.04 亿元，2007 年农业保险业务额为 5.36 亿元。[③]

第二阶段，阳光农业相互保险公司快速发展阶段（2008~2013 年）。2007 年中央财政开始实施农业保险保费补贴试点工作，在财政补贴政策

---

① 资料来源：《阳光农业相互保险公司 2022 年度信息披露报告》。
② 资料来源：《阳光农业相互保险公司 2022 年度信息披露报告》。
③ 资料来源：《中国保险年鉴（2005~2008）》。

主导下，全国各地积极发展农业保险业务，按照政府引导、政策支持、市场运作、农民自愿的原则，逐步形成由中央政府主导和地方政府配套的多层次的农业保险政策体系（龙文军，2011）。在总结试点经验的基础上，2008 年财政补贴农业保险保费政策在全国铺开，2012 年 2 月财政部下发《关于进一步加大支持力度做好农业保险保费补贴工作的通知》，强调要在保费险种、补贴区域、保障水平等方面加大财政支持力度。[①] 随着一系列政策制度红利的释放，尤其是在财政补贴政策激励下，阳光农业相互保险公司业务得到快速发展。阳光农业相互保险公司农业保险业务额在 2008 年达到 16.12 亿元、同比增长了 200.7%，2009 年为 16.49 亿元，2010 年为 14.09 亿元，2011 年为 16.92 亿元，2012 年为 22.58 亿元。[②] 数据显示，这一阶段阳光农业相互保险公司农业保险业务额除了在 2010 年有短暂回落，其余年份都增长较快，并于 2012 年首次跃上 20 亿元台阶。除了业务规模快速扩大，这一阶段，阳光农业互助保险公司的业务范围也取得了突破性进展，2009 年 2 月，阳光农业互助保险公司广东分公司经过保监会批准成立，迈出了在黑龙江省外展业的第一步。[③]

第三阶段，阳光农业相互保险公司稳步发展阶段（2013 年至今）。2012 年国务院下发《农业保险条例》，这是农业保险行业第一部专门法规，同年中央财政补贴范围扩大到全国所有省、自治区和直辖市，支持的标的扩大到包括小麦、玉米、棉花、能繁母猪、奶牛等农作物和主要畜牧产品（王德宝和王国军，2014）；2017 年中央一号文件《关于深入推进农

① 《关于进一步加大支持力度做好农业保险保费补贴工作的通知》财金〔2012〕2 号文件中明确规定：增加保费补贴品种。在现有的水稻、玉米、小麦、油料作物、棉花、马铃薯、青稞、天然橡胶、森林、能繁母猪、奶牛、育肥猪、牦牛、藏系羊 14 个中央财政补贴险种的基础上，将糖料作物纳入中央财政农业保险保费补贴范围。扩大保费补贴区域。将现有中央财政农业保险保费补贴险种的补贴区域扩大至全国。农业保险的保费补贴比例上，种植业保险中，在省级财政至少补贴 25% 的基础上，中央财政对东部地区补贴 35%、对中西部地区补贴 40%，对新疆生产建设兵团、中央直属垦区等补贴比例为 65%。养殖业保险中，东部地区的能繁母猪和奶牛保险，在地方财政至少补贴 30% 的基础上，中央财政补贴 40%；育肥猪保险，在地方财政至少补贴 10% 的基础上，中央财政补贴 10%。
② 资料来源：《中国保险年鉴（2009~2014）》。
③ 资料来源：《中国保险年鉴（2010）》。

业供给侧结构性改革加快培育农业农村发展新动能的若干意见》明确要求，规范发展农村资金互助组织，严格落实监管主体和责任，开展农民合作社内部信用合作试点，鼓励发展农业互助保险；2017 年，财政部下发《关于在粮食主产省开展农业大灾保险试点的通知》，围绕提高农业保险保额和赔付标准，开发面向适度规模经营农户的专属农业保险产品；2019 年《关于加快农业保险高质量发展的指导意见》下发；2020 年，进一步扩大地方优势特色农产品保险的以奖代补试点至 20 个省份；2021 年，三大粮食作物完全成本保险和种植收入保险实施范围进一步扩大。从一系列政策中，不难看出这一阶段我国农业保险逐步走向规范发展。这一阶段也是阳光农业相互保险公司业务稳健发展的阶段。在 2013 年，阳光农业相互保险公司种植业的参保农户就高达 198 万户，提供的风险保障为 279 亿元，黑龙江省内种植险受益农户达 48.8 万户（次），户均赔款 4627 元，养殖险受益农户 1.1 万户（次），户均赔款 2976 元。阳光农业相互保险公司农业保险业务占全国农业保险的市场份额为 7.69%，市场占有率排在第 3 位（许梦博等，2016）。2020 年，阳光农业相互保险公司的农业保险业务额达到 38.96 亿元，较 2012 年的 22.58 亿元年均增长率为 7.06%，处于稳定发展阶段[①]。

四　阳光农业相互保险公司的发展成效与不足

（一）阳光农业相互保险公司的发展成效

经过 18 年的发展，阳光农业相互保险公司的产品体系已经由单一的农业保险业务，扩展到农业保险、企业财产保险、家庭财产保险、工程保险、保证保险、机动车辆保险、责任保险、短期健康保险、意外伤害保险、货物运输保险、特殊风险等 13 个财产保险产品。阳光农业相互保险公司的业务规模于 2022 年突破 40 亿元，业务规模相较于 2015 年的 2.28 亿元增长了 16.5 倍；阳光农业相互保险公司业务范围也由黑龙江省内经营拓展至黑龙江、广东、天津三个省市，共设有 257 家分支机构。阳光农

---

① 资料来源：《中国统计年鉴（2021）》。

业相互保险公司在实践中总结提炼出了适合中国农村特色的相互制农业保险发展模式，取得了诸多成效。

首先，阳光农业相互保险公司通过发挥相互保险的风险分散和风控管理优势，建立了完善的风控管理体系，降低了公司的经营风险。一是阳光农业相互保险公司建立了"三会一层①"的风险组织管理领导体系，并建立了覆盖所有职能部门、分支机构的全面风险管理组织架构。阳光农业相互保险公司风控组织架构如图6-2所示。二是建立了以风险管理为核心的三道防线管理框架，并不断健全完善与自身业务性质、规模和复杂程度相匹配的科学有效的风险管理体系。其中，总公司各业务部门和各级机构负责本部门、本业务条线和本机构的日常风险识别、应对、监控与报告。公司合规法律部、风险管理部牵头公司风险管理工作，评估各条线风险管理，组织、协调、监督公司各部门、各级机构建立、健全风险管理制度、标准和限额，完善操作流程。公司审计部通过每年检查、评估公司偿付能力风险管理体系运行情况和运行效果，监督风险管理政策的执行情况，并向董事会报告。②

其次，利用专业农业保险公司的特殊优势以及相互保险所具有的成本优势和服务优势，以农业保险为抓手，充分发挥专业优势，切实发挥农业风险保障和经济补偿作用，不断创新农险产品，降低成本、提高效率、重视服务，提升农户满意度，服务保障国家重大战略。2022年，阳光农业相互保险公司为217.2万户（次）保户提供保险保障528.7亿元，为20余万栋大棚提供保险保障9.9亿元，为2098台农机提供保险保障33.14亿元，为13户企业提供预制蔬菜安全责任保险保障1.40亿元，为3万余名农民提供农业雇主责任和意外保险保障79亿元，解决了农户的后顾之忧。③

最后，科技赋能不断提升公司经营管理和服务效率。阳光农业相互保险公司通过"互联网+"、大数据、智能化等创新技术手段，开发建设了农

---

① "三会一层"是指会员代表大会、董事会、监事会、高级管理层。
② 资料来源：《阳光农业相互保险公司2022年度环境、社会及管治（ESG）暨社会责任报告》。
③ 资料来源：《阳光农业相互保险公司2022年度环境、社会及管治（ESG）暨社会责任报告》。

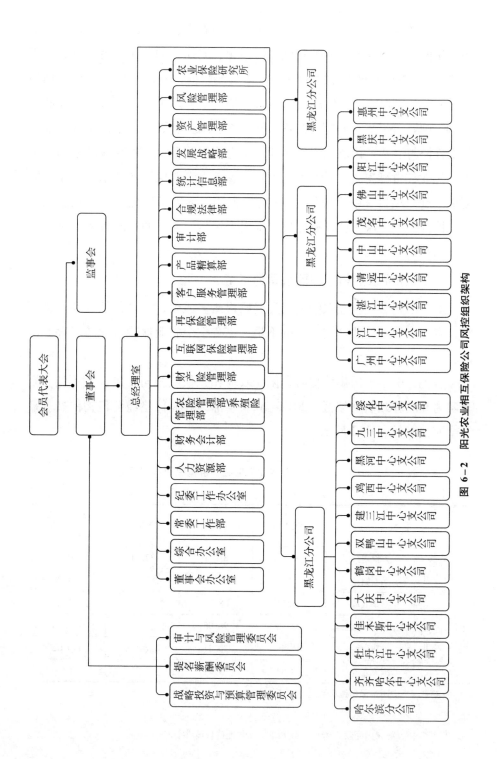

图 6-2 阳光农业相互保险公司风控组织架构

险一体化平台。农险一体化平台创新了"一农户、一产品、一保单"的业务操作模式,实施了产品配置化、模型化、周期化的快速开发管理,获得了"农户+矢量+作物"的农险一体化精准数据,满足了精准承保和精准理赔的业务管控需求,实现了自核自验的创新管理手段,提供了"互联网+农业保险"的"一站式"服务,提高了承保理赔服务效率,实现了业务品质管控与消费者体验的双重提升。[1] 此外,阳光农业相互保险公司完成了"黑龙江省延寿县'确权数据+卫星遥感'农业保险精准承保理赔机制创新试点"项目,推广应用了3S定损方法,突破了传统的多时相影像判断灾情的做法。这些科技赋能成果都大大提高了公司的查勘效率(孙思雨等,2021)。

(二)阳光农业相互保险公司的不足

虽然阳光农业相互保险公司发展取得诸多成效,但是仍然存在诸多不足,有相互保险经营体制固有的不足,也有整个农业保险行业普遍存在的问题。

首先,由于采用集体保险,阳光农业相互保险公司发展速度不快,资金实力和品牌知名度较低。2012~2020年部分农业保险经营机构保费规模及增速情况如表6-2所示。

表6-2　2012~2020年部分农业保险经营机构保费规模及增速情况

单位:亿元,%

公司		2012年	2016年	2020年	2012~2020年均增长率
综合性财产保险公司	人保财险	1930.18	2810.10	4320.19	10.60
	平安财险	988.16	1636.88	2858.54	14.20
专业性农业保险公司	安华农险	23.61	38.78	55.32	11.23
	阳光农业相互保险	22.58	28.08	38.96	7.06
	中华财险	245.56	39.37	527.15	10.02
	国元农险	19.84	31.71	67.77	16.60

资料来源:中国银保信调研数据。

---

[1] 资料来源:《阳光农业相互保险公司2022年度信息披露报告》。

　　在发展速度上，阳光农业相互保险公司 2012～2020 年年均增长率为 7.06%，不仅与综合性财产保险公司相比较低，也低于其他专业性农业保险公司。在保费收入总量上，阳光农业相互保险公司以 38.96 亿元的保费规模处于最低水平。发展速度与保费规模的不足严重制约了阳光农业相互保险公司服务能力和服务质量的提升，也降低了公司经营的效益。与股份制保险公司相比，阳光农业相互保险公司的经营决策效率偏低，很多有利于快速拓展市场的计划最后由于决策效率较低而被迫暂缓实施，从而丧失了占领市场、拓展业务和产品研发创新的先机。

　　其次，阳光农业相互保险公司应收保费较多，降低了农业保险经营的效益，也增加了农业保险经营的风险。2022 年，阳光农业相互保险公司农业保险业务的应收保费为 7.9 亿元，其中种植业保险和养殖业保险等农业保险占应收保费的 98%。应收保费占总保费规模的比例超过 20%，而且绝大多数的应收保费拖欠已经达到六个月以上。

　　最后，阳光农业相互保险公司由于资金实力、保费规模和经营范围的限制，无法通过更大空间分散风险，从而限制了其农业保险产品开发的能力，限制了技术应用的效果。这也使得与其他股份制保险公司相比，阳光农业相互保险公司的经营管理能力相对较弱，技术创新能力稍显不足。

五　阳光农业相互保险公司高质量发展建议

　　作为农业相互保险公司的代表，阳光农业相互保险公司应当利用农业相互保险在价格和服务方面的优势，强化技术赋能，专注主业开发，持续提高经营效率。具体可以从以下两个方面着手。

　　一是做好市场定位和差异化特色，塑造企业形象，强化品牌建设，提升公司服务形象和品牌辨识度。阳光农业相互保险公司应坚定"做优专业化公司、培育职业化团队、实行流程化管理"的总体发展方向。根据目前市场形势，不求大而全，追求专而精。专注农险主业，主打专业牌，突出承保能力，精耕细作，打造盈利能力，在农业保险、涉农财产险细分市场上下功夫，积极开拓新市场，扩大市场份额和影响力。充分利用外部资源，打造多种产品和业务模式，增强核心竞争力。力争发展成为在国内具有较大品牌影响力、在行业内同等规模公司中具有管理标杆地位和模式引领地位的专业性农业保险公司。

二是充分发挥保险功能和作用，围绕农户风险保障的多元化需求调整农业保险经营理念，由传统种植业和养殖业的"小农险"向涵盖粮食安全保障全流程的"大农险"理念转型，由"事后理赔"向"事前防灾、事中减损、事后理赔"的全流程风险管理转型，为国家实施乡村振兴战略和构建和谐社会作出更大贡献。

政府应当在智能监管和扶持政策协同方面完善政策举措，为阳光农业相互保险公司的高质量发展营造良好的营商环境。政府要重视保险监管，尤其是强化智能监管，提高监管效率，确保阳光农业相互保险公司的经营符合国家法律法规要求，服务国家战略导向，避免违规违法风险，保持经营的稳健。政府应优化财政预算管理，尽快补齐拖欠的应收保费，助力农业保险公司健康经营。政府应优化政策扶持举措，除了目前实施的财政补贴政策，还应加大力度在税收优惠政策上做文章，并强化政策协同，以提高政策实施效率，为阳光农业相互保险公司的高质量发展营造良好的营商环境，助力阳光农业相互保险公司高质量经营。

| 第七章 |

中国农村合作金融的发展路径及政策建议

本书分析了我国农村合作金融生存发展的特殊性，探讨了在当前社会资本快速变迁、成员异质性增强的环境下，我国农村合作金融发展面临的现实问题和困境。国际经验表明，合作金融对于完善金融服务体系、促进普惠金融落实、为经济弱势群体提供更好的金融服务具有重要意义。农村金融是长期以来我国金融体系的短板，其中农村合作金融是重要的一环，推动农村合作金融发展对于推进农业农村现代化、实现乡村全面振兴关系重大，应在全面推进乡村振兴的国家战略契机下，探索出我国新型农村合作金融可持续发展的路径。

第一节　明确乡村振兴战略下农村合作
金融发展的新方向

随着乡村振兴战略和农业农村现代化的推进，我国农村社会发展进入了新阶段，由过去的单向城镇化演变成城乡协同发展。在乡村全面振兴和促进城乡共同富裕的大背景下，农村合作金融的使命和定位是否需要相应调整，是探索农村合作金融发展路径首先需要回答的问题。

一　乡村振兴与农村合作金融发展的内在逻辑

党的十九大报告首次提出乡村振兴战略，要在国家现代化进程中实现乡村振兴，需要财政、金融、社会资本等多渠道的大量资金投入，需要健全政策性金融、商业性金融、合作金融"三位一体"、适度竞争的农村金融体系，从而实现资金的有效配置。大量国际经验表明，发展合作金融对缓解农村金融抑制具有重要作用，特别是在我国农村地区以小农户为主且长期面临融资难和组织化困境的情况下，发展合作金融意义重大。2006年开始，我国尝试推动新型农村合作金融发展，虽然银监会正式批准的农村资金互助社全国只有49家，但受农村金融政策引导，各类民间自发组建的合作金融组织（包括农民资金互助社、农民合作社内部信用互助等）却得到迅速发展。经过十余年的实践，一方面，新型合作金融组织已经成为农村地区弥补正规金融缺失的有效形式；另一方面，由于组织治理制度安排存在缺陷，新型合作金融组织的可持续性令人怀疑，其发展定位和路径尚不清晰，与建立包容性农村金融体系和实现乡村振兴的目标相去甚远，是我国农村金融的短板。全面推进乡村振兴将重塑农村发展环境，这为我国农村合作金融探索提供了契机和动力。

城镇化与农业农村现代化是渐进的过程，在长期内农户将仍然是农村金融的主要服务对象。实施乡村振兴战略要求在满足多元化农村金融需求的同时，建立健全惠及广大农民、适合农业农村特点的农村普惠金融体系，满足农村最基本的金融需求，保障经济弱势群体的金融可得性。合作金融作为与商业性金融、政策性金融功能互补的金融组织形式，以服务成员而非营利为主要目标，具有天然的普惠特征，是金融支持乡村振兴战略中不可或缺的一部分。随着乡村振兴战略的推进，农业生产方式转变，农民收入逐步提高，农村社区关系将被重塑，以家庭农场、农民专业合作社为代表的新型农业经营主体逐步壮大，农村合作金融需求趋于多元化，小农户消费性的资金互助需求、规模农户的信用合作需求、集体金融收益权的需求以及农业产业链延伸融合需求等被激发，为合作金融发展提供了新的契机。农村合作金融应进一步突出其扶贫扶弱、普惠公益的特征，强化合作金融产品和服务创新，助力乡村振兴发展。2019年，中国人民银行等五部门联合印发的《关于金融服务乡村振兴的指导意见》提出，探索新型农村合作金融发展的有效路径，稳妥开展农民合作社内部信用合作试点，明确了乡村振兴背景下农村合作金融的发展方向。

二 以合作金融促进共同富裕

长期以来，我国农村合作金融的主要目标是解决农户融资难、融资贵的问题。为了解决农户、小微企业等经济弱势群体金融可获得性差的问题，2015年国务院印发了《推进普惠金融发展规划（2016—2020年）》，指出发展普惠金融是我国全面建成小康社会的必然要求，明确了发展普惠金融的必要性。党的十九大报告提出乡村振兴战略，进一步为农村普惠金融发展指明了具体方向。普惠金融发展有效缓解了农户融资难的问题。据中国人民银行统计，2007年以来我国"三农"信贷投入增长迅速，全口径涉农贷款年均增长率达到15.3%，其中增长最快的是农户贷款，年均增长率达到18.2%（见表7-1）。数据表明，我国涉农贷款的主要投向仍然是普惠金融重点关注的农户、农村小微企业等经济弱势群体，商业银行对农村普惠金融的大量投入大幅缓解了农户融资难的问题。

另外，普惠金融快步进入数字技术驱动的数字普惠金融发展阶段，在农村普惠金融实践层面，以数字和场景为依托，以网络普及为基础，以创新农村普惠金融产品、流程及模式等为主要内容的数字普惠金融已成为主流模式。数字普惠金融在有效实现农村金融供需匹配、推动金融资源向农村弱势群体倾斜、破解农村金融难题方面被广泛认可。农村数字普惠金融在减少农村金融市场信息不对称、降低交易成本、解决基础金融服务不足、完善风险分担机制等方面发挥了巨大作用。在全面推进乡村振兴的大背景下，数字驱动有助于建立有别于城市的农村金融生态系统，彻底打通农村普惠金融服务的"最后一公里"。

尽管农村数字普惠金融在提高金融服务可得性和均等性等方面成效显著，但由于基础设施、市场条件、应用场景等限制，以及农村数字鸿沟的广泛存在，数字普惠金融在农村地区的普及应用尚需时日。数字普惠金融是建立在信用基础较为完备的陌生人社会基础上的，而我国农村并没有脱离熟人社会的基本特征，数字普惠金融并不能完全替代内生于熟人社会的农村合作金融组织。同时我们也应看到，未来随着乡村振兴战略的推进，

表 7-1　2007 年以来我国 "三农" 贷款情况

单位：亿元，%

时期	农村贷款		农林牧渔业贷款		农户贷款		全口径涉农贷款	
	余额	同比增长	余额	同比增长	余额	同比增长	余额	同比增长
2007 年	50384	—	15055	—	13399	—	61151	—
2008 年	55569	18.4	15559	10.0	15170	16.4	69124	20.8
2009 年	74551	34.2	19448	25.2	20134	32.7	91316	32.1
2010 年	98017	31.5	23045	18.3	26043	29.4	117658	28.9
2011 年	121469	24.7	24436	13.7	31023	19.1	146016	24.9
2012 年	145467	19.8	27261	11.6	36195	15.9	176310	20.8
2013 年	173025	18.9	30437	11.7	45047	24.5	208893	18.5
2014 年	194383	12.4	33394	9.7	53587	19.0	236002	13.0
2015 年	216055	11.2	35137	5.2	61488	14.8	263522	11.7
2016 年	230092	6.5	36627	4.2	70846	15.2	282336	7.1
2017 年	251398	9.3	38713	5.7	81056	14.4	309547	9.6
2018 年	266368	6.0	39424	1.8	92322	13.9	326806	5.6
2019 年	288371	8.3	39695	0.7	103446	12.1	351850	7.7
2020 年	322657	11.9	42678	7.5	118145	14.2	389493	10.7
年均增长		15.4		8.3		18.2		15.3

资料来源：《中国农村金融服务报告 2020》.

农户经营能力与收入水平不断提升，农户原有的分散、小额、临时性、生产性的信贷需求将发生改变，农业现代化进程将催生新型乡村经营主体，带来信贷需求提升，农村合作金融不应局限于资金互助或信用互助功能定位，而应做出调整与扩充。乡村振兴的根本目标是实现共同富裕、消除城乡差距、重建和重塑乡村社会，农村合作金融组织应利用在地性优势，强化金融联结，拓展合作范围，在农户投资、理财等资产端探索合作的可行性，拓展小农户财产性收益渠道，促进共同富裕。前文的实证表明，社会资本对于农户金融风险资产配置具有促进效应，合作金融依赖于社会资本运行，除缓解农户信贷约束外，还能够促进农户财产性收入的增加。

三　促进小农户与大市场的有效衔接

近年来，随着我国农业农村现代化进程的推进，新型农业经营主体迅速增加，其在组织带动小农户、激活乡村资源要素、促进农民增收等方面发挥了重要作用，已成为推动乡村振兴向纵深发展、引领小农户和现代农业发展有机衔接的重要力量。但由于各方面因素的制约，当前有效解决小农户与现代农业有机衔接的问题任重道远，需要合作金融的推动。

一方面，小农户自身发展能力不强，整体素质与现代农业要求有较大差距。项目组在调研中发现，由于代际分工等原因，留守在家里种地的小农户以老人和妇女为主，而且普遍年龄较大，小农户户主平均年龄为53岁，60岁以上的占比超过40%。小农户中兼业化比较严重，接受调研的小农户户主中超过80%都有兼业现象，种地已经不是小农户主要的收入来源，这大大削弱了小农户精耕细作的优势，小农户农业经营能力和农业增收能力受挫。现阶段农业社会化服务整体水平不高，有效服务供给不足，不利于小农户和现代农业有机衔接，并未形成多元化和多层次的农业生产性服务组织体系。调研过程中很多小农户反映，部分农机专业合作社农机耕种的服务对象并不针对小农户，或者对小农户的农业生产服务收取较高费用，不能有效满足小农户的需求，这些因素都在很大程度上制约了小农户和现代农业有机衔接水平的提升。小农户发展能力弱、农业社会化服务水平不高，深度融入"政府+公司+农业产业化联合体+农民合作社+家庭农场+小农户""龙头企业+合作社+小农户"等衔接模式的小农户仅占少数,而简单地以"土地租赁+务工"方式与现代农业衔接的小农户占一半左右,以传统小农方式耕种经营的小农户占比仍在 20%以上。另一方面,新型农业经营主体的带动作用是提升小农户组织化程度的关键。但通过深入调研发现,新型农业经营主体普遍存在融资难的问题,阻碍了此类组织的发展。对公主岭、梅河口等 16 县市 50 个新型农业经营主体的调研数据显示,新型农业经营主体的资金需求约为 9820 万元,而实际获得的信贷支持约为 3720 万元,实际贷款额度仅占融资需求总额的 37.9%,有超过60%的融资需求无法得到满足,新型农业经营主体面临的融资约束较为严重。

农村合作金融可以为小农户与大市场的有效衔接发挥积极作用。国际经验表明,合作金融在促进信息流动、提升农户组织化程度、强化生产合作和产业链接、构建和谐社区等方面具有重要作用。当前,我国农村合作金融组织强调生产合作基础上的信用合作,或者发展生产、供销、信用"三位一体"的综合合作金融,这种内生性的合作金融组织具有天然优势,与现阶段着力推进小农户与大市场有效衔接的目标相契合。合作社社员之间基于共同或相似的生产方式、共同的市场利益进行自我联合和服务,在产购销等各个环节中,形成了更为紧密的利益共享、风险共担机制,彼此之间的互信程度更高。成员之间不仅可以进行资金互助,还可通过其他方式相互支持,提升单一农户的抗风险能力,使单一农户通过与成员紧密联合摆脱面对市场的弱势地位。

四　促进农村集体经济发展

发展集体经济和合作经济对于乡村振兴具有重要意义。党的十八大以来,推动农村集体产权制度改革、壮大农村集体经济成为深化农村改革的重大举措。改革以股权形式明晰了集体资源产权归属和成员权利边界,使得农村集体经济组织的管理机制更加合理、市场适应能力更强。2022 年中央一号文件明确提出巩固提升农村集体产权制度改革成果。2023 年中央一号文件再一次强调要"巩固提升农村集体产权制度改革成果……探索资源发包、物业出租、居间服务、资产参股等多样化途径发展新型农村集体经济"。新时期发展壮大农村集体经济，能够赋予农民更加充分的财产权益，让农民分享更多的改革红利，实现共同富裕。通过农村集体资产的集中运营、优化配置促进乡村产业发展，实现资产保值增值，进而通过公平分配、社会福利等方式进行财富的再分配，实现共同富裕。但现阶段，农村集体经济组织的固有缺陷使得农村居民财产收益权难以得到保障。集体产权结构较为复杂，实际运用中存在较多障碍；集体经济决策缺乏灵活性，效率不高；分配机制难以形成有效激励，导致成员对剩余集体资产谋求短期收益，缺少长期规划和持续发展动能，因此现实中农村集体经济组织普遍缺乏持续稳定的经营收入。另外，以多种形式农民合作社为代表的合作经济组织在全国农村广泛兴起，作为新型农业经营组织的主要形式，农民合作社在政策上得到大力支持，已经成为带动小农户对接大市场的基本主体。但农民合作社发展也存在诸多问题，一些合作社发起人组织能力不强、经营实力薄弱、盈利能力不足，对普通农户的吸引力和带动力不强；一些合作社由于农户合作意识不强、成员异质性突出、内部治理机制不完善等原因，产生内部人控制、民主治理缺失等问题，合作社沦为少数人的牟利工具，普通社员利益受到侵害。

鉴于农村集体经济组织与农民专业合作社同为全面推进乡村振兴战略的重要主体，两者在功能上有互补性、在目标上有一致性、在治理上有重叠性、在成员构成上有嵌入性，一些学者根据各地农村实际提出了农村集体经济组织与农民专业合作社融合发展的路径设想。郭晓鸣和张耀文（2022）认为，农村集体经济组织与农民专业合作社建立起资源共建、分工协作、利益共享的发展模式，能够弥补农村集体经济组织的市场适应能力缺陷，农民专业合作社则可以借助农村集体经济组织的物质支持、服务支持等实现资源集聚、治理优化和效益提升。赵黎（2022）认为依托农民专业合作社，农村集体经济组织可以开拓新的经营方式和服务领域，提高产业发展和持续经营的能力；两类组织融合发展能够促进乡村社会资本的重组，建立农户间的深度联结，改变乡村治理困境。

全国各地大力推进"资源变股权、资金变股金、农民变股民"的"三变"改革，积极探索两类组织融合发展模式，出现村社合一型合作社、基层党组织领办合作社等，通过融合发展实现农民的再组织化，有效解决了农村资源分散、资金分散、农民分散的顽症。这为乡村振兴战略下农村合作金融发展提供了新的思路，即在农民专业合作社基础上，内置村社合作金融，最大限度地发挥两类组织融合发展的优势：一是信用合作作为最高级别的合作形式，有利于实现成员间的紧密联结，有利于专业合作社的发展；二是内置金融便于农民土地承包权和村集体成员权实现抵押贷款或股权化，不仅有利于促进土地流转，而且能促进农村资源的直接金融化、货币化和市场化；三是内置金融能畅通农业产业链各环节之间的资金流与信息流，解决小农户的信用增强和融资问题。

第二节 顺应乡村全面振兴过程中社会
资本重构的新环境

农村合作金融组织归根结底是关系型组织，其运行主要依赖于社会资本而不是正式契约。合作金融实践的理论逻辑在于充分发挥社会资本的功能，因此，在合作金融的改革中，更好地运用社会资本理论去指导实践显得十分必要。在乡村全面振兴过程中，农户社会资本发生了巨大改变，要充分认识当前我国农村社会资本变迁的实际，明确社会资本作用边界，实现异质性成员的激励相容，探索适合我国国情的农村合作金融可持续发展路径。

一 乡村治理与社会资本融合互促

传统的乡村社会，依靠血缘、地缘等社会资本联结，形成了稳定的乡土社会结构，传统乡土社会中官方治理作用较弱，乡规民约历来是乡村治理的重要机制。新中国成立后，特别是改革开放以来，我国乡村社会格局发生了深刻变迁，城镇化带动农村人口大规模流动，社会资本这类非正式规范的作用不断弱化，这给主要依赖社会资本运行的农村合作金融组织带来了巨大挑战。现阶段我国新型农村合作金融的种种困境与农村社会资本变迁有直接关联，强化乡村治理与社会资本的融合互促，是未来发展农村合作金融的必由之路。

乡村治理是一系列正式制度与非正式制度的总和，这些制度对人们具有强制约束力，符合大多数人的利益，能够促进乡村集体行动，有效的乡村治理是实现全面乡村振兴的根本要求。乡村治理体系对应着农村资源的配置方式，也是农村合作金融发展赖以存在的基础。随着我国城镇化的快速推进，我国乡村治理结构和资源配置方式发生了巨大变化，在这一过程中，政府进行的一系列改革，如加强基层党组织建设、鼓励新型农业经营主体发展、推进新农村建设等，都旨在建立现代乡村治理体系，逐步消除传统"差序格局"的社会资本对乡村治理和资源配置的影响，形成建立在市场规则与法治基础上的现代社会资源配置体系，从根本上消除城乡二元差距。但是，千百年来沉淀的文化基因决定了我国从乡土社会向现代社会转型将是一个漫长的过程，转型过程中资源配置仍不可避免地会受到传统社会资本的影响，这意味着在较长时间内，构建"自治、法治、德治"相结合的乡村治理体系与培育乡村社会资本具有高度适配性。借助社会资本，通过强化乡村治理重构乡村社会资本，才能为农村合作金融提供适宜的环境和基础。

在我国城镇化取得巨大成就的同时，乡村逐渐衰落，大量青壮年人口流向城市务工、生活，越来越多农民脱离农业和农村，导致农村空心化和老龄化现象日益严重，传统乡土文化和社会资本日渐式微；在逐步破除土地、户籍等对农民的制度性约束后，农村基层组织权力弱化明显。乡村社会与制度双重层面的衰落带来农村集体行动能力的普遍下降，导致我国部分农村地区生产生活凋敝、自组织能力低下、村民合作困难、管理制度失效等一系列问题（王亚华等，2022）。如果不能实现乡村治理水平的有效提升和乡村社会资本重构，我国农村合作金融发展将无从谈起。

现阶段完善乡村治理和发挥农村社会资本价值具有协同促进的关系。一方面，社会资本能够促进乡村治理水平的提升，提升治理效率和减少治理的阻力。社会资本可以弥补正式制度的不足，乡规民约能发挥自发约束作用；社会网络的互动有助于信息传递和形成民主共治的良好氛围，乡村精英则充当正式制度和社会网络的纽带，引导和带动村民参与治理；社会信任、互惠互助有助于治理决策的达成，提升治理效率。另一方面，对于农村合作金融而言更为重要的是，乡村治理可以有效弥补社会资本变迁所导致的合作金融组织弱化、组织异化的困境，为组织可持续发展奠定基础。一是乡村治理能够在社会网络松散、社会信任缺失的情形下，通过官方公信力重塑乡村社会规范，提升普遍信任水平，促进村民合作行为达成；二是对正式制度规范的普遍信任能降低合作组织成员的博弈次数，长期内提升组织的稳定性和延续性；三是乡村有效治理推动乡村产业发展，可以延伸农村社会网络，拓展社会网络内涵，便于形成多元协同的民主治理机制；四是良好的治理体系能够培育村民公共精神、主人翁意识、信用意识，潜移默化地引导村民遵守社会公共秩序。

二 延伸农村社会网络

从社会资本角度来看，农村社会网络是资源配置的重要渠道，对于农村合作金融的信息传递、合作意愿、组织边界、风险控制等众多方面产生巨大影响。从某种程度而言，农村合作金融组织是建立在一定社会网络之中的，社会网络决定了乡村社会结构和人际联结模式，关系合作金融组织的长期稳健运行；社会网络的关联属性，能促进信息对称，增强组织成员的协作意识，在一定程度上扩展组织边界，从而降低组织的交易成本和运营风险。

随着新型农业经营主体的培育和发展，通过促进土地适度流转集中，提升规模农户社会资本水平是延伸农村社会网络的有效途径。加快推进农业农村现代化是实施乡村振兴战略的基本目标。农业农村现代化过程必然伴随着传统小农的瓦解、土地大规模流转和新型农业经营主体的多元化发展。传统农村社会结构也将随之变迁，从而促使基于社会资本组建的农民资金互助组织发生深刻变化。社会资本明显的边界性以及信息获取和传递的局限性限制了农民资金互助组织发展，那么推动我国农村合作金融组织发展的首要之意是有效提升传统农户的社会资本水平，使得此类组织真正获得内生的发展动力和空间。

相较于传统农户，规模农户市场参与度更高，更倾向于领办或加入合作社以解决市场化经营和融资问题。规模农户加入合作社后，除血缘、亲缘等原生社会资本外，还会进一步带来来自特定组织及其关联的外部机构、由共同的生产合作而产生的社团社会资本，从而形成更为紧密的监督合作关系。这种社会资本会显著拓展原生资本的边界，更易汲取外部信息资源，实现资源在合作社内部的整合和共享，形成更有效的共济监督和信用合作。规模农户的社会资本较丰裕、拓展能力较强、回报率较高，相比于传统小农户更具"外放性"，这使得规模农户与合作社相结合产生的社会资本更具拓展空间与利用价值，是破解农村合作金融组织困境的重要途径。

三　构建组织型社会资本

随着农村经济的发展和社会转型的逐渐加快，传统社会资本对农户借贷行为的影响趋于弱化，合作金融的可持续性和稳定性都依赖于合理利用社会资本。社会资本的作用边界有限，在农民组织化程度较高的地区，农村资金互助社的规模限制可适当放宽，促成农村资金互助社通过自身积累实现可持续发展的良性循环。而在农民组织化程度较低、共同关系较弱的地区，应严格控制农民资金互助组织规模，确保社员之间相互熟悉，防止规模扩大导致出现重大风险，损害社员利益。另外，在当前我国农村地区普遍缺少信用的制度性约束下，应优先发展在专业合作基础上开展的资金互助，通过生产合作将农户联结起来，提升农户之间的关系强度，提高彼此间的信息对称和信任程度，在此基础上进行信用互助，有效发挥社会资本的优势；社员在生产合作中积累的声誉、口碑等，可以替代抵押物，有助于社员间进行信用合作。在生产合作基础上进行资金互助，通过拓展社员的社会资本，扩大社员的信任半径，从而扩大信用合作的规模，在一定程度上解决资金互助组织可持续性问题。

农民合作社将原本分散的农民组织起来，将农民个体利益同组织的团体利益相结合，通过制度化、组织化的合作获取更多外部信息和支持。农民个体摆脱了面对大市场的"弱势个体"局面，获得更多的组织型社会资本，农民在乡村治理结构中的地位和影响力将得到提升，这对于降低合作金融组织成员异质性、防止合作金融出现异化具有积极意义。除了积极发展专业合作基础上的信用合作，从村域范围整体考虑，应探索将农民专业合作社嵌入村域的社会、政治、经济等网络，推动新型合作金融治理模式的形成。在农村地区，农民的生产和生活难以截然区分，如果不嵌入村集体组织，纯粹的生产型合作社由于脱离治理环境和外部支持，容易陷入合作松散的困境，或者受到少数核心成员的控制，侵害普通社员利益，最终导致合作难以为继。农民在进行生产和金融合作基础上，积极发展壮大农村集体经济，对于拓展农民的组织型社会资本也具有十分重要的意义，集体经济壮大能够带来农民收入的增加，促进公平分配，增强村民主体意识，强化归属感等，为合作金融发展奠定扎实基础。

第三节　推动我国农村合作金融发展的政策建议

一　强化顶层设计，加大政策扶持力度

（一）凝聚发展共识

当前制约农村合作金融组织发展的关键因素是各个层面缺乏共识，在国家强调金融稳定和防范金融风险的背景下，国家政策文件对合作金融的支持表述大幅减少。尽管实务层面全国各地对合作金融组织形式的探索和创新层出不穷，但政策层面缺少明确统一的支持标准。建议决策部门立足新时代农业农村发展的现实需求，结合农业农村现代化发展趋势和金融科技应用趋势，明确乡村振兴战略下农村合作金融发展的新方向，凝聚共识，为农村合作金融的探索提供空间。另外，也要看到农村合作金融发展与农民的合作意识、合作社规范化水平有密切关系，面对乡村全面振兴过程中社会资本重构的新环境，应强化组织型社会资本，提升合作意识，积极探索尝试。

（二）尽快弥补合作金融立法缺失

综观国际经验，农村合作金融发展离不开明确的法律保障。2006年我国颁布《农民专业合作社法》，2017年对其进行了修订，但都没有将合作金融纳入其中，新型农村合作金融法规制度基本上处于空白状态。尽管各地农村合作金融屡有创新，内生发展动力强劲，但仍没有明确的法律法规予以制度保障和约束。建议修订《农民专业合作社法》，将"内部信用合作"作为专业合作社的一项业务，赋予众多合作金融组织合法地位。长期来看，为规范农村合作金融组织，应根据乡村振兴战略下农村合作金融的内在要求，制定符合我国实际的《合作金融法》，为农村合作金融的发展提供制度保障。按照合作金融的本质，把各地不同类型合作金融纳入统一的法律制度框架，对组织性质、地位、宗旨以及组织内成员的来源范围予以规定，对法人治理结构、组织治理机制、经营自主权、监管体制等进行明确规定。

（三）制定全面的配套扶持政策

农村合作金融发展是长期的系统工程，事关我国最终形成完善的农村金融体系。政府应借鉴国际经验，结合我国实际，强化顶层制度设计，加大政策扶持力度、加强政策协同。合作金融组织不以营利为目标，是农民的自助组织，因此更需要国家制定全面的配套扶持政策。在探索阶段，尤其需要政府在法律地位、市场准入、监管规则、财政补贴、税收减免、融资支持等相关政策上给予扶持。监管机构和地方政府应实施必要的优惠和激励政策，通过建立信用增信、担保机制等，为合作金融组织的发展提供公共服务支持，培育合作金融组织自我管理、自主发展的能力，使之成为真正意义上的农村合作金融机构。

（四）增加财政资金支持

农村合作金融组织本质上属于内生性金融组织，缺乏外生制度的保障，因此更需要政府加大财政资金的扶持力度。建议国家财政对农村合作金融组织进行专项资金扶持，在明确合法开展信用合作业务的前提下，可以对资金互助或信用合作业务予以专门扶持，推动合作金融组织开展资金互助业务。为防范合作金融组织风险，建议政府出资建立必要的风险保障基金，专门用于化解合作金融资金风险。此基金在未发生风险的时候可以发挥基金的担保作用，帮助资金互助组织获得外源性融资；一旦发生风险，此基金可直接出资帮助化解互助组织的流动性困境。待时机成熟时，可以考虑成立资金互助组织联合机构，政府以投资入股方式参股，给予更多资金支持。

二 引导农村合作金融组织自我发展

（一）激发内生发展动力

历史经验表明，政府对合作金融组织的过度干预是合作金融异化的重要原因，政府扶持、外部资金与公共服务支持只能作为合作金融组织发展的必要条件，而不应该成为主要动力。作为一种内生性金融组织，农村合作金融组织的可持续发展关键在于激发其内生动力，这一动力机制来自合作金融组织不断探索新形式、新功能以满足金融需求的新变化。在全面推进乡村振兴和实现农业农村现代化的背景下，农村合作金融功能不应局限于满足经济弱势群体融资需求的小额资金互助，而是充分发挥合作金融在地性、社区性、联结性的优势，在促进村集体经济发展、实现共同富裕、促进小农户与大市场有效衔接、提升乡村治理水平等方面发挥应有的作用，增强农民的归属感和身份认同感，不断激发其内生动力，实现长期可持续发展。

（二）强化内部治理机制

合作金融异化是长期困扰我国农村合作金融组织发展的关键问题，是合作金融难以实现持续发展的主要原因。我国新型农村合作金融的探索时间不长，缺少明确的法律法规予以其清晰的身份定位，同时农村社会资本快速变迁导致成员异质性日益突出，内部人控制所带来的合作金融异化在各地不同程度存在，严重限制了其继续发展的空间。避免合作金融异化需要同时加强外部监管与内部治理，而在短期内外部监管力量不足的前提下，完善组织治理结构、落实民主管理机制、明确收益分配激励机制尤为必要。加强内部治理的关键在于强化组织成员认同，通过促进生产合作、

"三位一体"综合合作、产业链接、村集体或基层党支部的再组织等方式，提高合作金融组织成员的参与度与信任水平，激发组织成员民主监督、自我管理、共同参与的动能，提升组织治理效能。

（三）主动融合数字技术

当前信息技术、数字技术的加快普及应用对农村合作金融发展提出了挑战，商业银行利用大数据进行农户信用评价、数字化转型，降低了金融服务成本，提高了服务便利度，这在一定程度上削弱了合作金融组织信息对称、服务便利的优势。但挑战与机遇往往并存，农村合作金融组织要顺应数字经济发展潮流，在组织运营中主动融合数字技术，把握数字化转型机遇，实现合作金融功能的多样化拓展。随着农业产业化程度提升，农业产业链连接更为紧密，依托"三位一体"综合合作进一步融合数字化应用场景，以数字乡村建设为契机挖掘和建设合作金融数字化场景，在社员管理、生产监测、供销管理等方面充分发挥数字技术和社会网络的双重优势，通过推动生产和供销合作的高质量发展促进信用合作普及。信用合作的基础条件是信息，数字技术的优势大幅提高了信息对称程度，有助于形成全社会、多层次、广覆盖的合作金融体系。

三　促进金融联结

（一）以社会资本促进金融联结

借助社会资本，农村地区金融资金供给方，特别是信息劣势较为明显的各类正规金融机构，能够更加有效地对农户进行信息甄别，从中筛选出真正符合贷款条件的农户。以农村社会资本为基础形成的合作金融可以充分发挥社会资本的信息传递作用，根据不同类型社会资本的特点和作用机制，设计和构建农户与农村正规金融机构的信息传输渠道，逐步形成稳定有序高效的信息沟通机制，有助于实现商业性金融与合作金融的双赢，这也是合作金融未来可持续发展的路径之一。在我国农村农地产权制度安排下，农村合作金融体系改革应该充分利用乡土社会的特点，让社会网络在其中发挥应有的作用，发展适合中国农村的合作金融组织，有助于农村金融体系的不断完善。构建合作金融与商业性金融的联结，一方面可发挥合作金融组织低交易成本等优势，另一方面可发挥商业性金融机构资金实力和完善的风险控制优势。两者联结可以进行多种形式的信贷创新，从根本上缓解各类农业经营主体的融资约束。

（二）建立合作托管银行制度

可借鉴山东省新型农村合作金融试点的经验，建立合作金融组织与当地农村正规银行业金融机构（主要是农村信用社或农商银行）的对接制度，由银行承担对合作金融组织的资金托管任务，降低组织核心成员违规挪用资金的风险。合作托管银行不仅可以有效监测互助资金流动，做好风险等提前预警，降低合作金融组织的流动性风险，而且可以破解互助资金流动的强周期问题。在农业生产淡季，富余的互助资金可存入银行获取利息收入，银行获得相对低成本且稳定的资金来源；在农业生产旺季，互助资金严重短缺，可从托管银行获得融资用于资金互助，也增加了银行的资金运用渠道。因此，对农民资金互助组织而言，合作托管银行制度是必不可少的政策支持。

（三）建立健全农村信用体系

信用担保体系由政府主导，市场化运营，以农村经济主体为融资担保对象，旨在提升合作金融组织的风险防范水平，提高融资能力。政府要建立和完善农村信用体系，逐步建立农村金融数据库信息共享机制，建设农村各类专业合作社、中小微企业、家庭农场、农户的金融信息平台，实现金融信息在监管者、金融机构及各类资金需求主体间的共享机制，为农民资金互助组织的信用评级及风险控制奠定基础。

（四）发挥保险的风险锁定和转嫁功能

一是支持加快发展农业保险。农业是高风险产业，农民收入较低，承受自然灾害损失的能力弱。一旦发生自然灾害，将影响农民收入，从而将风险传导至农民资金组织，影响其可持续发展。因此，发挥保险的风险锁定和转嫁功能是促进农民资金互助组织可持续发展的重要制度保障。二是建立国家政策支持的农业巨灾保险制度，加强"三农"财产保险机构建设和发展，以国家、地方政府和农村新型经营主体三方共同承担保费的方式为农村实物财产安全提供保障。三是创新农业保险产品，丰富农业保险产品体系，保障具有地方特色的优势产业发展壮大。

四　改进外部监管

（一）构建双层双线专业监管体系

我国农村合作金融组织同时存在着监管过度与监管不足的困境。一些地方监管部门出于风险考虑，对农村合作金融组织一律采取禁止态度，导致其发展严重受阻；一些监管机构采取"不反对、不登记、不管理、不主导"的忽视态度，造成合作金融组织的合法定位缺失。事实上监管过度与监管缺失均来自监管资源的严重不足。在现有监管框架下，建议今后对农村合作金融采取"双层双线"监管体系。国家层面的上层监管负责出台基本的监管制度，地方层面的下层监管部门负责出台具体的监管细则并负责实施。但由于地方金融监管部门监管对象包括众多金融业态的机构，监管资源仍面临不足。因此，除了对农村合作金融组织进行金融监管，建议增加涉农主管部门的监管，与金融监管并行，形成"双线"监管模式。涉农主管部门对众多农民合作社等农业经营主体负有登记、指导、监督等职责，便于同时对合作金融展开监督。

（二）建立同行业自律监督机制

在合作金融组织发展良好的地区鼓励建立互助社联合社或新型农村合作金融行业协会，承担行业自律的职能。行业自律组织具有自我管理、自我服务、自我监督功能，是治理监督体系的组成部分，在治理监督体系中发挥着相互监督约束、促进同业交流、规范同业经营行为的作用。为此，根据自下而上的分层管理构想，建立不同层次的同业自律监督机制，实施行业共同遵守的行为规范及准则，促进同业自律，规范内部控制行为，协调业内会员相互救助，防范和化解金融风险。

（三）实施非审慎监管方式

合作金融是农民自发开展的互助性金融活动，具有市场内生性特征，以熟人社会为基础建立了自我风险防范机制。在监管方式上，政府应充分考虑其合作金融特征，尊重农村合作金融发展规律，通过为其创造良好的外围环境，促进农村合作金融发展。地方政府对资金互助组织的监管应采取非审慎监管方式，更多从外部组织推动，营造良好环境，尊重、相信农村合作金融组织的自我管理、自我发展能力。非审慎监管的核心是为农民资金互助组织发展构建良好制度环境，实行负面清单管理，只要没有冲破底线，就由其自主经营、自我发展。

参考文献

Abate G. T. , Rashid S. , Borzaga C. Rural Finance and Agricultural Technology Adoption in Ethiopia: Does the Institutional Design of Lending Organizations Matter? [J]. World Development 9 (2016).

Albæk S. , Schultz C. On the Relative Advantage of Cooperatives [J]. Economics Letters, 59 (1998).

Alicia M. R. , Guzmán-Asunción S. Determinants of Financing Decisions and Management Implications: Evidence from Spanish Agricultural Cooperatives [J]. International Food and Agribusiness Management Review, 6 (2018).

Allen M. , Tessier S. , Laurin C. Corporate Social Responsibility of Financial Cooperatives: A Multi-Level Analysis [J]. Sustainability, 6 (2023).

Barou N. Cooperative Banking [M]. London: London Press, 1932.

Bijman J. Cooperatives and Heterogeneous Membership: Eight Propositions for Improving Organizational Efficiency [C]. The EM-net Conference, Budapest, Hungary, 2005.

Boland M. A. , Barton D. G. Overview of Research on Cooperative Finance [J]. Journal of Cooperatives, 27 (2013).

Carroll Moody J. , Gilbert C. Fite. The Credit Union Movement : Origins and Development, 1850-1970 [M]. University of Nebraska Press, 1971.

Chandramohan N. A. Share of Cooperative Banks in Agricutural Finance in India [J]. Indian Streams Research Journal, 2013, III (II).

Coleman J. S. Social Capital in the Creation of Human Capital [J]. American Journal of Sociology, 94 (1988).

Cook M. L. The Future of U. S. Agricultural Cooperatives: A Neo-institutional Approach [J]. American Journal of Agricultural Economics, 77 (1995).

Financial Cooperatives Issues in Regulation, Supervision, and Institutional Strengthening, The World Bank Group (2018).

Goddard J., Mc Killop D., Wilson J. What Drives the Performance of Cooperative Financial Institutions Evidence for US Credit Unions [J]. Applied Financial Economics, 18 (2008).

Huyghebaert N., Van de Gucht L. M. The Determinants of Financial Structure: New Insights from Business Start-ups [J]. European Financial Management, 13, (2007).

Kawachi I., Kim D., Coutts A., Subramanian S. V. Commentary: Reconciling the Three Accounts of Social Capital [J]. International Journal of Epidemiology, 33 (2004).

Khafagy A. Finance, Distribution and the Economic Objective of Cooperative Financial Institutions [J]. Annals of Public and Cooperative Economics, 90 (2019).

Kibrom A., et al. How Should Rural Financial Cooperation be Best Organized? Evidence From Ethiopia [J]. Annals of Public & Cooperative Economics, 90 (2019).

Kong F., Lu H. Risk Control Management of New Rural Cooperative Financial Organizations Based on Mobile Edge Computing [R]. Hindawi Limited, 2021.

Krishna A., Shrader E. Social Capital Assessment Tool [C]. Conference on Social Capital and Poverty Reduction, 1999.

Lin N. Building a Network Theory of Social Capital [J]. Connections, 22 (1999).

Market Line Company Profile: National Rural Utilities Cooperative Finance Corp. In National Rural Utilities Cooperative Finance Corporation Market Line

Company Profile, 2003.

Martin Petrick. Empirical Measurement of Credit Rationing in Agriculture: A Methodological Survey [J]. Agricultural Economics, 33 (2005).

McKillop D., French D., Quinn B., et al. Cooperative Financial Institutions: A Review of the Literature [J]. International Review of Financial Analysis, 71 (2020).

Olson M. The Logic of Collective Action [M]. Cambridge: Harvard University Press, 1965.

Oluyombo O. Impact of Cooperative Societies Savings Scheme in Rural Finance: Some Evidence from Nigeria. Economic Review [J]. Journal of Economics & Business, 11 (2013).

Oluyombo O. The Role of Cooperative Societies in Rural Finance: Evidence from Ogun State, Nigeria [J]. De Montfort University, 46 (2013).

Pierre Bourdieu, The Forms of Capital. In John G. Richardson (ed.), Handbook of Theory and Research for the Sociology of Education [M] Greenwood Press, 1986.

Pokharel K. P., Archer D. W., Featherstone A. M. The Impact of Size and Specialization on the Financial Performance of Agricultural Cooperatives [J]. Journal of Co-operative Organization and Management, 8 (2020).

Portes A. Economic Sociology and the Sociology of Immigration: A Conceptual Overview, The Economic Sociology of Immigration [M]. New York: Russell Sage Foundation, 1995.

Purdon M. Opening the Black Box of Carbon Finance "Additionality": The Political Economy of Carbon Finance Effectiveness across Tanzania, Uganda, and Moldova [J]. Journal of World Development, 2015. 74: 462-478.

Putnam R., John F. Helliwell. Social Capital and Economic Growth in Italy [J]. Eastern Economic Journal, 21 (1995).

Sindhu S., Nehra V., Luthra S. Identification and Analysis of Barriers in Implementation of Solar Energy in Indian Rural Sector Using Integrated ISM and Fuzzy MICMAC Approach［J］. Renewable and Sustainable Energy Reviews，9（2016）.

Singh K.，Misra M.，Kumar M.，Tiwari V. A Study on the Determinants of Financial Performance of U. S. Agricultural Cooperatives［J］. Journal of Business Economics and Management，4（2019）.

Strickland C. F. Co-operation forAfrica［M］. Oxford University Press，1933.

Williams Meckling. The Theory of Enterprise［M］. New Times Press，1976.

Xu X.，Zhang X.，Khan M.，et al. A Balanced Virtual Machine Scheduling Method for Energy-performance Trade-offs in Cyber-physical Cloud Systems ［J］. Future Generation Computer Systems，105（2020）.

Yang Y.，Guangdong L.，Erda W. Empirical Study on Fish Farmer's Demand of Newform Rural Cooperative Finance［C］//Faculty of Management and Economics of Dalian University of Technology.

Yu Y.，Zhang L. Analyzing Factors Contributing to Farmers' Willingness to Participate in Rural Cooperative Finance Organizations［J］. Journal of Northeast Agricultural University（English Edition），26（2019）.

［美］彼特·布劳. 不平等和异质性［M］. 王春光，谢圣赞译. 北京：中国社会科学出版社，1991.

白钦先，胡巍. 试论综合视角下的农村合作金融改革——基于哲学、历史、人文、经济与社会的综合视角［J］. 经济问题，2014（9）.

边燕杰，刘翠霞，林聚任. 中国城市中的关系资本与饮食社交：理论模型与经验分析［J］. 开放时代，2004（02）.

边燕杰. 城市居民社会资本的来源及作用：网络观点与调查发现［J］. 中国社会科学，2004（03）.

曹军新，唐天伟，谢元态. 省联社改革模式研究：次优的丧失与更优的选择——基于机制设计理论的扩展框架［J］. 经济社会体制比较，2018（03）.

陈东平，钱卓林. 资本累积不必然引起农村资金互助社使命漂移——以江苏省滨海县为例［J］. 农业经济问题，2015（3）.

陈东平, 任芃兴. 成员异质性与农村资金互助组织 "非民主治理" ——以苏北地区为例 [J]. 南京农业大学学报 (社会科学版), 2013, 13 (4).

陈东平, 张雷, 高名姿. 互联性交易与股份合作制专业合作社内信用合作契约治理研究——以旺庄果品专业合作社为例 [J]. 农业经济问题, 2017 (5).

陈东平, 张雷, 张蕴嘉. 资金互助组织 "隧道行为" 及其抑制措施——以苏北 22 家资金互助社为例 [J]. 金融经济学研究, 2017 (1).

陈东平, 张雷. 关系型贷款、互助边界与资金互助组织信用风险抑制 [J]. 贵州社会科学, 2017 (10).

陈东平, 周振. 农村资金互助社的内部治理机制缘何 "异化"? ——社员合作博弈的视角与来自浙南 M 镇的证据 [J]. 江苏社会科学, 2012 (2).

陈虹宇, 周倬君. 乡村政治精英家庭金融资产配置行为研究 [J]. 农业技术经济, 2021 (3).

陈俭. 农村信用社变迁的阶段性特征及其改革指向 [J]. 江汉论坛, 2016 (10).

陈经伟. 由农村资金互助组织谈中国合作金融体系重构——以温州 Q 资金互助会为例 [J]. 学术界, 2017 (9).

陈立辉, 刘西川. 农村资金互助社异化与治理制度重构 [J]. 南京农业大学学报 (社会科学版), 2016 (3).

陈清华, 朱敏杰, 董晓林. 村级发展互助资金对农户农业生产投资和收入的影响——基于宁夏 13 县 37 个贫困村 655 户农户的经验证据 [J]. 南京农业大学学报 (社会科学版), 2017 (4).

陈雪飞. 农村信用社制度: 理论与实践 [M]. 北京: 中国经济出版社, 2005.

程恩江, 刘西川, 张建伦. 农业合作社融资与农村合作金融组织发展 [M]. 杭州: 浙江大学出版社, 2014.

程汝, 张新东. 首家农村资金互助社的 90 天 [N]. 金融时报, 2007-06-14 (009).

程万鹏. 韩国农协经营服务模式的借鉴与启示 [J]. 世界农业, 2013 (09).

褚保金，陈涤非. 试论我国农村合作金融组织的改革与发展 [J]. 中国农村经济，2002（8）.

崔宝玉，李晓明. 异质性合作社内源型资本供给约束的实证分析——基于浙江临海丰翼合作社的典型案例 [J]. 财贸经济，2008（4）.

崔长彬，潘长风，张正河. 中国新型农村合作金融：历史镜鉴与体系架构 [J]. 经济问题，2022（2）.

董晓林，石晓磊，徐虹. 农民资金互助社经营目标偏移的实证解释——基于社会资本视角 [J]. 东南大学学报（哲学社会科学版），2018（2）.

董晓林，徐虹，易俊. 中国农村资金互助社的社员利益倾向：判断、影响与解释 [J]. 中国农村经济，2012（10）.

董晓林，张龙耀编著. 农村金融学（第二版）[M]. 北京：科学出版社，2017.

董晓林，张晓艳，叶天天. 农户参与农民资金互助社行为的影响因素分析——基于江苏省3市4县（区）825户农户的调查数据 [J]. 中国农村观察，2013（3）.

董晓林，朱敏杰，张晓艳. 农民资金互助社对农户正规信贷配给的影响机制分析——基于合作金融"共跻监督"的视角 [J]. 中国农村观察，2016（1）.

杜晓山. 发展普惠的农村新型合作金融 [J]. 中国合作经济，2014（2）.

范静. 农村合作金融产权制度创新研究——以农村信用社为例 [M]. 北京：中国农业出版社，2006.

费孝通. 乡土中国 [M]. 天津人民出版社，2022.

冯婷，安德宁，颜华. 基于新制度经济学的农村资金互助社演进及绩效分析 [J]. 农业经济，2015（9）.

龚关. 国民政府与农村合作金融制度的演变 [J]. 中国经济史研究，2016（2）.

郭连强，祝国平，李新光. 新时代农村金融的发展环境变化、市场功能修复与政策取向研究 [J]. 求是学刊，2020，47（2）.

郭晓鸣，张耀文. 农村集体经济组织与农民合作社融合发展的逻辑理路与

实现路径 [J].中州学刊，2022 (5).

何广文，丁凯莉，陈晓洁."三位一体"信用合作缓解农户融资约束的理论与实践探析 ——以民钰种养农民专业合作社为例 [J].湖南农业大学学报（社会科学版），2022 (6).

何广文，刘甜.基于乡村振兴视角的农村金融困境与创新选择 [J].学术界，2018 (10).

何广文，张少宁.合作社内部信用合作：合作异化还是新业态？[J].东岳论丛，2021 (12).

何广文.合作社信用合作的制度优势及可持续发展的路径探讨 [J].中国农民合作社，2017 (4).

何广文.以创新推动资金互助社规范发展 [N].中国城乡金融报，2012 年6 月 6 日.

贺力平.合作金融发展的国际经验及对中国的借鉴意义 [J].管理世界，2002 (01).

洪正.新型农村金融机构改革可行吗——基于监督效率视角的分析 [J].经济研究，2011 (2).

侯英，陈希敏.心理因素、经济特征与农户金融合作决策行为——基于TPB 的实证研究 [J].西北大学学报（哲学社会科学版），2014 (5).

黄惠春，陶敏.农村抵押替代融资模式演进逻辑与发展方向——一个基于社会资本的分析框架 [J].财贸研究，2020，(2).

黄迈，谭智心，汪小亚.当前中国农民合作社开展信用合作的典型模式、问题与建议 [J].西部论坛，2019 (3).

黄胜忠，徐旭初.成员异质性与农民专业合作社的组织结构分析 [J].南京农业大学学报（社会科学版），2008 (3).

〔美〕黄宗智.长江三角洲小农家庭与乡村发展 [M].上海：中华书局.2000.

蒋永穆，王丽程.新中国成立 70 年来农村合作金融：变迁、主线及方向 [J].政治经济学评论，2019 (6).

金瓯.被"抑制"的农村资金互助社——基于马屿镇惠民农村资金互助社的

　　　　调研 [J]. 西北农林科技大学学报 (社会科学版), 2014 (6).

雷鹏, 周立, 魏丽莉. 成员异质性、组织启动成本与在地化金融演化——
　　　　基于河北两案例比较分析 [J]. 农村经济, 2017 (7).

李昌平, 杨嘉翔. 村社内置合作金融促进乡村振兴及扩大内需的实践报告
　　　　与政策性建议 [J]. 当代世界社会主义问题, 2019 (2).

李春景. 我国农村信用社改革中面临的若干矛盾的分析 [J]. 管理世界,
　　　　2008 (8).

李明贤, 周蓉. 社员异质性与资金互助合作的稳定运行机制 [J]. 华南农
　　　　业大学学报 (社会科学版), 2016 (6).

李明贤, 周蓉. 异质性社员参与农村资金互助业务的博弈分析 [J]. 农业
　　　　经济问题, 2016 (2).

李庆海, 吕小峰, 李锐, 孙光林. 社会资本有助于农户跨越融资的双重门
　　　　槛吗? ——基于江苏和山东两省的实证分析 [J]. 经济评论, 2016
　　　　(6).

李庆海, 吕小锋, 李锐等. 社会资本能够缓解农户的正规和非正规信贷约束
　　　　吗? 基于四元 Probit 模型的实证分析 [J]. 南开经济研究, 2017 (5).

李芮. 论农村合作经济组织的性质、意义及发展途径 [J]. 农村经济, 2011
　　　　(9).

李世杰, 郭庆海. 中国农村合作金融缺位问题研究 [J]. 税务与经济, 2010
　　　　(2).

李廷, 任凡兴, 李明. 农户社会资本结构的变化促使了农村资金互助组织
　　　　的兴起吗? ——以江苏省为例 [J]. 农村经济, 2018 (7).

廖媛红. 农村资金互助社的社会资本作用机理研究 [J]. 农村金融研究,
　　　　2012 (5).

刘达, 温涛. 深化农村信用社改革的关键问题和治理对策 [J]. 经济纵横,
　　　　2022 (10).

刘倩. 社会资本测量理论方法探讨: 农户社会资本的测量 [J]. 财经理论
　　　　与实践, 2018 (4).

刘守英, 王一鸽. 从乡土中国到城乡中国——中国转型的乡村变迁视角

[J].管理世界，2018（10）.

刘西川，杨梦瑶.风险保障金与合作金融组织剩余控制权动态配置——基于 SY 资金互助社的案例研究 [J].管理世界，2024（7）.

刘西川，钟觅琦.合作金融组织剩余控制权安排的另一种可能——分权型及半阁村实例 [J].财贸经济，2018（10）.

刘西川.合作金融组织的剩余控制权安排：在理想和现实之间 [J].中国农民合作社，2017（12）.

龙文军.农业保险发展成就、问题和建议 [J].中国乡镇企业，2011（03）.

楼栋，方晨晨，林光杰.农民专业合作社内部资金互助参与意愿因素分析——基于浙江、山东部分农民专业合作社社员的调查 [J].西北农林科技大学学报（社会科学版），2013（6）.

陆磊，丁俊峰.中国农村合作金融转型的理论分析 [J].金融研究，2006（6）.

罗斌.农村合作金融组织形式创新研究 [J].农村经济，2016（5）.

罗兴，马九杰.不流于美好愿望：金融企业家与合作金融组织供给困境的破解 [J].中国农村经济，2019（8）.

马红梅，陈柳钦.农村社会资本理论及其分析框架 [J].河北经贸大学学报，2012（2）.

马九杰，亓浩，吴本健.农村金融机构市场化对金融支农的影响：抑制还是促进？——来自农信社改制农商行的证据 [J].中国农村经济，2020（11）.

马忠富.中国农村合作金融发展研究 [M].北京：中国金融出版社，2001.

潘婷，何广文，潘淑娟.基于利益共享机制构建的异质性合作社内部融资路径分析 [J].金融理论与实践，2015（2）.

彭澎，吴蓓蓓.财富水平与异质性社会资本对农户非正规借贷约束的影响——基于三省份农户调查数据的实证研究 [J].财贸研究，2019（12）.

秦海林，李超伟，万佳乐.社会资本能降低农户的非正规借贷成本

吗？——基于农户异质性与社会资本结构的实证研究 [J].农村经济，
2018（9）.

商文莉，郑少锋.农村资金互助组织的生发基础思辨——基于社会资本视
角 [J].财经问题研究，2015（9）.

史冰清.合作思想和合作社 [J].中国合作经济评论，2011（2）.

粟芳，方蕾."有为政府"与农村普惠金融发展——基于上海财经大学
2015"千村调查" [J].财经研究，2016（12）.

孙飞霞.新型农村合作金融组织的发展瓶颈与路径选择 [J].学术交流，
2015（7）.

孙世重.破解改革困局：农村中小金融机构股权变迁与治理再造 [C].中
国银行业监督管理委员会工作论文.2012.3.

孙思雨，李明波，李树铎等.3S技术助推海伦市大豆种植收入保险试点项
目实施——以阳光农业相互保险公司的实践为例 [J].农业工程技术，
2021，41（21）.

孙希芳，王晨晨.农信社全面股份制改革有助于农民增收吗？[J].农业技
术经济，2023（7）.

田杰，陈彬森，靳景玉.合作社内部信用合作风险管控与治理改进：柔性
治理或刚性治理——以山东佳福合作社为例 [J].农村经济，2019
（6）.

童馨乐，李杨，杨向阳.基于交易成本视角的农户借贷渠道偏好研究——
以全国六省农户调查数据为例 [J].南京农业大学学报（社会科学
版），2015（6）.

庹国柱.从40年政策变化喜看我国农业保险蓬勃发展 [J].保险研究，
2018（12）.

王彬.中国农村合作金融功能异化与重构 [J].华东理工大学学报（社会
科学版），2008（2）.

王德宝，王国军.我国农业保险的发展成就、存在问题及对策建议——写
在政策性农业保险发展十年 [J].保险职业学院学报，2014（4）.

王昉，韩丽娟.20世纪20-40年代中国农村合作金融中的信用管理思想

［J］.中国经济史研究，2017（4）.

王刚贞.我国农村资金互助社的监管效率分析［J］.华东经济管理，2015（6）.

王家传，张乐柱.农村信用社经营目标与发展模式再探［J］.中国农村经济，2003，（10）.

王建.村庄非农化、社会资本与农民家庭收入［J］.华南农业大学学报（社会科学版），2019（2）.

王俊凤，庞博，杨德光.农民专业合作社内部资金互助的运行机理研究［J］.学习与探索，2017（3）.

王少国，马陆.资金供求、交易成本、惯例与合会组织的变迁分析［J］.学习与探索，2014（2）.

王曙光，刘杨婧卓.农信社省联社体系的历史贡献、当前挑战与未来改革方向——省联社二十年之回顾与展望［J］.农村经济，2024（7）.

王曙光.中国农村金融的草根试验［J］.中国农村金融，2010（7）.

王树桐等.世界合作社运动史［M］.济南：山东大学出版社，1996.

王亚华，苏毅清，舒全峰.劳动力外流、农村集体行动与乡村振兴［J］.清华大学学报（哲学社会科学版），2022（3）.

王杨.新型农村合作金融组织的风险及防范［J］.人民论坛·学术前沿，2020（17）.

王杨.新型农村合作金融组织社员权的法律保障——以农村资金互助社为研究视角［J］.中国农村观察，2019（1）.

温铁军，姜柏林.把合作金融还给农民——重构"服务三农的农村金融体系"的建议［J］.农村金融研究，2007（01）.

毋俊芝，安建平.试论我国农村合作金融制度的异化［J］.农业经济问题，2008（2）.

吴本健，罗玲，王蕾.农信社商业化改革对县域内城乡收入差距的动态影响——基于农信社改制为农商行的准自然实验分析［J］.中国农村经济，2022（4）.

吴刘杰，张金清.乡村振兴战略下农村信用社改革目标与实施路径［J］.

江淮论坛，2018（3）.

吴晓灵.发展农村合作金融新模式［J］.清华金融评论，2015（7）.

伍晓容，唐艳.当前我国农业保险模式的理性选择——以黑龙江阳光农业相互保险公司为例［J］.沈阳大学学报，2009（02）.

谢家智，王文涛.社会结构变迁、社会资本转换与农户收入差距［J］.中国软科学，2016（10）.

谢平.中国农村信用合作社体制改革的争论［J］.金融研究，2001（1）.

徐祥临.乡村振兴呼唤合作金融发展壮大［J］.中国合作经济，2018（6）.

徐旭初，金建东，吴彬."三位一体"综合合作的浙江实践及思考［J］.农业经济问题，2018（6）.

徐旭初，邵科.合作社成员异质性：内涵特征、演化路径与应对方略［J］.农林经济管理学报，2014（06）.

徐璋勇，杨贺.农户信贷行为倾向及其影响因素分析——基于西部11省（区）1664户农户的调查［J］.中国软科学，2014（3）.

许梦博，李新光，王明赫.国内农业保险市场的政府定位：守夜人还是主导者？［J］.农村经济，2016（03）.

薛桂霞，孙炜琳.对农民专业合作社开展信用合作的思考［J］.农业经济问题，2013（4）.

严太华，刘志明.信贷需求、借贷行为与农户社会网络的关联度［J］.改革，2015（9）.

阎庆民，向恒.农村合作金融产权制度改革研究［J］.金融研究，2001（07）.

杨龙，张伟宾.基于准实验研究的互助资金益贫效果分析——来自5省1349户面板数据的证据［J］.中国农村经济，2015（7）.

杨汝岱，陈斌开，朱诗娥.基于社会网络视角的农户民间借贷需求行为研究［J］.经济研究，2011（11）.

易棉阳，陈俭.中国农村信用社的发展路径与制度反思［J］.中国经济史研究，2011（2）.

易棉阳，姚会元.近代中国农业金融的转型及其特点［J］.福建论坛（人文社会科学版），2008（1）.

于福波，张应良. 基层党组织领办型合作社运行机理与治理效应［J］.西北农林科技大学学报（社会科学版）.2021（5）.

岳志. 合作金融思想学说史［M］.上海：上海远东出版社，2017.

臧日宏，王宇. 社会信任与城镇家庭风险金融资产投资——基于 CFPS 数据的实证研究［J］.南京审计大学学报，2017（4）.

曾红萍. 农村内部劳动力商品化与社区社会资本变迁［J］.中国农村观察，2016（4）.

〔美〕詹姆斯·S. 科尔曼. 社会理论的基础［M］.邓方译. 北京：社会科学文献出版社，1999.

张德元，潘纬. 农民专业合作社内部资金互助行为的社会资本逻辑——以安徽 J 县惠民专业合作社为例［J］.农村经济，2016（1）.

张德元，张亚军. 关于农民资金互助合作组织的思考与分析［J］.经济学家，2008（1）.

张珩，罗博文，程名望，叶俊焘，张家平."赐福"抑或"诅咒"：农信社发展对县域经济增长的影响［J］.中国农村经济，2021（3）.

张晋华，郭云南，黄英伟. 社会网络对农户正规信贷的影响——基于双变量 Probit 模型和 SEM 模型的证据［J］.中南财经政法大学学报，2017（6）.

张林，冉光和. 加入农村资金互助会可以提高农户的信贷可得性吗？——基于四川 7 个贫困县的调查［J］.经济与管理研究，2016（2）.

张林，温涛，刘达. 乡村内生性合作金融组织的成长逻辑、现实问题与政策取向——基于农村金融改革试验区的多案例调查研究［J］.农业经济问题，2024（2）.

张晓山. 农民专业合作社的发展趋势探析［J］.管理世界，2009（5）.

张文宏，阮丹青，潘允康. 中国农村的微观社会网与宏观社会结构［J］.浙江学刊，1999（05）.

赵黎. 集体回归何以可能？村社合一型合作社发展集体经济的逻辑［J］.中国农村经济，2022（12）.

赵晓峰，邢成举. 农民合作社与精准扶贫协同发展机制构建：理论逻辑与实践路径 [J]. 农业经济问题，2016（4）.

赵阳. 让金融科技助力精准扶贫 [J]. 中国金融家，2018（11）.

郑启福. 中国合会起源之考辨 [J]. 湖北经济学院学报，2011，9（2）.

中国社会科学院农村发展研究所课题组，张晓山. "三位一体"综合合作与中国特色农业农村现代化——供销合作社综合改革的龙岩探索 [J]. 农村经济，2021（7）.

周立. 中国农村金融体系的政治经济逻辑（1949~2019 年）[J]. 中国农村经济，2020（4）.

周孟亮. 普惠金融视角下新型农村合作金融创新发展——兼谈"百信模式"与"山东模式"[J]. 财经科学，2016（9）.

周小刚，陈熹. 关系强度、融资渠道与农户借贷福利效应——基于信任视角的实证研究 [J]. 中国农村经济，2017（1）.

周月书，孙冰辰，彭媛媛. 规模农户加入合作社对正规信贷约束的影响——基于社会资本的视角 [J]. 南京农业大学学报（社会科学版），2019（4）.

朱泓宇，李扬，蒋远胜. 发展村社型合作金融组织推动乡村振兴 [J]. 农村经济，2018（1）.

朱乾宇，樊文翔，钟真. 从"水土不服"到"入乡随俗"：农村合作金融发展的中国路径 [J]. 农业经济问题，2023（3）.

朱乾宇，龙艳，钟真. "三位一体"：从单一合作到综合合作的制度创新——基于三个案例的比较分析 [J]. 农业经济问题，2021（6）.

朱乾宇，罗兴，马九杰. 组织成本、专有性资源与农村资金互助社发起人控制 [J]. 中国农村经济，2015（12）.

庄腾跃，李顾杰，罗剑朝. 社会资本缓解新型农业经营主体融资约束了吗？——以农业信用担保融资为例 [J]. 财经问题研究，2024（2）.

图书在版编目（CIP）数据

农村合作金融发展路径研究：以社会资本变迁、成员异质性为视角 / 付琼著 . --北京：社会科学文献出版社，2025.6. --ISBN 978-7-5228-5397-0

Ⅰ. F832.35

中国国家版本馆 CIP 数据核字第 2025VV2874 号

农村合作金融发展路径研究
——以社会资本变迁、成员异质性为视角

著　　者／付　琼

出 版 人／冀祥德
责任编辑／张丽丽
文稿编辑／吴尚昀
责任印制／岳　阳

出　　版／社会科学文献出版社·生态文明分社（010）59367143
　　　　　地址：北京市北三环中路甲 29 号院华龙大厦　邮编：100029
　　　　　网址：www.ssap.com.cn
发　　行／社会科学文献出版社（010）59367028
印　　装／三河市尚艺印装有限公司

规　　格／开　本：787mm×1092mm　1/16
　　　　　印　张：15.5　字　数：238 千字
版　　次／2025 年 6 月第 1 版　2025 年 6 月第 1 次印刷
书　　号／ISBN 978-7-5228-5397-0
定　　价／88.00 元

读者服务电话：4008918866